西村眞悟
❖にしむら しんご

国家の覚醒

天壌無窮、君民一体の祖国日本

展転社

五箇条の御誓文　（慶応四年三月十四日）

一　廣ク會議ヲ興シ萬機公論ニ決スベシ
一　上下心ヲ一ニシテ盛ニ經綸ヲ行フベシ
一　官武一途庶民ニ至ル迄各其ノ志ヲ遂ケ人心ヲシテ倦マザラシメンコトヲ要ス
一　舊來ノ陋習ヲ破リ天地ノ公道ニ基クベシ
一　智識ヲ世界ニ求メ大ニ皇基ヲ振起スベシ

我國未曾有ノ變革ヲ爲ントシ　朕躬ヲ以テ衆ニ先シ天地神明ニ誓ヒ大ニ斯國是ヲ定メ萬民保全ノ道ヲ立ントス衆亦此旨趣ニ基キ協心努力セヨ

国威宣布ノ宸翰　（慶応四年三月十四日）

朕幼弱を以て猝に大統を紹ぎ爾来何を以て萬國に對立し列祖に事へ奉らんやと朝夕恐懼に堪ざる也竊に考るに中葉朝政衰てより武家權を専にし表は朝廷を推尊して實は敬して是を遠け億兆の父母として絶て赤子の情を知ること能ざるやふ計りなし遂に億兆の君たるも唯名のみに成り果其が為に今日朝廷の尊重は古へに倍せしが如くにて朝威は倍衰へ上下相離るゝこと霄壌の如しかゝる形勢にて何を以て天下に君臨せんや今般朝政一新の時に膺り天下億兆一人も其処を得ざる時は皆朕が罪なれば今日の事

朕自身骨を労し心志を苦め艱難の先に立古列祖の盡させ給ひし蹤を履み治蹟を勤めてこそ始て天職を奉じて億兆の君たる所に背かざるべし往昔列祖萬機を親らし不臣の者あれば自ら将としてこれを征し玉ひ朝廷の政総て簡易にして如此尊重ならざるゆへ君臣相親みて上下相愛し徳澤天下に洽く國威海外に輝きしなり然るに近來宇内大に開け各國四方に相雄飛するの時に當り獨我國のみ世界の形勢にうとく舊習を固守し一新の效をはからず朕徒らに九重中に安居し一日の安きを偸み百年の憂を忘るゝときは遂に各國の凌侮を受け上は列聖を辱しめ奉り下は億兆を苦しめん事を恐る故に朕こゝに百官諸侯と廣く相誓ひ列祖の御偉業を継述し一身の艱難辛苦を問ず親ら四方を經営し汝億兆を安撫し遂には萬里の波濤を拓開し國威を四方に宣布し天下を富岳の安きに置んことを欲す汝億兆舊来の陋習に慣れ尊重のみを朝廷の事となし神州の危急をしらず朕一たび足を擧れば非常に驚き種々の疑惑を生じ萬口紛紜として朕が志をなさゞらしむる時は是朕をして君たる道を失はしむるのみならず従て列祖の天下を失はしむる也汝億兆能々朕か志を體認し相率て私見を去り公儀を採り朕か業を助て神州を保全し列聖の神靈を慰し奉らしめは生前の幸甚ならん

米英兩國ニ對スル宣戰ノ詔書

（昭和十六年十二月八日）

天佑ヲ保有シ萬世一系ノ皇祚ヲ踐メル大日本帝國天皇ハ昭ニ忠誠勇武ナル汝有衆ニ示ス　朕茲ニ米國及英國ニ対シテ戰ヲ宣ス朕カ陸海將兵ハ全力ヲ奮テ交戰ニ従事シ朕カ百僚有司ハ勵精職務ヲ奉行シ朕

カ衆庶ハ各々其ノ本分ヲ盡シ億兆一心國家ノ總力ヲ擧ケテ征戰ノ目的ヲ達成スルニ遺算ナカラムコトヲ期セヨ

抑々東亞ノ安定ヲ確保シ以テ世界ノ平和ニ寄與スルハ丕顯ナル皇祖考丕承ナル皇考ノ作述セル遠猷ニシテ朕カ拳々措カサル所而シテ列國トノ交誼ヲ篤クシ萬邦共榮ノ樂ヲ偕ニスルハ之亦帝國カ常ニ國交ノ要義ト爲ス所ナリ今ヤ不幸ニシテ米英両國ト釁端ヲ開クニ至ル洵ニ已ムヲ得サルモノアリ豈朕カ志ナラムヤ中華民國政府曩ニ帝國ノ眞意ヲ解セス濫ニ事ヲ構ヘテ東亞ノ平和ヲ攪亂シ遂ニ帝國ヲシテ干戈ヲ執ルニ至ラシメ茲ニ四年有餘ヲ經タリ幸ニ國民政府更新スルアリ帝國ハ之ト善隣ノ誼ヲ結ヒ相提携スルニ至レルモ重慶ニ殘存スル政權ハ米英ノ庇蔭ヲ恃ミテ兄弟尚未タ牆ニ相鬩クヲ悛メス米英両國ハ殘存政權ヲ支援シテ東亞ノ禍亂ヲ助長シ平和ノ美名ニ匿レテ東洋制覇ノ非望ヲ逞ウセムトス剰ヘ與國ヲ誘ヒ帝國ノ周邊ニ於テ武備ヲ增強シテ我ニ挑戰シ更ニ帝國ノ平和的通商ニ有ラユル妨害ヲ與ヘ遂ニ經濟斷交ヲ敢テシ帝國ノ生存ニ重大ナル脅威ヲ加フ朕ハ政府ヲシテ事態ヲ平和ノ裡ニ囘復セシメムトシ隱忍久シキニ彌リタルモ彼ハ毫モ交讓ノ精神ナク徒ニ時局ノ解決ヲ遷延セシメテ此ノ間却ツテ益々經濟上軍事上ノ脅威ヲ增大シ以テ我ヲ屈從セシメムトス斯ノ如クニシテ推移セムカ東亞安定ニ關スル帝國積年ノ努力ハ悉ク水泡ニ帰シ帝國ノ存立亦正ニ危殆ニ瀕セリ事既ニ此ニ至ル帝國ハ今ヤ自存自衛ノ爲蹶然起ツテ一切ノ障礙ヲ破碎スルノ外ナキナリ皇祖皇宗ノ神靈上ニ在リ朕ハ汝有衆ノ忠誠勇武ニ信倚シ祖宗ノ遺業ヲ恢弘シ速ニ禍根ヲ芟除シテ東亞永遠ノ平和ヲ確立シ以テ帝國ノ光榮ヲ保全セムコトヲ期ス

御名　御璽

終戰の詔書　（昭和二十年八月十四日）

朕深ク世界ノ大勢ト帝國ノ現状トニ鑑ミ非常ノ措置ヲ以テ時局ヲ收拾セムト欲シ茲ニ忠良ナル爾臣民ニ告ク

朕ハ帝國政府ヲシテ米英支蘇四國ニ對シ其ノ共同宣言ヲ受諾スル旨通告セシメタリ

抑〻帝國臣民ノ康寧ヲ圖リ萬邦共榮ノ樂ヲ偕ニスルハ皇祖皇宗ノ遺範ニシテ朕ノ拳々措カサル所曩ニ米英二國ニ宣戰セル所以モ亦實ニ帝國ノ自存ト東亞ノ安定トヲ庶幾スルニ出テ他國ノ主權ヲ排シ領土ヲ侵スカ如キハ固ヨリ朕カ志ニアラス然ルニ交戰已ニ四歳ヲ閲シ朕カ陸海將兵ノ勇戰朕カ百僚有司ノ勵精朕カ一億衆庶ノ奉公各〻最善ヲ盡セルニ拘ラス戰局必スシモ好轉セス世界ノ大勢亦我ニ利アラス加之敵ハ新ニ殘虐ナル爆彈ヲ使用シテ頻ニ無辜ヲ殺傷シ慘害ノ及フ所眞ニ測ルヘカラサルニ至ル而モ尚交戰ヲ繼續セムカ終ニ我カ民族ノ滅亡ヲ招來スルノミナラス延テ人類ノ文明ヲモ破却スヘシ斯ノ如クムハ朕何ヲ以テカ億兆ノ赤子ヲ保シ皇祖皇宗ノ神靈ニ謝セムヤ是レ朕カ帝國政府ヲシテ共同宣言ニ應セシムルニ至レル所以ナリ

朕ハ帝國ト共ニ終始東亞ノ解放ニ協力セル諸盟邦ニ對シ遺憾ノ意ヲ表セサルヲ得ス帝國臣民ニシテ戰陣ニ死シ職域ニ殉シ非命ニ斃レタル者及其ノ遺族ニ想ヲ致セハ五内爲ニ裂ク且戰傷ヲ負ヒ災禍ヲ蒙リ

家業ヲ失ヒタル者ノ厚生ニ至リテハ朕ノ深ク軫念スル所ナリ惟フニ今後帝國ノ受クヘキ苦難ハ固ヨリ尋常ニアラス爾臣民ノ衷情モ朕善ク之ヲ知ル然レトモ朕ハ時運ノ趨ク所堪ヘ難キヲ堪ヘ忍ヒ難キヲ忍ヒ以テ萬世ノ爲ニ太平ヲ開カムト欲ス

朕ハ茲ニ國體ヲ護持シ得テ忠良ナル爾臣民ノ赤誠ニ信倚シ常ニ爾臣民ト共ニ在リ若シ夫レ情ノ激スル所濫ニ事端ヲ滋クシ或ハ同胞排擠互ニ時局ヲ亂リ爲ニ大道ヲ誤リ信義ヲ世界ニ失フカ如キハ朕最モ之ヲ戒ム宜シク擧國一家子孫相傳ヘ確ク神州ノ不滅ヲ信シ任重クシテ道遠キヲ念ヒ總力ヲ將來ノ建設ニ傾ケ道義ヲ篤クシ志操ヲ鞏クシ誓テ國體ノ精華ヲ發揚シ世界ノ進運ニ後レサラムコトヲ期スヘシ爾臣民其レ克ク朕カ意ヲ體セヨ

御名　御璽

年頭の詔書（昭和二十一年一月一日）

茲ニ新年ヲ迎フ。顧ミレバ明治天皇明治ノ初國是トシテ五箇條ノ御誓文ヲ下シ給ヘリ。曰ク、

一、廣ク會議ヲ興シ萬機公論ニ決スヘシ

一、上下心ヲ一ニシテ盛ニ經綸ヲ行フヘシ

一、官武一途庶民ニ至ル迄各其ノ志ヲ遂ケ人心ヲシテ倦マサラシメンコトヲ要ス

一、舊來ノ陋習ヲ破リ天地ノ公道ニ基クヘシ

一、智識ヲ世界ニ求メ大ニ皇基ヲ振起スヘシ

叡旨公明正大、又何ヲカ加ヘン。朕ハ茲ニ誓ヲ新ニシテ國運ヲ開カント欲ス。須ラク此ノ御趣旨ニ則リ、舊來ノ陋習ヲ去リ、民意ヲ暢達シ、官民擧ゲテ平和主義ニ徹シ、教養豐カニ文化ヲ築キ、以テ民生ノ向上ヲ圖リ、新日本ヲ建設スベシ。

大小都市ノ蒙リタル戰禍、罹災者ノ艱苦、産業ノ停頓、食糧ノ不足、失業者増加ノ趨勢等ハ眞ニ心ヲ痛マシムルモノアリ。然リト雖モ、我國民ガ現在ノ試煉ニ直面シ、且徹頭徹尾文明ヲ平和ニ求ムルノ決意固ク、克ク其ノ結束ヲ全ウセバ、獨リ我國ノミナラズ全人類ノ爲ニ、輝カシキ前途ノ展開セラルルコトヲ疑ハズ。

夫レ家ヲ愛スル心ト國ヲ愛スル心トハ我國ニ於テ特ニ熱烈ナルヲ見ル。今ヤ實ニ此ノ心ヲ擴充シ、人類愛ノ完成ニ向ヒ、獻身的努力ヲ效スベキノ秋ナリ。

惟フニ長キニ亘レル戰爭ノ敗北ニ終リタル結果、我國民ハ動モスレバ焦躁ニ流レ、失意ノ淵ニ沈淪セントスルノ傾キアリ。詭激ノ風漸ク長ジテ道義ノ念頗ル衰ヘ、爲ニ思想混亂ノ兆アルハ洵ニ深憂ニ堪ヘズ。

然レドモ朕ハ爾等國民ト共ニ在リ、常ニ利害ヲ同ジウシ休戚ヲ分タント欲ス。朕ト爾等國民トノ間ノ紐帶ハ、終始相互ノ信頼ト敬愛トニ依リテ結バレ、單ナル神話ト傳説トニ依リテ生ゼルモノニ非ズ。天皇ヲ以テ現御神《アキツミカミ》トシ且日本國民ヲ以テ他ノ民族ニ優越セル民族ニシテ、延テ世界ヲ支配スベキ運命

ヲ有ストノ架空ナル觀念ニ基クモノニモ非ズ。

朕ノ政府ハ國民ノ試煉ト苦難トヲ緩和センガ爲、アラユル施策ト經營トニ萬全ノ方途ヲ講ズベシ。同時ニ朕ハ我國民ガ時艱ニ蹶起シ、當面ノ困苦克服ノ爲ニ、又産業及文運振興ノ爲ニ勇往センコトヲ希念ス。我國民ガ其ノ公民生活ニ於テ團結シ、相倚リ相扶ケ、寛容相許スノ氣風ヲ作興スルニ於テハ能ク我至高ノ傳統ニ恥ヂザル眞價ヲ發揮スルニ至ラン。斯ノ如キハ實ニ我國民ガ人類ノ福祉ト向上トノ爲、絶大ナル貢獻ヲ爲ス所以ナルヲ疑ハザルナリ。

一年ノ計ハ年頭ニ在リ、朕ハ朕ノ信頼スル國民ガ朕ト其ノ心ヲ一ニシテ自ラ奮ヒ自ラ勵マシ、以テ此ノ大業ヲ成就センコトヲ庶幾フ。

御名　御璽

東北地方太平洋沖地震に関する天皇陛下のおことば（平成二十三年三月十六日）

この度の東北地方太平洋沖地震は、マグニチュード9・0という例を見ない規模の巨大地震であり、被災地の悲惨な状況に深く心を痛めています。地震や津波による死者の数は日を追って増加し、犠牲者が何人になるのかも分かりません。一人でも多くの人の無事が確認されることを願っています。また、現在、原子力発電所の状況が予断を許さぬものであることを深く案じ、関係者の尽力により事態の更なる悪化が回避されることを切に願っています。

現在、国を挙げての救援活動が進められていますが、厳しい寒さの中で、多くの人々が、食糧、飲料水、燃料などの不足により、極めて苦しい避難生活を余儀なくされています。その速やかな救済のために全力を挙げることにより、被災者の状況が少しでも好転し、人々の復興への希望につながっていくことを心から願わずにはいられません。そして、何にも増して、この大災害を生き抜き、被災者としての自らを励ましつつ、これからの日々を生きようとしている人々の雄々しさに深く胸を打たれています。

自衛隊、警察、消防、海上保安庁を始めとする国や地方自治体の人々、諸外国から救援のために来日した人々、国内の様々な救援組織に属する人々が、余震の続く危険な状況の中で、日夜救援活動を進めている努力に感謝し、その労を深くねぎらいたく思います。

今回、世界各国の元首から相次いでお見舞いの電報が届き、その多くに各国国民の気持ちが被災者と共にあるとの言葉が添えられていました。これを被災地の人々にお伝えします。

海外においては、この深い悲しみの中で、日本人が、取り乱すことなく助け合い、秩序ある対応を示していることに触れた論調も多いと聞いています。これからも皆が相携え、いたわり合って、この不幸な時期を乗り越えることを衷心より願っています。

被災者のこれからの苦難の日々を、私たち皆が、様々な形で少しでも多く分かち合っていくことが大切であろうと思います。被災した人々が決して希望を捨てることなく、身体からだを大切に明日からの日々を生き抜いてくれるよう、また、国民一人びとりが、被災した各地域の上にこれからも長く心を寄せ、被災者と共にそれぞれの地域の復興の道のりを見守り続けていくことを心より願っています。

はじめに

日本は天皇を戴き、天皇と全国民が家族である国であり、「日の丸」つまり「太陽」を国旗とする。それ故、日本は、太陽のように明るく元気でなければならない。

同じ時代を生きる仲間として、本来の明るく元気な強い日本のために本書を書く。

明るく元気になるためには、まず、生まれたことを感謝することだ。それ故、我々はまず、この地球上に、この宇宙に、日本という国が誕生して存在していることをありがたく思い、その日本に生まれたことに感謝しよう。

私は、昭和二十三年に泉州の堺に生まれ第十六代天皇である仁徳天皇御陵の近くで、西の大阪湾の茅渟の海と、東の大和と河内の国境に連なる信貴山、二上山、葛城山そして金剛山を眺めて育った。

現在、西の茅渟の海と東の金剛山に連なる山々は高層マンションなどのビルに遮られて見えないのが残念だが、私の小学生の頃までは仁徳天皇の御陵付近から、東の山と西の海が見えたのだ。それ故、古来から幾多無量の先人が、この同じ風景を眺め、この風土のなかで生きたことが実感できた。

この風景を今は無き旧制の大阪高等学校全寮歌の前文句は次のように言う。

東天紅に染むる金剛の峰にこれを嘯かば、
天下の惰眠一時に破れ、

夕陽沈む茅渟の海にこれを叫ばば、
魑魅魍魎も影を潜めん、
いざ歌わんかなぁー、大阪高等学校全寮歌！

真東の二上山の雄岳には、万葉集に雄々しい若き真情を永遠に留めた大津皇子の墓があり、麓の太子町には聖徳太子の御廟や推古天皇の御陵がある。その南の金剛山の麓で、六百年以上にわたって日本人が国家の危機に際して振り仰いで、如何に生きるか即ち如何に死ぬかの手本としてきた七生報国の忠臣楠木正成が生まれ育った。

正成が生まれる百年前には、その北の葛城の中腹で、北面の武士から僧侶になった漂泊の歌人西行が没した。その西行の終焉の庵からは、遙か淡路島の北の明石海峡の彼方まで見渡せる。それ故、楠木正成の郷里にいた一族と郎党は、山麓から遙か湊川における楠木軍と足利軍の激突の様子を眺めることができたのではないか。昔、神戸一中（現、神戸高校）から仁徳天皇の御陵が見えたのだから。

また仁徳天皇の御陵から北に十五キロの大阪上町台地に、天皇が民の竈から煙が昇っているのかと眺められた高台がある。これは、我が国に於ける重大なできごとだった。何故なら、この時、我が国の現在に至る政《まつりごと》の根本方針が鮮明にされたからだ。

この時、天皇は民の竈から煙が昇っていないのを確認されて、税を免除された。そして、数年後に再び高殿から民の様子を眺められた。すると、竈からたくさんの煙が昇っているのを見て、ああ我は豊になった、と喜ばれたのだ。

しかし、長年の税の免除つまり税収途絶のお陰で、その時、天皇の着物は破れお住まいには風が入り雨が漏っていた。それ故お后《きさき》が、豊になったと喜ばれる天皇に、貴方はぼろぼろの着物を着て廃屋に住んでいるのに、何故、豊なのですかとたずねられた。するど、天皇は、民が豊になれば私も豊なのだ、と答えられた。この答え、即ち、この思想は、世界政治史上画期的なことである。

江戸時代の米沢藩の藩主である上杉鷹山は、次代の藩主に「伝国の辞」を与え、民は国の為にあるのではなく、国が民の為にあるのだと示した。この思想は、ヨーロッパにおける国民主体の思想に先駆けたものであると賞賛される。しかし、この上杉鷹山の思想は、我が国においては、遙か太古の仁徳天皇の示された政の根本思想を受け継いだものである。

ヨーロッパでは、この思想の出現を、近代のコペルニクス的転換という。しかし、我が国においては、この思想は、太古から現在に、途絶えることなく為政の伝統として続いてきているのだ。これが如何にすごいことか。例えば、西の支那や北朝鮮の社会を見ると、そこでは現在においても、民の困窮に関係なく、権力を握る共産党幹部や金一族は贅沢三昧で恥じることはない。世界を見渡せば、仁徳天皇そして上杉鷹山の思想を以て当たり前だとしている国は、現在においても多くはない。

昭和十九年八月に侍従長になった海軍大将藤田尚徳は、「私が侍従長に就任して以来、身近に拝した陛下の御日常は、外部から想像するとは、およそかけ離れた質素なものであった」と回想している。

我らの皇室の御日常は、現在においても「およそかけ離れた質素なもの」だ。これが仁徳天皇以来の伝統である。

この御日常のなかで、東日本大震災の際、天皇皇后両陛下は、不自由な生活を強いられている東日本の被災者と労苦を共にするために、皇居のお住まいの暖房と灯りを切って過ごされたのだった。まさに、ありがたさに涙こぼれる思いではないか。

なお、仁徳天皇による民の竈からの煙に発する仁政の故事は、経済政策上も画期的だ。何故なら、この時、天皇はケインズ政策を断行されたからである。天皇は、民の税を免除され、同時に大土木工事を実施されて大阪平野を肥沃な大地に生まれかわらせた。免税による民の可処分所得の増大と大土木工事は、総需要を増大させて消費を活性化させ、竈から立ち上る煙となった。太古の我が国経済は、大いに発展したであろう。現在の大阪は、この時に誕生した。

仁徳天皇陵

以上、私が生まれ育った風景を見渡して先人の伝えてきてくれた歴史を辿った。それは、巨大な建造物でもなく遺跡でもない。我が風景から伝わってくるものは、かつて生きた人々の精神そして心である。そして、我が国が明るく元気になるために必要なものは、物質なものではなく、この精神・心の甦りであろう。

諸兄姉も、是非、それぞれの故郷の風景を思い起こしていただきたい。そうすれば、我が日本に伝わる先人の精神と心が、我らの郷里の風景、風土と一体となって今にあることが実感できる。

大東亜戦争の終結から七十年を経た現在においても、戦後体制は我が国を今も拘束している。それは、制度による拘束であるが、我々から歴史を奪い、祖国への愛を剥奪する作用をもたらしている。従って、この戦後体制の先に未来はない。

よって、我らは、その拘束から脱却し我が国を取り巻くまことに厳しい内外の情勢に対処し、祖国の安泰を確保しなければならない。

その為に、我らは、民族の叙事詩である大東亜戦争への道を踏まえて、大東亜戦争からの道を開く。その道は、本来の明るい元気な日本への道である。何故なら、二十世紀は「日本の世紀」であり、二十一世紀も「我らの世紀」であるからだ。

十五世紀の末、ポルトガル人のバスコ・ダ・ガマが始めてヨーロッパからインドに至る航路を開拓してより二十世紀までの五百年にわたる白人のアジアへの進出の大きな流れを、二十世紀の冒頭、日露戦争に勝利して止めたのが日本である。

近代化を始めて三十余年しか経っていない東洋の日本が、ヨーロッパ最強の陸軍国ロシアに勝利したことは、アジア・アフリカの白人の植民地になって苦しんでいる諸民族の独立への魂に火をつけた。

その時、有色人種である日本人をロシア皇帝は、「猿」と呼び、ヨーロッパの風刺画も日本人を猿のように描いていた。欧米世界は、まだ白人の優越（有色人種差別）を当然の「世界秩序」としていたのだ。これが二十世紀の初頭だ。

日露戦争に続く第一次世界大戦のベルサイユ講和会議において非欧米世界からの唯一の参加国である我が国は、人種差別撤廃を主張した。しかし欧米の白人国に否決された。

さらにその二十年後の大東亜戦争において、我が国は、緒戦の南方作戦で、フィリピン、インドシナ、インドネシア、マレー、シンガポールそしてビルマから欧米の植民地支配者を見事に撃破して駆逐し、大東亜共同宣言を発して人種差別撤廃を掲げて戦った。

此の戦には敗れたとはいえ、大東亜の戦いにおいて、ヨーロッパの白人のアジア植民地支配は日本により完全に粉砕されたのである。

そして、二十世紀初頭の有色人種が白人国を破った日露戦争によって魂に火が付いていたアジア・アフリカの人々は、民族独立闘争に立ち上がり、欧米の旧宗主国は遂にアジア・アフリカに支配者として戻ることはできなかった。ここにおいて、五百年にわたる白人のアジア・アフリカの有色人種に対する優越は、二十世紀に、消滅したのである。

第二次世界大戦後に生まれた国際連合の当初の加盟国は四十余カ国であったが、現在は百九十余国である。アジア・アフリカのかつての欧米の植民地が独立し百五十余の国々が誕生したからである。もはや二十世紀冒頭にあった白人による人種差別を当然とする「秩序」は、消滅した。これ、アジアの日本が、日露戦争から大東亜戦争まで、戦ったからである。よって、二十世紀は「日本の世紀」である。さらにこの二十世紀から二十一世紀が始まった。この道が明るい元気な道でないはずがない。

目次

国家の覚醒──天壌無窮、君民一体の祖国日本

詔勅とおことば
はじめに　10
第一章　万物流転—「戦後七十年」という不可思議　23
民族生命の原始無限流動　——実践期に入った民族再興
我が国の歴史は命の蓄積
天皇の戦没者慰霊とは
人種差別と戦った日本
終戦前夜のアジアの状況……最強の日本軍の存在
降伏
ポツダム宣言と終戦の詔書
戦後体制の内実
朝鮮半島の闇
検閲を行った者たち
検閲された『戦艦大和の最後』
敵将マッカーサーの証言
第二章　二十世紀は日本の世紀である　79
主権回復を祝った意義は何か

「天皇の詔書」を甦らせる
開戦の詔書
三国干渉と露清密約、東亜五十年の禍根
陰謀と暴力と無秩序の支那
本当の南京事件
経済封鎖
ルーズベルトの謀略
Back Door To The War
大西洋憲章と大東亜共同宣言
白人の人種差別を見抜く
終戦の詔書と新日本建設の詔書
「日本の世紀」の起点、明治三十八年九月五日のポーツマス

第三章 「戦後体制」という闇 137

戦後史のなかの胎動と警告——戦後体制に潜む悪魔と偽善者
国民運動となった拉致被害者救出
小泉訪朝とは何だったのか
平壌宣言

世界最悪のテロ支援国家への転落寸前
ストックホルム合意と政府主催の拉致コンサート
国内にある暗闇
文世光事件の闇
ミュンヘン事件とフォークランド
日航機ダッカハイジャック事件とルフトハンザ機ハイジャック事件とSS20
日本政府の不作為が露呈した宇出津事件

第四章　国家覚醒への道——我が国の「星の時間」を顧みる　177
天変地異
東日本大震災と巨大津波のなかの国民
福島第一原発
東日本大震災のなかの天皇
天壌無窮の神勅
時の総理大臣は何だったのか
歴史の中の「星の時間」
（一）弟橘姫　（二）仁徳天皇の民の竈　（三）万葉集そして祭り　（四）東大寺の大仏造像と千三百年後の恩返し　（五）蒙古来たる　（六）湊川に遺された魂　（七）江戸無血開城

第五章　世界の地殻変動を前にいま為すべきこと　261
御前会議
世界の大勢――地殻変動
チャーチルの回顧
中国共産党独裁国家とは何か
シナという国難
国難克服への道――日本精神の確立
戦後体制の変革
（一）軍隊と軍人の回復
統合情報機関
教育機関としての軍隊
（二）憲法を取り戻す

あとがき　312

カバーデザイン　妹尾善史（ランドフィッシュ）

第一章　万物流転

──「戦後七十年」という不可思議

民族生命の原始無限流動 ――実践期に入った民族再興

日本は日本民族の魂である。単なる共同体ではない。そして、日本の国のかたち、即ち國體（国体）は民族生命そのものである。したがって、我が国の歴史に民族の魂が宿っている。よって、「大東亜戦争への道」は英霊への感謝の思いを以って検証されるべく、「大東亜戦争からの道」は祖国への愛を以って拓かれねばならない。

我が国において、無限に流動する流れの中に、不変の本質を観ることができる。不変の本質は、無限流動のなかにある。大河の流れは、一刻もとどまることなく流動している。刻々流れているから大河は永遠に同一性を失わない。流れが止まれば、水溜まりとなり河でなくなり、いずれ干上がる。

我が国は、日本民族の血に根ざした無限流動のなかに同一性を保ち続ける大河であり、そして魂なのだ。これから、大東亜戦争敗北後の「激変」を経ながら戦前戦後を通じて「不変」であり続ける我が民族の姿を見つめたい。

昭和二十年八月十五日、天皇は、ラジオを通じて、直接国民にポツダム宣言を受諾した旨告げられ（玉音放送）、同九月二日、我が国は横須賀沖に停泊したアメリカ戦艦ミズーリ号上に於いて連合軍との降伏文書に署名し、大東亜戦争の戦闘が停止する。

ここから連合軍の我が国占領が始まる。そして、六年七ヶ月余の占領期間を経て、同戦争は、昭和二十七年四月二十七日の我が国と連合国とのサンフランシスコ講和条約発効によって国際法上正式に終結する。

このように、大東亜戦争の国際法に基づく戦争状態の終結は、昭和二十七年四月二十七日であるが、我が国における歴史区分としての「戦後」は、昭和二十年八月十五日の玉音放送から始まる。その前が、戦中および戦前といわれる。

しかし、その「戦後」が何時終わったのか、実は分からない。分からないというより、七十年が経った現在（平成二十七年）に於いても「戦後七十年」と言われているところをみると、現在もまだ、「戦後」という時代が続いているかのように思える。

とはいえ、明治維新から七十年が過ぎた時は何時かといえば、それは昭和十三年である。昭和十三年も明治維新だと考えるのは不自然だろう。同様に、七十年が過ぎた現在も「戦後」だというのもおかしい。

従って、「戦後という時代」が七十年間も続いているのではなく、「戦後という体制」が七十年間続いていると考えるのが妥当である。このように考えれば、「戦後という体制」は、まさしく現在も継続している。このままゆけば、あと百年も続きそうに見える。

しかし、続かない。何故なら、我が国を取り巻く厳しい内外の情勢が、戦後体制のままの我が国を滅ぼすからだ。これからも、漫然と「戦後という体制」を続ければ、我が国は内外の要因によって崩壊する。現在は、まさにその岐路である。

さて、私が生まれたのは、戦後の占領期間中、昭和二十三年七月である。

大東亜戦争末期、アメリカ軍による我が国の工業生産力の破壊と非戦闘員である都市部住民の大量殺戮を目的とする戦略爆撃によって、日本本土の主要都市の住宅地域と工業地帯は完全に破壊された。その結果、戦闘が停止しても、工場は操業不能で我が国の生産力は底辺に落ち、食料は不足して国民は飢えた。そして闇市に人びとが群がった。その闇の物資を食べなかった裁判官が餓死した。

戦後は、このような状況で始まった。食べ物が無くて餓死する人の数は、私が生まれた昭和二十三年前後数年間に最高に達し、その後二十五年に一万人を切ってから年々減少を続ける。しかし、この餓死者数が最高に達した昭和二十三年前後の数年が、一年間における子供の出生数が日本民族史上最高に達したのだ。私は、その中の一人だ。

昭和二十二年から二十四年までの三年間は、一年間の出生数がそれぞれ二百六十七万八千人、二百六十八万一千人そして二百六十九万六千人である。そして、二十五年は二百三十三万七千人となり以後減少に転じる。これは、敗戦で荒廃した国土に生きる国民が、それでも明るい未来を目指していた証左ではなかろうか。しかし、「(昭和二十三年)日本の政治家、企業家、経営学者、経済専門家、だれもが日本の前途に悲観的だった。昭和初年の生活水準に戻るのは五十年さきになるのか、いつのことになるのか分からないと思っていた」(鳥居　民著、『昭和史を読み解く』)。

なるほど、政治家や学者らが悲観的な見通しを述べるのはわかる。しかし、人間は生物である。従って、生物としての実感があり営みがある。そして子宝という言葉があるではないか。壮絶な戦争の時期を経てきた若い夫婦が、子宝を得て頑張り始めたのだ。子宝は、戦後からの復興開始を告げていたのだ。

そして、昭和二十五年六月に勃発する朝鮮戦争の「特需」によって状況は一変した。朝鮮戦争から三年後には、一人当たりの国民所得は、戦争前の水準に回復した。それから我が国は、エコノミックアニマルといわれるほど走り続けた。そして、半世紀が過ぎた現在、この日本民族史上最高の出生数の世代の塊が、六十歳代後半に差し掛かっている。

我々は、生まれる前の「大東亜戦争への道」を生きた世代に育てられて、「大東亜戦争からの道」を生きてきた。即ち、戦前を肌で感じながら、戦後体制の中で生まれその中で生きてきたということだ。しかし、今生まれた子は、親もその親も全員、生まれ育ちは戦後体制の中だ。なにしろ、戦後体制は、戦後七十年を経過した現在も続いているのだから。

このことを確認したうえで、目を、現在の「我が国を取り巻く国際情勢」に転じよう。この時、我らの眼前に広がる光景は何か。それは、もはや戦後でも何でもない。「戦後」はとうの昔に過ぎ去り、世界は既に「戦前」である。つまり、我が国は、戦後体制のままで、既に「戦前」の様相をたたえる現在の厳しい国際情勢に直面している。

よって、我らが今為すべきことは、国家の存立を確保するために、現在の戦後体制から脱却し、この板子一枚下は荒波渦巻く千尋の海を航行しているが如き祖国を、「富岳の安きに置く」ことである。即ち、ここに述べる「大東亜戦争からの道」とは、戦後から脱却して「本来の日本」を取り戻す道でなければならない。従って、本書は、その実践と実現を目的とする。これから、実践者として、「大東亜戦争からの道」を語らせていただこうと思う。

我が国の歴史は命の蓄積

さて、我が国の歴史を振り返ると、それは、近代進歩主義者がイメージしているような過ぎ去った過去の彼方から未来に伸びる「直線」ではない。「円環」である。

我が国は、同じ原理、同じ心情に突き動かされて再生し活性化してきた。それ故、我が国に於いて、人の魂と志は繰り返し生まれかわり、過去は過ぎ去った日付けのところにあるのではなく、現在にある。

我が国の歴史は、直線ではなく円環である。直線は、何処かで止まればそれで終わりだ。しかし、円環は何処まで行っても終わりはない。無限だ。即ち、伊勢神宮の式年遷宮のように永遠であり、円環のなかから常に永遠の活力が生み出されてくる。

明治維新は、慶応三年十二月の「王政復古の大号令」により開始された。この「復古」が、幕藩体制から近代国民国家への転換であった。我が国の近代国民国家建設は「復古」即ち「回帰」によって開始されたのだ。何処への「復古(回帰)」か。

大号令に曰く、「神武創業の始め」である。

我が国は、この「復古（回帰）」によって、新時代に飛躍する国民的エネルギーを爆発的に生み出す共同体である。それ故、言っておく。「戦後体制からの脱却」も「復古（回帰）」によって為される。それは、我が国の歴史の連続性の回復である。つまり、戦後体制から脱却することは、戦前と戦後の連続性を回復することである。

そこで、まず確認されるべきことは、天皇陛下におかれては、つとに我が国の戦前戦後の連続性を堅持され、明治の初めの志が戦後の我が国の志であることを鮮明にされているということだ。

なるほど、我が国は大東亜戦争に敗れ降伏した。その結果、連合軍に軍事占領されることによって、天皇の国家統治の大権が剥奪され、帝国陸海軍が解体され、大日本帝国憲法と教育勅語が排除された。同時に、大東亜戦争を戦った我が国は「悪を為した国」であるとの断罪が義務教育における公式歴史観とされた。

つまり、我が国を占領した連合軍は、我が国の戦前と戦後を切断し、「戦前は悪」であり、連合軍が占領して「日本国憲法」を与えて民主主義を導入した「戦後は善」であると、革命でも起こったかのように断絶させたのである。

実際、この占領政策に迎合して、東京帝国大学の憲法学の教授は、戦後には「(昭和二十年）八月十五日クーデター説」を唱えている。よくもまあ、最高学府の学者たる者が、恥ずかしげもなく、クーデターが起こったなどと、ありもしないことをぬけぬけと書いたものだと思う。

天皇は、八月十五日正午に「玉音放送」によって全国民と国内外の陸海軍部隊にポツダム宣言受諾を伝達され、総理大臣鈴木貫太郎の辞表捧呈を受けられ、翌十六日、大元帥として陸海軍に対して大陸命と大海令を発して自衛以外の戦闘行動の停止を命令され、三人の皇族に、それぞれ支那派遣軍、関東軍そして南方軍に赴いて、「聖旨」を関係部隊指揮官に直接伝達することを命じられ、稔彦王（東久邇宮）に組閣を命じられた。三人の皇族は、それぞれ南京、新京、奉天、京城、サイゴンそしてシンガポールで、「聖旨」を指揮官に伝達している。十七日、天皇は「陸海軍に対する勅語」を発せられた。そして、東久邇宮内閣は、連合国との降伏文書調印等の任務遂行に向かう。

また、九月二日の、天皇の国家統治の権限が連合軍最高司令官の制限の下におかれる旨の降伏文書に重光葵全権が調印した後においても、同日、連合軍最高司令官が翌三日の午前六時から連合軍が日本に直接軍政を敷くという三通の布告を、外務大臣重光葵は、マッカーサーとの直談判で撤回させ、天皇はその経緯の奏上を受けられた（同月五日）。また、翌四日、天皇は第八十八回帝国議会開会式に臨むために貴族院に行幸された。

このように、天皇の日常を記録した『昭和天皇実録』のどこを点検しても、八月十五日から九月二日の降伏前後にクーデターなどない。そこにあるのは、侍従長藤田尚徳が述べた「上御一人の立場に立たれた陛下が、戦争の終結と平和の回復のためにつくされた超人的な努力」があるのみである。

しかしながら、「八月十五日クーデター」を説いた同教授の憲法学の教科書（有斐閣）は、戦後三十年以上も経過した昭和五十年代まで東京大学を始め各大学で使われていた。かく言う私も学生時代に読んだ。まさに「戦後」とは、小学校から大学まで、児童生徒学生に「ウソ」を教える体制である。

確かに、降伏文書で「天皇の国家統治の権限は連合軍最高司令官の制限下」になり、日本国憲法では、天皇は象徴となり（第一条）、「人類普遍の原理」に反する一切の「憲法、法令および詔勅」は排除されることとなった（前文）。

しかし、占領軍が、如何に我が国の戦前と戦後を断絶さそうとも、それは表層に止まって、我が国の太古からの岩盤のような流れである「天皇の権威」を断絶させることはできなかった。占領軍が我が国に強制して定着させた自虐史観は、東京裁判を正当化する史観であることから明らかなように、それは、法的世界（俗世の領域）のことであり、「権威の世界」（神秘の領域）に及ばないのである。

従って、詔書や御製さらに、天皇の「訪ねて果たさむつとめ」（御製）としての全国巡幸や戦死戦没者慰霊の行幸で明らかなように、天皇には自虐史観の欠片も及んでいない。

天皇の権威は、神秘の領域にある天照大神の「天壌無窮の神勅」によって鮮明にされており、それが、神武天皇以来、万世一系百二十五代の今上陛下に受け継がれ、これからも無窮である。

これが如何に深遠で尊いことか。

三島由紀夫は言った。「我が国に命より大切なものがある。それは、天壌無窮の神勅と三種の神器である」。

また吉田松陰は書いた。「天照の神勅に、日嗣の隆興、天壌無窮と有之候所、神勅の相違なければ、日本は未だ亡びず。日本未だ亡びざれば、正気重ねて発生の時は必ずある也。只今の時勢に頓着するは、神勅を疑うの罪軽からざる也」。

フランス人の人類学者クロード・ストロースは言う。「我々西洋人にとっては、神話と歴史の間には、ぽっかりと深淵が開いている。日本の最大の魅力の一つは、これとは反対に、誰もが歴史とも神話とも密接な絆を結んでいられるという点にあるのだ」。

この神勅による第百二十四代の昭和天皇は、我が国が連合軍に軍事占領されてから四ヶ月後の昭和二十一年一月一日の正月元旦に「新日本建設に関する詔書」を発せられ、その冒頭において、「明治天皇が明治の初め発せられた五箇条の御誓文」を以て、敗戦後の我が国家の志とし指針とする旨を国民に明確に宣言された。即ち、まさに戦後は、天皇の詔書に於いて明治維新に回帰しているのである。

明治維新は、「幕藩体制」から脱却して近代国民国家を建設する為に、神武創業のはじめに回帰して実践された。従って、我らは、今こそ、この昭和天皇の大御心を体して、「戦後体制」から脱却して明治が目指した国民国家を再興する為に、明治維新の活力を再び湧き上がらせ、明治の日本が遭遇した同じ国難に対処しなければならない。

即ち、我が国は、激動する国際情勢の中で、百五十年の円環を巡って明治維新に回帰してまた興るのである。

天皇の戦没者慰霊とは

ここで、天皇皇后両陛下の、戦没者慰霊の行幸啓について語らせていただく。何故ならこの行幸啓は、現在の戦後体制の次元を突き抜けて戦前と戦後を連続させ、戦没者を、お国の不変の大義と一体化させる尊い御業であるからだ。ここに我が国は、変化したと見える戦後の表層の下で、神秘的な不変不滅の一貫した流れを、明らかに宿している。

まず、天皇の慰霊を、陛下が個人的に慰霊をしたいからなさっていると理解してはならない。それでは、その本質を理解したことにならない。

昭和天皇が、昭和六十二年に病に倒れられて沖縄行幸がかなわなくなったとき、次の御製を詠まれた。

思はざる病となりぬ沖縄をたづねて果さむつとめありしを

つぎに、翌年の昭和六十三年の御製、

やすらけき世を祈りしもいまだならずくやしくもあるかきざしみゆれど

そして、遂に昭和天皇は、沖縄に行幸されることなく、昭和六十四年一月七日、崩御された。

百二十五代の天皇となられた今上陛下は、先帝の「果さむつとめ」を継承され、皇后とともに、沖縄に行幸啓されること十回を超え、平成六年には硫黄島、十七年にはサイパンへ慰霊の行幸啓をされ、平成二十七年四月九日には、遂にパラオ共和国の「天皇の島」ペリリュー島での慰霊を果たされた。

この太平洋の三つの島は、ともに玉砕の島である。天皇皇后両陛下のこの島々への行幸啓は、昭和天皇の「たづねて果さむつとめ」を果たされたものである。この務めこそ、天皇に課せられたものであり、今上陛下も昭和天皇と同じお立場で慰霊の行幸を続けられてきたのだ。何故なら、昭和天皇崩御によって、今上陛下は「万世一系の皇祚」を践まれたからである。

昭和十六年十二月八日、昭和天皇は、次の「米英兩國ニ對スル宣戰ノ詔書」を発せられた。

「天佑ヲ保有シ萬世一系ノ皇祚ヲ踐メル大日本帝國天皇ハ昭ニ忠誠勇武ナル汝有衆ニ示ス　朕茲ニ米國及英國に對シテ戰ヲ宣ス朕カ陸海將兵ハ全力ヲ奮テ交戰ニ從事シ朕カ百僚有司ハ勵精職務ヲ奉行シ朕カ衆庶ハ各々鼠其ノ本分ヲ盡シ億兆一心國家ノ總力ヲ擧ケテ征戰ノ目的ヲ達成スルニ遺算ナカラムコトヲ期セヨ……

皇祖皇宗ノ神靈上ニ在リ朕ハ汝有衆ノ忠誠勇武ニ信倚シ祖宗ノ遺業ヲ恢拡シ速ニ禍根ヲ芟除シテ東亞永遠ノ平和ヲ確立シ以テ帝國ノ光榮ヲ保全セムコトヲ期ス」

そして、この詔書に基づいて陸海将兵は全力を奮って勇戦敢闘した。しかし、戦局好転せず、我が国は戦に敗れ、約二百四十六万将兵が戦没したのだ。天皇は、自らの詔書に基づいて戦地に赴き戦没した二百四十六万将兵を、天皇として、慰霊されている。天皇の「果さむつとめ」の重さこそ想像を絶するではないか。

終戦時の侍従長は後年次のように書いている（藤田尚徳著、『侍従長の回想』講談社）。

「（侍従長になって）そこに発見したものは、上御一人の立場にたたされた陛下が、戦争の終結と平和の回復のために尽くされた超人的な努力である。

国家の存亡をかけた動乱の舞台に、ただお一人出通して楽屋へ下ることも許されず、その間に陛下がひたすら念じていたことは、勝利とか敗戦とかを超えた、人間同志の信頼と、そこから生まれる平和の世界に、いかにしたら戻れるかという祈りである」。

そして、今上陛下はまさにこの昭和天皇と同じ「天佑を保有し万世一系の皇祚を践める大日本帝国天皇」として、沖縄、硫黄島、サイパンそしてパラオ・ペリリュー島へと慰霊を続けられてこられた。その慰霊とは、英霊との対話である。その対話は、平成六年の硫黄島行幸啓の際の天皇の御製と皇后の御歌に端的に顕れている。

御製　精魂を込め戦ひし人未だ地下に眠りて島は悲しき
御歌　慰霊地は今安らかに水をたたふ如何ばかり君ら水を欲《ほ》りけむ

御製の「島は悲しき」は、約二万人の硫黄島守備隊の司令官栗林忠道中将の大本営に対する訣別電報に書かれた次の辞世の「散るぞ悲しき」を受けて詠まれたものである。

　国の為重きつとめを果し得で矢弾尽き果て散るぞ悲しき

皇后陛下の御歌は、喉の渇きをこらえて戦いつづけた将兵に、まさに彼らがそこにいるかのように、「君ら」と親しく呼びかけられているのだ。

硫黄島は火山島で雨水以外の飲み水はない。そして、将兵が立て籠もった地下壕のなかは、地熱によって五十度から六十度の猛烈な熱さである。将兵は、この地熱のなかで想像を絶する渇きと戦っていたのだ。

その喉が渇いた一万数千の将兵は、未だ、戦闘状態のまま島の地下に埋まっている。それ故、硫黄島の慰霊地には水が湛えられている。

硫黄島に滞在する海空自衛隊員達は、枕元にコップ一杯の水をおいて寝なければうなされるとか、真夜中に旧軍の兵士が隊列を組んでザックザックと行進してゆく音が聞こえるなどの怪奇現象を経験してきた。

しかし、両陛下の行幸啓の後にはこの怪奇現象はおさまったと聞いた。このように、天皇皇后両陛下の慰霊は、英霊との対話、英霊との一体化である。それも、七十年以上前の過去に亡くなった人びととの対話ではない。

御製と御歌に明らかなように、今まさにそこにいる英霊に心の底から話しかけられるのである。その話しかけられた英霊は、天皇の詔書によって死地に赴いた「朕が陸海将兵」なのだ。英霊は、大東亜戦争当時の精神を留めて戦闘状態のままである。

従って、天皇は、今も、英霊にとって大元帥である。その天皇皇后両陛下が、彼らの近くに寄られて話しかけられた。英霊の安らぎ、如何ばかりか。

このことを目の当たりに拝したのが、平成二十七年四月九日、両陛下のペリリュー島への行幸啓であった。私は七名の仲間とともに、前日の四月八日、ペリリュー島に渡り、翌九日に同島に行幸啓された両陛下をお迎えした。

ペリリュー島はジャングルの島で人口は三百人ほどである。従って、ジャングルの間を通る無舗装の道には人っ子一人いない。

両陛下は九日の午前十一時ころ、海上保安庁の巡視船搭載の大型ヘリコプターに乗られてペリリュー島のジャングルの中のかつて日本軍が造った滑走路跡に急造されたヘリポートに着陸された。私たち八名は、このヘリポート近くと慰霊地近くの二カ所の道端で、合計四度、両陛下の車列に頭を垂れてご挨拶し、一度は天皇陛下万歳を三唱させていただいた。

その際、深く印象に残ったのは、両陛下のお車は、人のいない遙か彼方のジャングルのなかの道から超低速で近づいてこられ、人のいないジャングルのなかを遙か彼方まで超低速で去って行かれたことである。

後に聞いたが、パラオ共和国政府は、アメリカ流の警備方針を準備していて、高速で両陛下の車を走らせて、沿道との接触時間を極力抑えるつもりだった。しかし、陛下のたっての御意思で、陛下の車は、唯一の市街地でパラオ共和国の人口の九割がいるコロールにおいて超低速で走り、両陛下は沿道の人びとに親しく挨拶をされながら通過されたという。

それで分かった。天皇皇后両陛下にとっては、人のいないペリリュー島のジャングルのなかの道においても、車の前後左右に広がるジャングルに籠もって戦い抜いて玉砕していった一万一千の将兵が、今もなを周囲のジャングルのなかにいるのだ。

両陛下は、その彼らと話をし、ゆっくりと挨拶をされながら進んでおられたのだ。ひょっとしたら、本当に、そのジャングルのなかで英霊が立ち上がり、涙を流しながら敬礼し、両陛下をお迎えしていたのかも知れない。

また、この四月九日、両陛下は、戦没アメリカ軍兵士の慰霊碑にも献花され参拝された。遙か南太平洋の日米激戦の島に於いて、敵味方の区別なく慰霊される両陛下の「祈る存在」としてのお姿が、静かな深い感動の波動になってアメリカ国民に伝わっていった。

この感動が、二十日後の四月二十九日に行われた、アメリカ上下両院における安倍総理大臣の演説を歴史的なものとした。

これが、天皇の御稜威（威徳）でなくてなんであろう。

言うまでもなく、安倍晋三氏は天皇陛下によって総理に任命されたものである（憲法第六条）。即ち、臣晋三、である。

日露戦争で旅順要塞を攻略した乃木希典第三軍司令官は、凱旋に当たり、次の通り明治天皇に部下の戦没将兵の様子を報告し、彼らの死を天皇という神秘にして至高の「公」と不可分に結びつけた。

「而して作戦十六ヶ月間、我が将卒の常に勁敵と健闘し、忠勇義烈死を視ること帰するが如く、弾に斃れ剣に殪るる者、皆陛下の万歳を喚呼し欣然として瞑目したるは、臣之を伏奏せざらんと欲するも能わず」。

このように、日露戦争に於いては、軍司令官が、戦争終結に際して最後の務めとして部下の戦没将兵の敢闘を天皇に結びつけた。

しかし、大東亜戦争に於いては、遂に凱旋はなく、大東亜の海と陸に広がる広大な戦場において、将兵が如何に戦い如何に戦没していったのか、その様子を天皇に報告する軍司令官もいなかった。

そこで、陛下は、戦没将兵の大元帥としての「たづねて果さむつとめ」として、国内国外の慰霊地に行幸されて英霊との対話を果たされ、英霊との絆を結ばれてきたのだ。

私は、アメリカ軍が「天皇の島」と呼んだペリリュー島で両陛下をお迎えした。その平成二十七年四月九日の朝、ペリリュー島で、日の丸に「七生報国」と大書した鉢巻きを手に取りそれを額に巻こうとしたとき、文永十一年（一二七四年）、突如対馬に押し寄せた三万の蒙古軍に八十四騎で微笑みながら突撃して玉砕した宗助国や、兵庫の湊川で勇戦敢闘して自決した楠木正成、さらに幕末そして日清日露から大東亜戦争に至る総ての護国の英霊が、この「天皇の島ペリリュー」に髣髴《ほうふつ》として集まってきているように感じた。

「天佑ヲ保有シ萬世一系ノ皇祚ヲ践《フ》メル大日本帝國天皇」は、「天皇の島」であるペリリュー島において彼ら総ての英霊に話しかけられ、英霊は天皇との絆のもとに慰められた。

ペリリュー島に残る 95 式戦車

これが、天皇の深淵な御業である。

従って、英霊は、アジアの天地から、また靖国の社から、天皇の国である我が国を支えて、これからも日本を守ってくれる。何故なら、我が国が天皇とともに、英霊の目指したところを目指すからである。その目指したところとは、第一に我が祖国日本の存立と同胞の安泰であり、さらに昭和十八年十一月の大東亜共同宣言に謳われた人種差別撤廃と諸国民の共存共栄の道である。

このように、現時点に於ける「大東亜戦争からの道」は、天壌無窮の神勅による万世一系の天皇という不滅の岩盤をたたえながら、表層に「戦後体制」という枠組みによる桎梏《しっこく》（手かせ足かせ）の途上にある。

再度確認するが、一四九八年、バスコ・ダ・ガマがアフリカの喜望峰を回ってインドに到着してから、ヨーロッパの白人の東洋進出が始まったのだ。それは白人のアジア侵略の開始でありアジアの人民の屈辱の歴史の始まりであった。その結果、大東亜戦争までのアジアは、ほとんどが欧米の植民地と化していた。つまり、アジアは数百年にわたってスペイン・ポルトガルそしてイギリス・フランス・オランダ・アメリカの植民地であった。

しかし、日露戦争における日本の勝利は、白人の植民地支配下にあるアジア・アフリカの人びとに国民国家樹立の夢を抱かせ、その三十六年後の大東亜戦争における緒戦の南方作戦は、これら総てのアジアの地域から、数百年にわたる白人の植民地支配者を追い払った。

即ち、歴史家のアーノルド・トインビーが、「日本人が歴史に残した功績の意義は、西洋人以外の人種の面前において、アジアとアフリカを支配していた西洋人が、過去二百年の間にいわれていたように不敗の神ではないことを明らかにしたことである」と述べている通りだ。アジア・アフリカは、日露戦争で目覚め、大東亜戦争から民族国家建設への道を目指し始める。

人種差別と戦った日本

それから、欧米の白人が触れて欲しくないと蓋をしたがる重要な点を指摘する。それは我が国ただ一国が、有色人種差別の撤廃を大義として掲げて戦い、現在の世界に遍く実現させたことである。特にアメリカにおける黒人差別撤廃に、我が国が果たした歴史的役割を我々は忘れてはならない。我が国が、日露戦争と大東亜戦争を戦わなければ、アメリカに黒人の大統領は出現していない。オバマ大統領の誕生は、我が国の大東亜戦争の大義の実現である。

毎年八月十五日が近づくと、我が国のマスコミは、戦争の悲惨さを示すために、大東亜戦争中に、アメリカ軍が撮影した西太平洋の島々でアメリカ軍兵士が日本軍兵士を攻撃して焼き殺し射殺している映像を流す。しかしこれは、アメリカ軍の本土での戦意昂揚と予算獲得の為に映されたものである。従って、日本兵が矢弾尽き果てて抵抗できなくなってから撮影されたものである。それ故、アメリカ兵は安心して身を隠すことなく、立ち上がって銃を撃っている。

そこで、気付いていただきたいことがある。それは、この戦意昂揚の画面に黒人兵は一人も映っていないということだ。しかし、私は、沖縄や南のブーゲンビルで実際に戦った元兵士から聞いた。アメリカ軍の先頭には黒人兵がいたと。ある人は、自分は、ひょっとしてアフリカと戦争しているのではないかと思ったほどだと。

つまり、頑強に日本軍が戦っているときには、アメリカ軍は黒人を先頭に出してくる。即ち、アメリカ軍に戦死者が続出する戦場においては、黒人がアメリカ軍の前線にいる。多くの黒人に戦死者が出たであろう。しかし、当時のアメリカの人種差別の状況下では、アメリカ軍の戦死者に、黒人兵がカウントされているのかも疑わしい。戦死者が多いと、アメリカ国民の戦意を消沈させるからである。事実、硫黄島でのアメリカ軍の戦死者の多さに、アメリカ国民の中に日本との戦争を中止せよとの意見が出始めたと聞いている。

我が国の英霊は、天皇を戴く祖国のために、人種差別撤廃を実現し諸国民の共存共栄の世界秩序を前進させたのである。まず、このことを確認したい。

当然であろう。二百四十六万の人びとが祖国の為に戦い亡くなったのである。後世に生まれた我らが、その英霊を特殊で関係のない時代の犠牲者のように思い、彼らを我らと断絶したように扱っていて、我が国の未来が拓けられるはずがない。

しかし、戦後体制をつくった連合軍総司令部（ＧＨＱ）と戦後日本人は、今に生きる我々と英霊を断絶させた。それ故、戦後体制の下の日本国民には、戦前と戦後が断絶しているように見える。これは、本当の歴史つまり同じ血の通う歴史を奪われたということである。これが、我が国を覆う閉塞感の正体だ。

終戦前夜のアジアの状況……最強の日本軍の存在

昭和二十年八月十五日の終戦時、日本軍の兵力は、本土及び周辺に、地上兵力五十三個師団と三十八個特科旅団そして航空戦力約一万機、海上特攻戦力約三千三百隻で、陸軍総兵力約二百三十九万人及び海軍総兵力約百六十九万人であった（服部卓四郎著『大東亜戦争全史』原書房及び佐藤守著「大東亜戦争は昭和50年4月30日に終結した」青林堂）。

この時、我が国の領土である沖縄、硫黄島、南樺太は、それぞれアメリカとソ連に攻略されていたが、台湾と朝鮮は軍隊によって確保されていた。また、海外において、日本軍がなおも制圧していた地域は、中国大陸と現在のアセアン諸国の地域である仏印（ベトナムとカンボジア）、マレー、スマトラそしてジャワであった。

そのうち中国大陸においては、国民党軍に追われて逃げ込んだ延安に本拠をおく毛沢東の共産党政府と、日本軍に追われて逃げ込んだ重慶に本拠をおく蔣介石の国民党政府との内戦が必至の状態にあった。

しかし、その内戦の帰趨は既に決していた。何故なら、日本軍の大陸打通作戦（一号作戦）によって蔣介石の国民党軍が中国本土（メインランド）から掃蕩されていたからだ。

昭和十九年四月十七日に発動され同十二月二十日に完遂された大陸打通作戦は、大本営作戦課長服部卓四郎大佐によって立案され、中国大陸の北京から南の南寧までの二千五百キロの鉄道と沿線を制圧し、アメリカ軍のB29の発進基地を撃破制圧するとともにインドシナやタイに通じる陸路を確保することを目的とするものである。動員兵力は、歩兵師団十七、旅団六そして戦車師団一の総計五十万人で、迎撃する蔣介石の中国側戦力は三百万といわれていた。

この日本軍の空前の大作戦の開始によって、蔣介石の国民党軍は五十万人以上を失い、日本軍の攻撃前に国民党軍が農民に武装解除されて逃げ散るという異常事態が続出し、さらに蔣介石軍の将軍が、真っ先に財産と家財道具を貨車に満載して逃げ去り軍隊自体が崩壊するという事態も発生する。つまり蔣介石軍は日本軍の進撃に伴って崩壊していった。そして、日本軍の進撃が急なために、遂に重慶にあるアメリカ大使館員の家族がインドへの疎開を勧告される。その時、蔣介石とアメリカ軍代表のスティルウェル将軍が衝突し、ルーズベルト大統領は蔣介石に要求されてスティルウェルを罷免する。つまり、現場では、あまりにも不甲斐ない蔣介石軍とアメリカ軍との亀裂が決定的となった。

他方、共産軍は、蔣介石軍に追われて土蜘蛛のように延安の洞窟に潜って逃げ延びていたが、日本軍が蔣介石軍を蹴散らした後の農村部に、得意の工作隊を繰り出し農民を味方につけて勢力圏を拡げ続けた。さらに、蔣介石と不仲になったアメリカ軍は、敵の敵は味方だから、この毛沢東の共産党軍を評価し援助も考慮し始めた。

このように、終戦時には、蔣介石軍は崩壊寸前で、毛沢東の共産党軍が息を吹き返し始めていたにすぎない。つまりその時、中国大陸において最大の軍事力を展開していたのは大陸打通作戦を完遂した日本軍であった。

次ぎに、日本が支配していた仏印、タイ、マレー、スマトラそしてジャワであるが、ここを日本軍が進軍するまで統治していたのは、フランス、イギリスそしてオランダである。しかしこの三国は、開戦初期の我が南方作戦によって、日本軍に完璧に粉砕されていた。さらにヨーロッパ方面でも、この三国の内、フランスとオランダはドイツに撃破されて本国が占領されていたのであり、イギリスもドイツとの戦いで首都のロンドンまで空襲されてくたくたの状態であった。従って、彼ら三国が直ちに、遙か東のアジアの旧植民地に戻れるはずがない。つまり、日本は、依然としてこの地域で最大の軍事力を擁していたのである。この地域で、日本の軍事力に対抗し得る国は無かった。

なるほど、遙か南の赤道下のニューギニアとソロモン諸島からパラオなどのカロライン諸島そしてサイパン・テニアン・グァムのマリアナ諸島さらに本土の硫黄島と沖縄までアメリカ軍に占領され、日本本土は連日アメリカ軍の空襲にさらされて焼土と化し、広島と長崎には原子爆弾を投下されていた。しかし、日本軍は、未だにアジアに膨大で強力な戦力を保持して広大な大地を支配していたのだ。

陸軍航空隊のパイロットだった方から聞いたことだが、終戦で部隊が解散されて郷里の奈良に戻ると、両親や弟たちが米を食べずに粗末なものしか食べていないのを見て驚いたという。戦地では、物資に困らず、パイロットの食卓には毎日豪勢な天ぷらがでていたからだ。

またインドネシアを例に挙げると、我が国のポツダム宣言受諾後、スカルノとハッタがインドネシア独立宣言を起草したのは、ジャカルタ市内の前田精海軍少将の公邸であり、その独立宣言の日付は「17・8・05」つまり、我が国の皇紀二六〇五年八月十七日である。そして、独立を宣言する広場で、スカルノとハッタの横に着剣して座ったのは日本軍の第十六軍作戦参謀宮本静雄大佐であった。

後に、インドネシアを再び支配しようとイギリスとともに戻ってくるオランダ軍と独立インドネシアは戦うことになる。その時、インドネシアは、武器を日本軍にもらうしかなく、部隊の指揮は日本軍将校に執ってもらうしかなかった。宮本参謀らは密かに武器をインドネシアに供給し、二千名近い日本軍将兵が日本に帰らず、インドネシア軍に加わり、インドネシア独立のために部隊を率いてイギリス・オランダ軍と戦った。

その時生まれていない私が、後年、独立戦争で戦死した兵士を埋葬したジャカルタのカリバタ英雄墓地に葬られた日本軍将兵達の墓に参った。そして東京で、第十六軍作戦参謀宮本静雄大佐に会った。宮本さんは、痩せて背が高く姿勢が良い方だった。それから私は、インドネシアに行ってジャカルタで、日本軍に育成されたインドネシア独立義勇軍（ペタ）出身の老兵達とともに、インドネシア独立宣言当日の白黒の映像を見た。その時、彼らは映像の中に出てきた宮本参謀を指さし「ミヤモト　サンボウ」、「ミヤモト　サンボウ」と口々に言った。

スカルノの次ぎに大統領になったスハルトは、日本軍が組織して訓練したインドネシア独立義勇軍の出身であった。スハルトは、中共の周恩来に指導されたインドネシア共産党のクーデター（昭和四十年九月三十日、9・30事件）と、それに続く内戦を勝ち抜いてインドネシアの大統領になった。そして昭和四十三年、日本に住むペタの教官だった土屋大尉に電話して、「教官殿、大統領になりました」と報告している。

中国大陸のことであるが、蔣介石は、ビルマ国境地帯でアメリカ軍から戦車と大砲と自動小銃をもらって、武器弾薬の尽きた日本軍部隊と戦った時だけ日本軍に勝てた。しかし、中国の本土（メインランド）には大陸打通作戦で自軍を蹴散らせた日本軍五十万の精鋭が無傷で存在していた。また毛沢東の共産党軍も、日本軍が蔣介石軍を蹴散らせてくれたところに火事場泥棒のように勢力を伸ばしただけであった。装備は未だ匪賊の域を出ない。

この最大の軍事力を保持する日本軍が、昭和二十年八月十五日正午の天皇陛下の「終戦の詔書」渙発（玉音放送）により、戦闘行動を停止し武装解除に入るのである。

必至となった国共内戦を目の当たりにした蔣介石と毛沢東は、何を考えたか。言わずと知れたことであろう。彼らは、日本軍の武器と力を借りて、蔣介石は毛沢東を打ち破り、毛沢東は蔣介石を打ち破ろうと考えた。

この状況が、蔣介石による、日本の親中派が今もコロリと参る「怨みに報いるに徳を以ってす」という対日本軍懐柔発言に繋がった。事実、蔣介石のこの姿勢は、彼の命を救い共産党軍の台湾制圧を阻止した。後に、大陸の戦闘に敗れて台湾に逃げ込んだ蔣介石軍を追撃して金門島に上陸してきた共産軍との戦闘において（金門戦争、昭和二十四年）、共産軍を撃破して台湾侵攻を阻止したのは、蔣介石に恩義を感じていた元日本陸軍北支那方面軍司令官・根本博中将である。さらに台湾に於いて蔣介石の台湾軍を育成したのは、昭和二十四年に蔣介石に招かれて密かに名を隠して台湾に渡った「白団」と呼ばれる旧日本軍将校団であった。

また毛沢東の空軍は、日本軍が造ったのである。後に毛沢東は、国共内戦に勝利し中華人民共和国が誕生したのは「日本のお陰だ」と日本人に語っている。このように、国共内戦の敵味方の双方には、旧日本軍将校団が存在した。

現実にこの状況を体験した甲斐弦氏が次のような報告をしている。情景が具体的によく分かるので紹介したい（甲斐弦著、『GHQ検閲官』葦書房）。

甲斐弦氏は、明治四十三年熊本県生まれ。東京帝国大学英文学部を卒業し蒙古政府官吏をへて現地応召、昭和二十一年五月復員した。同氏には、後にGHQの検閲に触れるときに再び登場してもらう。

「日本側の山西第一軍と国府側（蔣介石側）の閻錫山《えんしゃくざん》との間には、終戦前から密約が結ばれていたと聞いている。もし日本が戦争に負けるようなことになったら、その時は我々が今押さえている工場は壊しなどせずそっくりそのまま君たちに渡すから、我々の身柄はよろしく頼む、と口約束ができていたらしい。閻錫山は約束を忠実に守り、終戦後我々を厚遇した。北京天津に進駐したアメリカ軍に対しては、山西省の日本軍は全員武装解除と報告しておいて、実は我々は昭和二十一年四月太原に集結するまで完全武装を許されていたのである。小銃はもとより、軽機、重機、迫撃砲まで備えて同蒲線（山西省の大同、太原、蒲州をつなぐ鉄道）の警備に当り、戦力はいささかも衰えていなかった。

国共内戦は既に始まっていた。

……閻錫山軍の装備はお粗末で、訓練もなっていない。十五、六歳の少年兵までいて、中には銃の撃ち方を知らぬ者さえいる。これでは八路軍（今の中共軍）には太刀打ち出来まい、と見ていて哀れだった。

……そのうちに妙なことが起った。……汚い服を着た百姓が、知らない人からことづかりました、と日本語の手紙を届けて来たのである。『戦争は既に終った。あなたたちはもはや我々の敵ではない。しかるに漢奸閻錫山がいつまでもあなたたちを抑留して故国に帰さない。まことにお気の毒である。我々はあなたたちと戦いたくはない。しかし今のあなたたちの立場では、戦闘を拒否することも困難であろう。よって今後やむを得ず銃火を交える時は、我々のほうも適当にやるから、そちらもひとつ適当にやってもらいたい』

文章は多少違うが、大体こんな意味のことが書いてあったそうである。分遣隊の連絡兵からこの話を聞いて、みんな腹をかかえて笑った。

ある晩不寝番をしていた一等兵が妙な電話を受けた。はっきりした日本語で、おい、そちらは至誠〇〇中隊か、と訊《き》く。そうだ、と答えると、おれは逃亡して八路軍にはいっている元日本兵だ。こちらの待遇はいいぞ、どうだ、こちらへ来ないか、とからかうように言う。何を言うか、馬鹿野郎、と怒鳴りつけると、……これからも時々貴様たちとドンパチやることになるだろうが、何も本気で戦おうというわけではない。……そっちもあんまり糞まじめにならず、適当にやってくれ。……と返事も聞かず切ってしまった。

事実、その後の八路との戦闘は、実弾を使っての演習みたいなものだった」

以上のような戦後が到来する前夜の中国大陸と東南アジアなどの状況を念頭におけば、昭和二十年九月二日にアメリカ戦艦ミズーリ号上で署名された我が国と連合国つまりアメリカ、イギリス、中国(国民党・蔣介石)、オランダそしてフランスなどとの降伏文書の主要目的が、明らかに、帝国陸海軍の武装解除と解体であることが得心できる。特に欧州の連合軍側は、日本軍の武装解除がなければアジアの「旧領地」に帰れないのである。

そして、この日本軍解体の目的が「戦後体制」を決定付けた。これが、GHQ(連合軍総司令部)による「日本国憲法」起草の主要目的である。即ち、「日本国憲法」を起草したGHQ民政局次長のチャールズ・L・ケイディスが、三十六年後の昭和五十六年に、産経新聞の古森義久記者に語ったように、憲法第九条の目的は、「日本を永久に武装解除されたままにしておくため」である(平成十九年七月一日、産経新聞朝刊)。戦後体制は、ここから始まる。

降伏

昭和二十年九月二日、降伏文書調印の為に、東京湾に入ってきたアメリカ太平洋艦隊の旗艦ミズーリ号の艦橋には、額に入れられた星条旗があった。それは、八十九年前の嘉永六年（一八五六年）七月八日、アメリカ東インド艦隊のマッシュ・ペリー提督がミラード・フィルモア大統領の国書を持って来航して我が国に開国を迫った時に乗っていた外輪蒸気船の旗艦サスケハナ号に掲げられていた星条旗であった。つまり、この星条旗は、アメリカがペリー以来の「日本従属国化」の目的を遂に達成したことを示すために持参してきたのだった。そして、ミズーリ号は、八十九年前にサスケハナ号が停泊した地点にピタリと停泊して日本側全権を待ち受けた。

降伏文書調印に当たり、日本側全権としてミズーリ号に向かうのは、外務大臣の重光葵と参謀総長の梅津美治郎であった。

彼らは、「大日本帝国天皇陛下及日本国政府ノ命ニ依リ且其ノ名ニ於テ（By Command and in behalf of Emperor of Japan and the Japanese Government）」、そして「日本帝国大本営ノ命ニ依リ且ソノ名ニ於テ（By Command and behalf of the Japanese Imperial General Headquarters）」、それぞれ降伏文書に署名する者達である。

重光葵、明治十九年、大分県生。昭和三十二年病死、外交官、外務大臣。

梅津美治郎、明治十四年、大分県生。昭和二十四年獄死、陸軍大将、参謀総長。

随員は、大本営陸軍部第一部長・陸軍中将宮崎周一、終戦連絡中央事務局長官岡崎勝男、大本営海軍部第一部長・海軍少将富岡定俊、海軍少将横山一郎、陸軍少将永井八津次、内閣情報局第三部長加瀬俊一、外務事務官太田三郎、海軍大佐柴勝男、陸軍大佐杉田一次。

昭和七年一月、第一次上海事件が起こり、重光は外交官として上海に赴き中国との停戦交渉を行った。その調印を残すのみとなった四月二十九日、重光は上海の公園で行われた昭和天皇の誕生日を祝う天長節の式典に参加し、野村吉三郎司令長官や植田謙吉師団長そして白川義則司令官とともに壇上に上がり国歌斉唱に臨んだ。その時、朝鮮人から爆弾が投げられて重光は右足を付け根から吹き飛ばされて失った。

重光は、後に、爆弾が投げられたことは分かっていたけれども国歌斉唱中なので動かなかった。動くのは不敬であるからだ、と語った。

驚くべきことであるが、動かなかったのは壇上に上がっていた全員であった。その結果、白川は爆死、野村は右目失明、植田は足指切断そして重光は片足喪失であった。彼らは爆弾が投げ込まれても、直立したまま斉唱を続けていたのである。

さらに重光は、右足喪失という重傷を負いながら、停戦の調印に臨んだ。各国の外交官が、驚きながら重光を絶賛した。現在の基準から見れば、とてつもない男としか言いようがない。その十三年後、この重光が、陛下から降伏文書調印の全権を命じられたのである。

彼は、八月二十八日、夜行列車で伊勢に行き、外宮と内宮の間の旅館に入って斎戒沐浴し、それから伊勢神宮に参拝した。その時の心境を次の歌にした。

我が国を造りましたる大神に心をこめて我は祈りむ

ミズーリ号上で降伏文書に調印する重光葵

重光は、九月二日、午前三時に起床して、陛下から賜った義足を右足につけ、連合国への降伏文書に署名する自分に対して、今度は日本人から再び爆弾に見舞われることは予期しながら、「降伏が日本の将来を生かす道であることを、心から祈り」、シルクハットにモーニング姿でミズーリ号に向かう。

右足を引きづってミズーリ号の艦橋に上がって、日本側代表団の先頭に立ったときの重光の心境は次の如くであった（福富健一著『重光葵　連合軍に最も恐れられた男』講談社より）。

敵艦の上に佇む一と時に心は澄みて我は祈りぬ

重光葵と梅津美治郎の署名した降伏文書は、八項目からなる。冒頭はポツダム宣言の受諾。次の三項目は、帝国陸海軍の無条件降伏と武装解除。次ぎに、連合国最高司令官の命によって陸海軍職員が降伏実施のために非戦闘的任務を行うこと、行政組織が連合国最高司令官の命に従うこと、およびポツダム宣言の条項を履行することの誓約、そして連合軍捕虜の釈放命令で、末尾は天皇及び日本国政府の国家統治の権限を連合国最高司令官の制限の下に置く、とするものである。

この降伏文書の主眼は、帝国陸海軍の武装解除と解体であり、帝国陸海軍の忠誠の対象である天皇大権の剥奪である。この時もなお、我が帝国陸海軍の軍事力は、連合国の最大の脅威であったからだ。

降伏文書には、「千九百四十五年九月二日午前九時四分東京湾上ニ於イテ署名ス」(Signed at TOKYO BAY, JAPAN at 0904 on the second day of september, 1945) と書かれている。

アメリカ軍が撮影した映像を見れば、椅子に座って署名しようとする重光葵の左側に立った加瀬俊一が腕時計をはめた左手を重光の顔に近づけて、時刻を告げている。その時刻を確認して、重光は文書に「0904」と書き入れ、それから「重光葵」と署名した。

次ぎに、「午前九時八分」、連合国最高司令官ダグラス・マッカーサー、合衆国代表シー・ダブリュー・ニミッツ、以下、中華民国、連合王国、ソビエト社会主義共和国連邦、オーストラリア連邦、カナダ、フランス、オランダそしてニュージーランドら八カ国の代表が署名する。

ミズーリ号の上は、第二次世界大戦の終結を告げる降伏文書調印式を見物する夏服姿の兵隊や新聞記者やカメラマンで埋めつくされている。マッカーサーも礼服ではなく夏の普段着である。その「見物人」が取り巻いて見詰める中央に、日本のシルクハットとモーニング姿の重光全権と正式な軍装の梅津全権及び随行団が佇立している。

その見物人の中には、シンガポールで第二十五軍司令官山下奉文中将に降伏したイギリスのアーサー・パーシバル将軍やバターン半島で第十四軍司令官本間雅晴中将に降伏したアメリカのジョナサン・ウェインラント将軍も混じっていた。

いかにもマッカーサーらしい演出である。しかし、本来ならば、つまり、部下を見捨てて逃げない軍人ならば、ウェインラントではなくマッカーサーが降伏した将軍としてミズーリ号の上で見物していなければならないのだ。

とはいえ、フィリピンのバターン半島から逃げたお陰で、三年後に日本に対して思いのままに復讐できる権限を握ったマッカーサーが直ちにしたことは、山下奉文将軍と本間雅晴将軍を裁判にかけて殺すことだった。

彼は、山下将軍を翌年二月二十三日にフィリピンで囚人服のまま絞首して殺害した。さらに、同年の四月三日午前零時五十三分に、本間将軍を銃殺した。マッカーサーが、特別に本間将軍の軍人としての名誉を慮って銃殺にしたのではない。マッカーサーが銃殺を選んだのは、本間軍司令官が、四年前の昭和十七年に、マッカーサーが六万の部下を見捨てて逃げ出すことになったバターン半島総攻撃命令を第十四軍に下した四月三日午前零時五十三分ドンピシャリに、本間将軍を殺すためである。

これがマッカーサーの性格だ。従って、彼は、山下将軍に降伏したパーシバルと本間将軍に降伏したウェイラントに、得意げに両者を殺害して復讐したと報告したであろう。

また、このマッカーサーの性格から、何故、東京裁判の起訴が昭和二十一年の四月二十九日に行われ、東條英機ら七人の処刑が昭和二十三年の十二月二十三日に行われたかが分かる。即ち、マッカーサーは、昭和天皇のお誕生日と皇太子殿下（今上陛下）のお誕生日を、起訴日と処

シンガポール陥落時の山下・パーシバル会談

刑日に選んだのである。さらに、「日本国憲法」は、明治天皇のお誕生日（明治節）の昭和二十一年十一月三日に公布され、東京裁判審理開始一周年の日である昭和二十二年五月三日に施行された。

現在、山下奉文将軍の所持していた軍刀は、校庭にアイゼンハウアー大統領とマッカーサーの大きな軍服姿の銅像が建てられている彼らの母校であるウエスト・ポイント陸軍士官学校に展示されている。

シンガポールの陥落は、フランスのドゴール大統領が言うように、白人の数百年に渡るアジア・アフリカ植民地支配の終焉を告げる世界史的事件であるとともに、アジアを西洋諸国の植民地から解放して人種差別の撤廃と諸民族の共存共栄を図るという我が国の戦争目的を象徴するものであった。その世界史的偉業を為し遂げた名将山下奉文大将の軍刀が、東洋の捕虜からの珍しい戦利品の如く扱われているのを観ると、心が痛む。マッカーサーには、軍人の礼節がない。当然ながら武士の情けも分からない。

ポツダム宣言と終戦の詔書

なお、平成二十七年の通常国会の質疑で、我が国に降伏を迫る連合国の発したポツダム宣言を取り上げて、七十年後の現在に於いても、このポツダム宣言に書かれていることが「正しい」と受け入れているのかと総理大臣に質問する国会議員がおるので書いておくが、降伏文書の冒頭で全権が受諾した「ポツダム宣言」を読めば判るが、これは、まさしく「脅迫文」である。

アメリカは、都市住民の大量無差別殺戮を目的として、首都東京をはじめとする主要都市の爆撃を続けながら、ポツダム宣言で、「吾等の決意に支持せらるる吾等の軍事力の最高度の使用は日本国軍隊の不可避且完全なる破滅を意味すべく又同様必然的に日本国本土の完全なる破壊を意味すべし」（三条）、「右以外の日本国の選択は迅速且完全なる破壊あるのみとす」（十三条）と受諾を迫り、さらに広島と長崎に原子爆弾を投下して二つの都市を一瞬で破壊し住民を一瞬に殲滅したのだ。

強盗が機関銃を突き付けて、金を出さねば、お前の体に蜂の巣のような穴があくぞ、と脅すよりも何百万倍も強力な脅迫である。脅迫による意思表示は法的に如何に扱われるか、これは、法律を学ぶまでもなく明らかであろう。我が国は、ポツダム宣言に書かれた価値観に拘束されるものではない。

ところで、連合軍（主にアメリカ）が、我が国を脅迫していることを実際に為せば、つまり、さらに原子爆弾を使用し続ければ、それが如何なる結末をもたらすのか。

人類の文明の観点から、その結末を、直ちに明確に見抜かれた世界で唯一の元首は、昭和天皇である。

他方、広島への原爆投下の第一報を戦艦オーガスタの艦上で聞いたアメリカのトルーマン大統領は、どうだったか。彼は、「世界で初めてのことが起きた。さあ、はやく家に帰ろう」と小躍りして喜び意味不明のことを言った。トルーマンは、この程度であった。

昭和天皇は、原爆投下は次の結末をもたらすと、その本質を明確に指摘されたのだ。まことに、明察。

「加之敵は残虐なる爆弾を使用し頻りに無辜を殺傷し、惨害の及ぶ所眞に計るへからさるに至る。

而も尚交戦を継続せむか、遂に我が民族の滅亡を招来するのみならず、ひいて人類の文明をも破却すべし。」（昭和二十年八月十四日、大東亜戦争終結の詔書）。

よって、陛下は、我が民族の運命のみならず人類の文明を破却から救うために、ポツダム宣言を受諾し、戦を止められたのだ。

この「ポツダム宣言」と昭和天皇の発せられた「終戦の詔書」を読み比べるとき、次の「西郷南洲遺訓」にある問答を思い起こす。実に、我は「文明」であり、敵は「野蛮」であった。

「文明とは道の普く行わるるを賛称せる言にして、宮室の荘厳、衣服の美麗、外観の浮く華を言うには非ず、世人の唱うるところ、何が文明やら何が野蛮やらちっとも分からぬぞ。

予かつて成人と議論せしこと有り。西洋は野蛮じゃと云いしかば、否文明ぞと争う。否野蛮じゃとたたみかけしに、何とて夫れ程に申すや、と推せしゆえ、

実に文明ならば未開の国に対しなば慈愛を本とし、懇々説諭して開明に導く可きに、左は無くして未開蒙昧の国に対する程むごく残忍の事を致し、己を利するは野蛮じゃと申せしかば、その人、口をつぼめて言無かりきとて笑われける」

このように、我が国は、昭和二十年八月十日未明、連合国の発した「ポツダム宣言」を受諾する旨、連合国に通告し、八月十五日、天皇自ら国民に伝えられ（玉音放送）、同年九月二日、連合国に降伏した。

そして、「天皇及び日本国政府の国家統治の権限」は連合国総司令官ダグラス・マッカーサーの制限下におかれて、我が国は、連合軍に占領される。ここから「戦後」が始まり「戦後体制」の構築が始まった。

とはいえ、この帝国陸海軍の武装解除が正式に決定したこの時から、軍服ではなく「礼服を着た戦士」が立ち上がった。片足の外務大臣重光葵である。

九月二日のミズーリ号での降伏文書調印の前に、連合軍最高司令官ダグラス・マッカーサーは、既に翌三日午前六時に発効する三つの布告を日本に発していた。それは、

①連合軍最高司令官が日本国全領域並びに住民に対して軍政を含む軍事管理を設定すること、

②日本の裁判所を廃止し米軍軍事法廷によって裁判を行う、

③日本の通貨を廃止して米軍軍票を日本の通貨とする、

という軍政の布告であった。

ミズーリ号から東京に戻って皇居に赴き状況を陛下に奏上して退出した重光は、外務事務次官から「明日朝六時から、マッカーサーは日本に軍政を敷く布告を出した」との報告を受ける。

重光は、直ちに軍政を中止させると決意する。そして、横浜の連合軍総司令部のサザランド参謀長に岡崎勝男終戦連絡中央事務局長を派遣して、翌三日の午前六時からの布告延期をかろうじて取り付けた上で、三日午前十時、マッカーサーのいる横浜ニューグランドホテルに乗り込み、マッカーサーに直談判して布告の撤回を迫った。

「ドイツは、政府が崩壊して軍政を敷いたが、日本政府は崩壊していない」

「占領軍が軍政を敷き、直接行政の責任をとることは、ポツダム宣言以上のことを日本に要求するものである」

「今回の布告は日本政府抜きで直接命令できるものであり、政府への信頼はなくなり国内は混乱に陥る。布告は取り下げていただきたい」

これに対して、マッカーサーは遂に折れ、布告撤回を約束することになった（五日撤回）。この間に重光は、二度にわたって天皇に、マッカーサーとの交渉の経過を奏上している。

戦後体制の内実

ダグラス・マッカーサー

いわゆる戦後体制は、何時、如何にして構築されたのか。言わずと知れたこと。連合軍（以下、ＧＨＱという）による占領中に検閲による言論封殺の中で構築された。では誰が構築したのか。ＧＨＱである。この時、「天皇及び日本国政府の国家統治の権限」は、連合国最高司令官ダグラス・マッカーサーの制限下にあった。
我々は、この自明のことを確認することから出発する。何故なら、戦後の特色は、まず第一に、この自明のことを、日本国民に隠すことによって始まっているからである。その証拠に、我が国を占領したGHQが、まず第一に実施したことは、「言論の検閲」である。その三十項目に及ぶGHQの検閲事項の冒頭の三項目は、GHQに対する批判、東京裁判への批判、そして、日本国憲法をGHQが起草したこと、である。

以前、「朝まで生テレビ」という番組に出演したとき、広島から社会党の有力支持組織の代表が出演しており、「明治憲法は天皇がつくった欽定憲法であるが、日本国憲法は国民がつくった民定憲法だから九条は守られるべきだ」と述べていた。

しかし、日本国憲法を書いたのは日本国民ではない。GHQ民政局次長チャールズ・ケイディス以下のGHQに勤務するマッカーサーのアメリカ人の手下達だ。GHQの検閲によってこの事実が隠されてきただけである。それも、誰が憲法を書いたのかという国家の根本規範の最も重要なことに関する事実が隠されているのだ。GHQの検閲の見事な効果が今も続いていると言わざるを得ない。従って、GHQの検閲項目を見れば、七十年後の現在まで続いている「戦後」が分かるのである。

即ち、連合軍は、我が国を占領して、直ちに言論を検閲して日本国民から事実を隠し、そのなかで「戦犯」を処刑しながら、「平和に対する罪」と「人道に対する罪」によって我が国の戦争指導者を断罪する東京裁判を次の通り実施した。

昭和二十一年四月二十九日（天長節）に起訴、同五月三日に審理開始、二十三年十一月十二日に判決、同十二月二十三日（皇太子誕生日）に絞首刑執行。同時に、この東京裁判の起訴状と整合性をもつ「日本国憲法」を起案して昭和二十二年五月三日（東京裁判審理開始一周年）に施行した。

なお、東京裁判の判決言い渡しを昭和二十三年十一月十二日にしたのは、翌月十二月十日に、事後法の禁止を定めた「世界人権宣言」が国連で発布されるので、その後は、まさに事後法で我が国の戦争指導者を裁く東京裁判の判決が書けなくなるからである。

言論検閲、東京裁判そして日本国憲法、これが戦後体制の骨格である。同時に、この骨格を支える国民世論を形成する為に、公教育及び行政の広報そしてマスコミなどのあらゆる機会を利用して、日本の邪悪な軍国主義者が世界制覇の為に邪悪な戦争を引き起こし、そこに国民を巻き込んでアジア諸国民と国民に大惨害をもたらした、という観念を国民に叩き込んだ。これが、ＧＨＱが実施した日本国民洗脳工作ＷＧＩ（War Gult Information）である。

この検閲の実施が、戦後から七十年がたった現在においても、占領中に何があったのか、日本国民自身が十分に自覚できない原因であるから、ここで検閲三十項目総てを掲げておく。一度目を通していただきたい。ＧＨＱの狙いが分かる、まさに、徹底的な検閲である。

検閲項目

（1）連合国最高司令官司令部に対する批判
（2）極東国際軍事裁判（東京裁判）批判
（3）連合国最高司令官司令部が日本国憲法を起草したことに対する批判
（4）検閲制度への言及
（5）合衆国に対する批判

(6) ロシアに対する批判
(7) 英国に対する批判
(8) 朝鮮人に対する批判
(9) 中国に対する批判
(10) 他の連合国に対する批判
(11) 連合国一般に対する批判
(12) 満州に於ける日本人取り扱いについての批判
(13) 連合国の戦前の政策に対する批判
(14) 第三次世界大戦への言及
(15) ソ連対西側諸国の「冷戦」に関する言及
(16) 戦争用語の宣伝
(17) 神国日本の宣伝
(18) 軍国主義の宣伝
(19) ナショナリズムの宣伝
(20) 大東亜共栄圏の宣伝
(21) その他の宣伝
(22) 戦争犯罪人の正統化および擁護

(23) 占領軍兵士と日本女性との交渉
(24) 闇市の状況
(25) 占領軍軍隊に対する批判
(26) 飢餓の誇張
(27) 暴力と不穏の行動の扇動
(28) 虚偽の報道
(29) 連合国最高司令官司令部または地方軍政部に対する不適切な言及
(30) 解禁されていない報道の公表

この最後の検閲第30項目は、GHQが完全な一般的言論統制封鎖をしていたことを示すものである。GHQ（アメリカ）は、我が国から、民主主義の前提である「言論の自由」を完全に剥奪したうえで、現在においても「日本を民主主義の国にした」と言っている。偽善、ここに極まれり、である。産経新聞でテヘラン支局長やロサンゼルス支局長を歴任した高山正之氏に「アメリカと中国は偉そうに嘘をつく」という題名の著書（新潮社）があるが、昔も今も、全くその通りだ。

民主主義は、近代国民国家建設を目指す明治維新からの我が国の志である。そして、その淵源は、推古天皇十二年（西暦六〇四年）に発布された聖徳太子の十七条の憲法にある。その十七条に曰く、「夫れ事独り断むべからず、必ず衆とともに宜しく論うべし……」。この「衆とともに」が現在の衆議院の名の由来である。

朝鮮半島の闇

また、ここで奇妙に思うのは、「朝鮮人に対する批判」が検閲第8項目に入っていることだ。朝鮮人は台湾人とともに、直前まで日本国民であり日本軍兵士として連合軍と戦った人びとである。しかし、何故、朝鮮人だけ戦勝国民であるかのように、日本国民が批判することを禁じられているのだろうか。

その訳は、GHQの占領統治の手法を振り返れば分かる。GHQは日本占領の当初、欧米諸国がアジア植民地支配で伝統的に使った現地の少数者に特権を与えて多数者を支配させる分割統治の手法を使おうとした。それで、少数者の朝鮮人に特権を与えて日本人を支配させようとしたのだ。従って、GHQは、支配者側にまわした朝鮮人に対する批判を検閲で禁じた。

十七日前まで死に物狂いで戦っていた日本の本土に進駐してきたGHQの側に立ってみれば、納得がいく。彼らにとって、日本は未知で不気味であり、日本語を話せて日本を知っている者は極めて少数で、どうすればいいのか分からない。従って、彼らが、欧米の白人諸国が、東南アジアの植民地支配で数百年にわたって成功してきた少数者に特権を与えて多数者を支配させるという分割統治の手法をとって、自分の手は汚さず、少々の無法には目をつぶっても現地の一定の集団に細かい統治は任せることにすると判断したのは自然である。

なにしろ、GHQにとって、日本国民どころか、日本に送り込まれてきた大量の占領軍の兵士の管理自体もままならなかったであろう。戦闘が終わって日本に来て、勝利者として優越感にひたって開放感に酔う占領軍兵士達の乱暴狼藉は激増していた。その証拠に、GHQは、検閲で「占領軍軍隊に対する批判」や馬鹿正直に「占領軍兵士と日本女性との交渉」が知れ渡るのを禁止している。彼ら占領軍兵士達の欲望と行状が如何なるものであったか。それは、GHQ自身が、日本当局に売春宿の設置を要求したことでも分かる。つまり、占領軍兵士による婦女への暴行事件そして住居侵入や略奪が多発していたのである。

とはいえ、GHQが、試しに朝鮮人に特権を与えてみれば、彼らがあまりにも強欲で悪辣下劣で下等であることが分かり、GHQは閉口して直ちに「分割統治」を中止した。

しかし、敗戦直後の混乱の中で、GHQに一時的にでも支配者にされた朝鮮人の強欲、悪辣な行状が如何ほどであり一体何をしたのか、善良な日本人の土地財産をどれだけ剥奪し略奪したのかは、朝鮮人に対する批判が検閲で禁止されていたので記録になく未だ全容が判明しない。しかし、敗戦直後、どういう訳か、朝鮮人が旧軍の将校用の飛行服等の官品や果ては武器まで、着用したり持ち歩いたりしていたという証言が伝わっている。

また、戦地や疎開先から空襲で焼けた都会に帰ってみれば、家があった自分の土地には朝鮮人が住みついていて闇市になっていたという体験談も聞いた。ＧＨＱが一時、朝鮮人に特権を与えて日本を分割統治しようとしたことは確かである。検閲項目（8）の「朝鮮人に対する批判」と（24）の「闇市の状況」が正直にそれを裏付けている。

さらに、日本本土内のことだけではなく、朝鮮半島にいた日本人が如何なる運命に見舞われたか、その悲惨さは想像を絶する。しかし、その実態も封印され今や忘れられている。しかし、青森県在住の私の知人の母親が息子に体験談を語った。それを聞くと、徒歩で満洲から北朝鮮内に入ると、武装した朝鮮人によってその母親を含む婦女子だけ二百四十人が一カ所に集められ収容された。そこから日本に帰れたのは八十人だけだった。他の百六十名の方がどうなったのか分からない。千円を渡せば船に乗せて日本に帰してやると言われて、朝鮮人に千円を渡した人は一人も帰っていない。

また同じ青森県出身のヨーコ・カワシマ・ワトキンズという女性が、『竹林はるか遠く、日本人少女ヨーコの戦争体験記』という本をアメリカで出版した。この本は、終戦直後の朝鮮半島北部から日本に引き揚げてきた日本人の壮絶な体験を書いたものである。

これら同胞の悲惨な体験、さらに多くの帰国できずに行方が分からなくなった実数不明の人びとのことが、何故、封印され、知られることなく過ぎてきたのか。それは、ＧＨＱの「朝鮮人に対する批判」を禁じる検閲の効果である。

北朝鮮による日本人拉致問題に関して、平成二十六年五月、ストックフォルムでの日韓局長級会談でいわゆる「ストックフォルム合意」が為された際、北朝鮮は拉致被害者及び行方不明者の再調査を約束するとともに、日本人墓参団の受け入れと「1945年前後に北朝鮮域内で死亡した日本人の遺骨」を一体金何円（二百万円）で返還するという姿勢を示した。

北朝鮮は日本人の遺骨の返還により膨大な外貨を日本から得ようとしたのだ。我々は、これを北朝鮮の外貨稼ぎの為の「遺骨ビジネス」と受け取ったが、ここから分かることは、実に多くの日本人が同胞に知られることもなく北朝鮮の大地に埋められているという事実だ。青森の方の体験談と符合する。

現在においても、我が国内では、朝鮮人が如何に口汚く日本と日本人を罵っても許容されるが、日本人が朝鮮人に彼らと同程度に反論すれば、「ヘイトスピーチ」として非難されるという奇妙な現象があるが、これも朝鮮人への批判が検閲の対象になった効果の持続現象である。

同じことは、朝鮮だけではなく中国に関しても言える。検閲第9項目は、「中国に対する批判」である。この効果は今も続いている。中国は、南京で三十万人が日本軍によって虐殺されたと日本を非難し続けているが、これは嘘だ。人口二十万の南京で、しかも住民の多くが逃げ去った後で、どうして三十万人も殺せるのか。しかし、そのことを指摘して、「南京事件はでっち上げ」と言った我が国の法務大臣は更迭された。

GHQは、斯くの如く検閲を実施すると同時に、数十万人を公職から追放して、空白になったその地位に、WGIに迎合する者を起用し、WGIに迎合しなければ生活の安定はないという体制を造成した。このようにして、政界、官界、財界、教育界、学会そしてマスコミ界の中に、GHQに迎合して高い地位と高収入と生活の安定にありついた大量の「敗戦利得者」が生み出されることになる。

「敗戦利得者」は、反省しているように良心的なように振る舞ってみせるが、実はその反省は眞の良心から発したのではなく、人間の欲望つまり実利からもたらされた。作家の小林秀雄は、このことを見抜いたから、「俺は反省などしない」と言ったのだ。

反省し反日になれば、人より良いものが毎日食べられ、社会的地位も上がる。ある学者においては、朝日新聞に論考が掲載されるし、NHKがテレビに出してくれる。

まことに分かり易い。これが、占領が終了して戦後七十年を閲しても、検閲官無き言論の検閲（つまり自主検閲）が続き、WGIつまり反日自虐史観教育が続き、日本国憲法信仰が続くからくりの大きな要因であり、これが「戦後体制」の非良心的な内実即ち卑しい現世的要因である。

さらにもう一つの要因を指摘しなければならない。それは、GHQの検閲を実際に実施した検閲官は誰か、ということである。全国で日々発行される新聞や雑誌、はては郵便で送られる国民の手紙・信書に至るまで検閲が実施されたのである。GHQに、そのような膨大な量の日本文を毎日読み通して検閲を実施できる者などいない。

GHQの検閲を実施したのは、日本語を英語に翻訳することができる日本人である。また、この日本人検閲官に俸給を支払っていたのは日本政府だった。その額は「連合軍常傭使用人」のなかで最高給に属する金額であった。日本人自身がGHQの日本に於ける検閲を実施し日本政府自身がその検閲を俸給面で支えていたのである。つまり、GHQの検閲を実施していたのは「GHQの犬となった日本」だったのだ。これが、現在に至っても我が国の言論が自主抑制（検閲）される奇妙な現象を発生させ続けている土壌である。

先日、航空幕僚長であった田母神俊雄氏から聞いたが、田母神氏が某テレビの討論番組の収録の際、「大東亜戦争」と表現したところ、ディレクターから、「太平洋戦争」と言ってくれと言われた。これに対して、田母神氏が、「我が国の公式名称である大東亜戦争を使って何が差し支えるのか、我が国は太平洋だけで戦ったのではない」と答えると、ディレクターは、「それでは仕方がありません。大東亜戦争といって下さい。しかし本番では総て削除して放映しますから」と言ったという。

検閲を行った者たち

次は、戦後のＧＨＱによる検閲の問題に、先駆的に取り組まれた江藤淳氏の著書『占領軍の検閲と戦後日本　閉ざされた言語空間』（文藝春秋）からの引用である。

「この事実（高給）にてらしてみれば、検閲員に応募してＣＣＤ（米軍民間検閲局）入りした人々の当初の動機は、ほとんど例外なく経済的なものであったにちがいない。

当時の日本人はまず飢えをしのがねばならず、そのためには自己の能力を最大限に利用しなければならなかったからである。滞米経験者、英語教師、大学教授、外交官の古手、英語に自信のある男女の学生……これらの人々に対してＣＣＤは、語学力と引き替えに少なくとも七百円、ときには千二百円もの高給を提供した。そして、これらの人々がＣＣＤの提供する報酬を手にしたとき、彼らは自動的にあの闇の世界に属する者となったのである。

そのなかにはすでに故人となっている人々もあり、現存して活躍中の人々もいる。……その総数は優に一万人以上にのぼるものと思われるが、そのなかにのちに革新自治体の首長、大会社の役員、国際弁護士、著名なジャーナリスト、学術雑誌の編集長、大学教授等々になった人々が含まれていることは、一部で公然の秘密になっている。もとよりそのうちの誰一人として、経歴にＣＣＤ勤務の事実を記載している人はいない。

検閲される側の新聞や雑誌が検閲秘匿の義務を課せられたのと同様に、検閲の最底辺を支えたこれらの人々にも秘匿の義務が課せられたためなのか、その他の理由によるものなのかは判然としないが、戦後日本の言語空間の起点には、これらの人々の沈黙が潜んでいる。」

次ぎに、昭和二十一年十月、復員後、夫婦親子が食べてゆく為に職を探す日々の中で、朝日新聞紙上で「博多の米軍第三民間検閲局で外国語の出来る者を百名募集している」という記事を見て英語能力のテストを受けて合格し、検閲官となって二ヶ月間、郵送される信書の検閲と翻訳に携わった甲斐弦氏の著書（前出『ＧＨＱ検閲官』葦書房）から検閲の状況と甲斐弦氏の心境を見てみよう。

「日本人または日系二世の検閲官（examiner）がこれ（信書）を検閲し、検閲要項に抵触するものは片っ端から翻訳、危険人物と思われる者はブラック・リストに載せ、あるいは逮捕し、場合によっては手紙そのものが没収となった。」

「おれは米軍の犬だ、とある時は自嘲し、ある時は、妻子を養うためにはいかなる汚辱にも堪えよ、と己を励ます。時にはまた開き直って、よし、この機会にメリケンの正体を見極めてやろうと唇を噛む。これが昭和二十一年の秋から冬にかけての私の心境であった。」

「……まことに痛ましい話だが、台湾省民のある中学生から日本人の元校長にあてた手紙である。

『先生、無事日本にお帰りになったことと存じます。日本と台湾がまた自由に行き来できるようになりましたら、ぜひ僕たちの所に帰ってきてください。

皆先生のお帰りをお待ちしております。先生から受けた御教訓は決して忘れません』

正確な文章は記憶していないけれど、大体こんなふうの、真情あふれる、涙のでるような手紙だった。ところがこの手紙が没収である。……かわいそうに、見逃してやればいいのに、とお考えの方があるかも知れないが、それがなかなかそうはいかない。というのは、私たちexaminer（検閲係）の外にre-examiner（再検閲係）というのが別にいて、これが検閲済みの手紙を、無差別で、もう一度検閲する。もしそこで発覚したら私は厳罰に処せられる。私たちの勤務状況は二重三重に監視されていたのである。」

江藤淳氏の著書では、検閲官を勤めた日本人で「経歴にCCD勤務の事実を記している者は一人もいない」と書いているが、甲斐弦氏の『GHQ検閲官』の出版がもう少し早ければ、江藤氏は、「一人甲斐弦氏を除いて一人もいない」と書いていることであろう。甲斐弦氏に敬意を表する。

検閲された『戦艦大和の最後』

江藤淳氏は、アメリカの大学図書館において、学徒出陣で東京大学在学中に海軍に入り士官として戦艦大和に乗り組んで出撃し生還した吉田満氏の著書である『戦艦大和の最後』の検閲を受ける前の最初の原稿を発見する。その検閲を受ける前の末尾は次の通りである。

「サハレ徳之島西方二〇浬ノ洋上、『大和』轟沈シテ巨体四裂ス　水深四三〇米
乗員三千餘名ヲ数エ、還レルモノ僅カニ二百数十名
至烈ノ闘魂、至高ノ練度、天下ニ恥ヂザル最後ナリ」

しかし、検閲を受けたあとの原稿は、次のように、今も書店で売られている通りの末尾だ。

「徳之島ノ北西二百浬ノ洋上、『大和』轟沈シテ巨体四裂ス　水深四三十米
今ナホ埋没スル三千ノ骸
彼ラ終焉ノ胸中果シテ如何」

この検閲を受ける前と後とでは、天地の違いがある。前者は、戦死した戦友に対する賞賛、つまり同じ武人としての共感から書かれている。しかし、後者は「果たして如何」即ち分からんと書かれている。ここ見て取れるのは戦死した戦友との断絶である。

また、検閲前の初出テクストではなく、ＧＨＱの検閲を受けた原稿をそのまま現在に至るも出版し

続けているが、これは何を意味するのか。ＧＨＱなき自主検閲なのか。ともかく、ＧＨＱの検閲の結果をそのまま現在に至るも、忠実に引き継いでいる。つまり、ＧＨＱへの忠誠および従属、これが「戦後体制」なのである。

さて、『戦艦大和の最後』は簡潔に文語調で書かれた。これをすぐさま英文に翻訳するのはかなりの英語力の持ち主である。つまり、エリートである。当時、このような能力を持ったエリートが「優に一万人以上」、検閲に携わった。彼らの供給源は主に大学であろう。若狭和朋氏は、「検閲の責任者の一人が高野岩三郎（東京大学教授・戦後初代ＮＨＫ会長）」と書かれている（同氏著『日本人が知ってはならない歴史　戦後篇』朱鳥社）。

そこで考える。ＧＨＱの検閲が終了し一万人以上の検閲官が検閲の仕事を失った時、彼らはどうしたのであろうか。彼らの多くは、大学に戻ったのだと思う。

そして、江藤淳氏が指摘しているように、彼らは甲斐弦氏一人を除いてＣＣＤ勤務の経歴を隠したまま昭和三十年代後半から四十年代には大学の中堅もしくは長老教授となっていた。その彼らの沈黙が、「戦後日本の言語空間の起点」であった。

そこで、昭和二十一年から二十五年の最も出生数が多かった時期に生まれた我々が、大学で学んでいたときの中堅もしくは権威ある教授の多くは、実は、昭和二十年代前半、日本を賞賛する言論を削除してＧＨＱに密告することで最高額の俸給を得ていた甲斐弦氏のいう「米軍の犬」つまり検閲官であったと思われる。

従って、この元検閲官にとっては、昭和三十年から四十年代の日本を否定する左翼一辺倒の赤旗とインターナショナルの歌だらけの大学構内が、自分の経歴に一番寛容な環境であったので居心地が良かったのではないか。

また、このような時期に、このような教授に教えてもらい影響を受けて学業を終えた者が低能であれば、六十代後半になった現在に至るも、頭の中は「あの当時のまま」で化石のように固定されているのではないか。この世代から生まれたのが、かつての民主党政権で、世界がルーピー（馬鹿）といった驚くべき奇妙奇天烈な総理大臣や正真正銘の左翼の総理大臣である。

ともかく、「ＧＨＱの検閲」と「利得のためにＧＨＱに迎合した日本人」と「ＧＨＱの検閲官であった日本人」がつくりだした「闇の世界」が、戦後の我が国にもたらした惨害の裾野は現在に至るまで驚くほど広がっている。

敵将マッカーサーの証言

次は、今に続く「検閲効果」の最も重大な事例である。

連合国最高司令官として日本と戦い勝者として日本に君臨した元帥ダグラス・マッカーサーは、朝鮮戦争中の昭和二十五年十月十五日、ウェーキ島でトルーマン大統領と会談し、「東京裁判は誤りだった」と告白した。

その後マッカーサーは、朝鮮戦争中であるにもかかわらず、昭和二十六年（一九五一年）四月に最高司令官を更迭されるが、その翌月の五月三日、アメリカ上院軍事・外交合同委員会聴聞委員会で、日本の戦争は正当防衛だったとの判断を示した。彼は次のように証言した。

「……（日本が）これら原料の供給を断ちきられたら、一千万人からの失業者が日本で発生するであろうことを彼らは恐れた。したがって、彼らが戦争に駆り立てられた動機は大部分が安全保障の必要に迫られてのことだった（Their purpose, therefore, in going to war was largely dictated by security.）」。

さらにマッカーサーは、同日同委員会で、

「太平洋でのこの百年の最大の政治的な誤りは中国において共産主義者に権力を握らせたということだと、全く個人的な見解ながら私はそう考えるのです」と証言している（若狭和朋著『続日本人が知ってはならない歴史』朱鳥社）。

以上、敵軍の総大将が、「日本の戦争は正当であった」、「中国に共産党政権を誕生させてしまったことはアメリカの最大の政治的誤りであった」、さらに、「東京裁判は誤りであった」と公式に発言している。

つまり、我が国と戦った敵軍そのものが、昭和天皇が、昭和十六年十二月八日に渙発された「開戦の詔書」が歴史の真実を表明したものであることを裏付けたのである。この一点において、ダグラス・マッカーサーの軍歴に名誉が与えられる。

これは、我が国にとって驚愕すべき重大な発言で、新聞なら「号外」を出し、さらに一面に大見出しを掲げ、マッカーサーの「全証言」を掲載すべきことである。もちろん、TVなら連日トップニュースである。

特に、戦後七十年が経った平成二十七年の八月は、マスコミは、連日連夜、我が国の戦争特集を放映し、年配になった戦争経験者や戦争被害者に戦争の悲惨さを語らせた。しかし、この時こそ、マスコミは、この悲惨な戦争を余儀なくさせた当時の国際情勢を語り、敵の最高司令官であったダグラス・マッカーサーが「日本の戦争は自衛の為であった」と公式に証言したことを全国民に徹底的に報道するべきであったのだ。

ところが、我が国のマスコミでこのような積極的な報道姿勢をとったところはなく、今に至っても産経新聞以外のマスコミはこのマッカーサーの証言を、見て見ぬふりをして積極的に取り上げない。ということは、国民は未だこのマッカーサー証言をほとんど知らず、今も歴史教科書の記述は東京裁判の自虐史観が主流である。

このような慨嘆すべき状況が、何故、今まで続くのか。それは、検閲が今も自主的に続けられているからである。検閲事項第一「連合国最高司令官司令部に対する批判」、第二「東京裁判批判」以下、三十項目の「解禁されていない報道の公表」に至るまで、この徹底的な検閲に従っていたのは「GHQの犬となった日本のマスコミ」である。そして、その犬は、現在に至るも「忠犬」である。この、かくも大規模で執拗で狡猾な検閲の指導者は、東京大学教授にして戦後初代のNHK会長になっている。

第二章　二十世紀は日本の世紀である

主権回復を祝った意義は何か

ところで、平成二十五年四月二十八日、安倍内閣は、政府主催で天皇皇后両陛下のご臨席を仰ぎ、憲政記念館において「主権回復」を祝った。

昭和二十七年四月二十七日、連合国と我が国の間で締結されたサンフランシスコ講和条約が発効し、我が国の被占領状態が解消されて我が国が主権を取り戻した。それ故、それから六十一年後の四月二十八日に、安倍内閣は「主権回復」を祝ったのだ。

そこで、この四月二十八日、安倍内閣が政府主催で、我が国の「主権回復」を祝ったということは、「戦後体制からの脱却」へのスタートとして戦後政治史上画期的なことだと指摘したい。

何故なら、四月二十八日に「主権回復」を祝うということは、我が国政府が公式に、昭和二十七年四月二十七日以前には我が国に「主権がなかった」と認定したことになるからである。

つまり、安倍内閣は、GHQが検閲で封印し、その後は自主検閲によって封印され続けていた我が国の「主権がなかった時の空間」の蓋をとったのだ。では、そこから出てくるものは何か。

それは、まず第一に、「日本国憲法の無効」である。

我が国と同じ第二次世界大戦の敗戦国ドイツは、占領中は「憲法」を制定せず、ボンにおいて「基本法」を制定した。つまり、ドイツは、占領下で「憲法」は制定できないと考えたのだ。従って、「憲法」ではなく「基本法」としたのだが、そこには、次の明文規定がある。

「占領中に制定せられた法律は、占領解除後は無効とする」。

これは我が国も批准しているハーグ陸戦法規（「陸戦の法規慣例に関する条約」、一九一二年一月十三日公布）に従った国際社会の普遍的な法理である。我が国にはドイツのように明文はないが、この普遍的法理は我が国にも当然に適用される。それ故、如何なる結論になるか。それは、明らかに、昭和二十二年五月三日に施行された「日本国憲法と題する文書」は、日本国に主権がないときに制定されたものであるから、日本国の憲法としては無効だ、ということである。

また、この論理は、国際社会に普遍的であるが故に、激動する国際情勢のなかで生起しかねない事態に、国家として適切に対処しえるという実践的意義をもっている。

例えば、近い将来、我が国の近くの朝鮮半島に、某人民解放軍が雪崩れ込んできて半島全部を制圧し、朝鮮民主主義人民共和国憲法を公布し施行したとする。

これに対して国際社会は、普遍的な国際法の論理に基づいて、こぞってこの憲法は無効であると主張する。国際法規は、力の行使に打ち勝たねばならないからだ。従って、我が国も、そのような憲法は無効であると主張しなければならない。

しかし、我が国が、我が国を軍事占領していた連合軍が書いた日本国憲法を有効としておきながら、この朝鮮民主主義人民共和国憲法だけを無効だと言えないではないか。これが法の論理というものだ。

それ故、憲法を如何に改正するかという政策論を色々するのは自由であるが、根底にこの法の論理をしっかりと持っていなければ、国際社会に生起する事柄に対処し得ない事態に陥るということを肝に銘じておくべきである。

次ぎに検閲が隠してきたが、「日本国憲法と題する文書」を書いたのは日本人ではなくＧＨＱの将校や兵隊つまり外国人だ。従って、戦後、現在に至るまで、我が国は義務教育で子供達にウソを教え続けてきた。つまり、日本国憲法は、国民が制定した民定憲法であるが、大日本帝国憲法は天皇が制定した欽定憲法であるから、戦後は非民主国家から民主国家になった。これは、ウソだ。日本国憲法と題する文書を書いたのはアメリカ人ではないか。外国人に書かれたものが、どうして民定憲法でありうるのか。

また、明治維新の際に発せられた「五箇条の御誓文」冒頭の「広く会議を起こし万機公論に決すべし」という御誓文を如何に解釈しているのか。これこそ、民主主義の宣言ではないか。

憲法及び我が国の根本的なあり方に関して、公教育でウソを教える国に未来はない。

さらに「我が国に主権がなかった時の空間」を見つめれば、占領下で何が奪われたのかが、具体的に明らかになる。これは即ち、日本を取り戻すとは何か、回復すべきものが具体的に分かるということだ。ＧＨＱが、我が国から奪ったものは何か。

それは、大日本帝国憲法、教育勅語、帝国陸海軍即ち軍隊そして民族の誇りと歴史観と民族の教育である。

大日本帝国憲法を否定する日本国憲法は、大日本帝国憲法の改正手続きを借りて公布され施行された。同時に大日本帝国憲法と不可分の教育勅語は、国会での決議を借りて廃棄された。

即ち、日本国憲法の前文に曰く、「そもそも国政は、国民の厳粛な信託によるものであって、その権威は国民に由来し、その権力は国民の代表者がこれを行使し、その福利は国民がこれを享受する。これは人類普遍の原理であり、この憲法はかかる原理に基づくものである。われらは、これに反する一切の憲法、法令及び詔勅を排除する」。これで、大日本帝国憲法も教育勅語も排除された。その時には日本に主権はなかったのだ。よって、この歯の浮くような前文も「ウソ」だ。

ＧＨＱの日本占領統治、まことに巧妙ではないか。しかし、繰り返すが、国家に主権がない占領下で憲法を公布し、憲法と不可分の勅語を廃棄することなどできないのだ。

日本民族の憲法と教育勅語を取り戻すこと。これが戦後体制からの脱却である。

次ぎに、降伏文書を見れば、連合国のまさに主要で切実な目的が、帝国陸海軍の武装解除と解体であったことは明らかである。既に述べたように、終戦時においてもアジアにおける最大で最強の軍隊が日本軍であった。

従って、ＧＨＱは日本の軍隊即ち帝国陸海軍を物理的に解体するだけではなく、帝国陸海軍を悪事をなして国民を苦しめた邪悪な犯人だとして日本国民の憎しみの対象にしたうえで、二度と再び国民の前に現れないように抹殺したのである。

しかし、軍隊は、国家が独立国家として存続するために、物理的にも精神的にも必要な実力組織である。国民が、母国を守る決意をもたない国は存続し得ない。さらに、その母国を守る決意を実現する組織をもたない国は存続し得ない。

にもかかわらず、戦後体制とは、日本国憲法と題する文書によって、軍隊をもつことを禁じられた体制なのだ。これ即ち、我が国の、存立の危機にほかならない。よって、国防軍の創設、自衛隊を国防軍に再編することは我が国の死活的な重大事である。

さらに、目に見えるものではなく、目に見えないものが国家を支え永続させる。「祖国への愛と祖国への献身を尊ぶ国民精神」が無くなれば、すなわち、亡国である。従ってＧＨＱは、ＷＧＩによってこの急所を繰り返し繰り返し攻撃した。

その結果、我が国の教育現場においては、愛国心は「危険」だとか、戦没者の戦場における「祖国への献身」を「犬死」と教え、国旗「日の丸」を掲げることも国歌「君が代」を斉唱することも、「いつか来た道」というレッテルを貼って忌み嫌う。

この「いつか来た道」とは、「戦前が悪い時代」という洗脳が完成したという前提のうえに成り立つレッテルである。よくぞここまで反日的で惨めな教育現場を税金で維持し続けて、国の宝である子供達を毎日登校させているものよと嘆かざるをえない。我が国が、亡ばなかったこと自体不思議なくらいである。

よって、民族の歴史と民族の誇りと祖国への愛と祖国への献身を尊ぶ教育を取り戻すことが戦後体制から脱却し、我が国の存立を確保する方策である。

ここに、戦後体制の内実と、具体的に何を取り戻して、そこから脱却するのかは定まった。では、それを実現させる力を我々は何処から汲み上げるのか。そのことについて考えてゆこう。

それは、我々自身の意識的なそして無意識的な体験のなかに見いだせるはずだ。何故なら、我々は、大東亜戦争後に生まれた世代で、生まれたときに既に始まっていたＧＨＱの検閲の罠のなかに囲い込まれて、その密封空間のなかでＷＧＩ（日本は悪い戦争をした悪い国という宣伝）の洗脳にさらされていたとはいえ、太古から続く我が国の歴史と風土に育まれたことは確かであるからだ。

明治天皇

昭和天皇

　つまり、我々の体内には、太古から、ことあるときに必ず顕れる「日本人の血」、「大和心の雄々しさ」が流れている。

　日露戦争において、旅順港閉塞作戦に志願し、命令されなくとも自ら死地に赴く将兵の姿を見られた明治天皇は、御製において、それを明確にされた。

　しきしまの大和心のををしさはことある時ぞあらはれにける

　そして昭和天皇の昭和二十一年一月と二十二年の御製は、この明治天皇の御製をうけられたものだ。

　ふりつもるみ雪にたへていろかへぬ松ぞををしき人もかくあれ

潮風のあらきにたふる浜松のををしきさまにならへ人人

さらに、時を経て、平成二十三年三月十一日の千年に一度の東日本大震災・巨大津波に襲われながらも、そのなかで思いやりと助け合いの姿勢を失わず希望を持って生き抜こうとしている国民の姿を、今上陛下は、お言葉のなかで、「雄々しさ」と表現された。明らかに、明治天皇から昭和天皇に続く苦難の中の国民の姿から受ける感慨、「ををしさ」を受け継がれたものだ。

我が国の真の歴史と、そのなかに生きた国民のなかに、脈々と流れる受け継がれている「日本人の血」のなかに日本再興の力がある。

「天皇の詔書」を甦らせる

まず、我が国の真の歴史を実感する為に、最重要であるにもかかわらず、戦後無視されてきた「天皇の詔書」に焦点を当てて民族の歴史の扉を開こう。

「開戦の詔書」には、我が国の、国際情勢が最も緊迫したなかにおける志が鮮明にされている。「開戦の詔書」を知らなければ、我々戦後世代の眼前で続けられた昭和天皇の戦後の全国巡幸と慰霊の本質が分からず、今上陛下が慰霊を続けてこられたことも分からない。また、そもそも開戦に至る状況が分からなければ、我が国の戦前と戦後の連続性を確認できない。

「開戦の詔書」から「終戦の詔書」そして戦後始めて迎えた昭和二十一年一月一日元旦に発せられ

た「新日本建設の詔書」こそは、連続した一体のものであり、我々日本国民自身が、戦前と戦後を通じて一貫して変わらない我が国の歩みを確認するために不可欠のものである。

徳富蘇峰は、昭和二年、次のように書いた。「夫れ國家興隆すれば、理想を以て生活とし、國家衰頽すれば、生活を以て理想とす。」（林兵馬著『大國民読本』序文）。

明治維新から戦前戦後を経て今日に至るまで、天皇の国民へのお言葉である詔書は、蘇峰のいう国家と国民の「理想」を指し示すものなのだ。それは、もちろん、国家の興隆に向かう「理想」である。戦後という時代は、ことさらに、これら詔書を封印して天皇と国民の絆の証である詔書を見えないようにしている。義務教育でも詔書を教えることはない。従って、現在、国民は「生活を以て理想とす」。それは、民主党が政権を取った時の総選挙で、民主党が掲げた選挙スローガンを想い出していただきたい。それは、「生活第一」だったではなかったか。これ、徳富蘇峰の言う「国家衰頽」の兆候でなくてなんであろう。

戦後は詔書を無視しているが、一億の日本国民が、この詔書によって全力を奮って大東亜戦争に向かい、戦陣に斃れ戦禍に没し、この詔書によって武器を収めて戦を止め、この詔書によって戦後初めての正月元旦を迎え、生活の再建と祖国復興に力を尽くしたことは確かなのだ。つまり、これら詔書は、国家と国民の歩みそのものであり日本民族の歴史そのものである。

また、戦後のＧＨＱによる占領によって造られた「戦後体制」は、戦前の体制と確かに断絶している。しかし、その中にあって、我が国の岩盤すなわち国体は、天皇によって確保され不変のものとして貫かれている。

この戦前戦後にわたる不変の国体を明らかにしているのが、これら詔書である。従って、昭和二十年八月十五日、「終戦の詔書」が玉音放送によって直接全国民に伝達され、全国民が戦いを止めたなかにおいて、天皇、上御一人が、戦いを継続されていたともいえるのである。

その天皇が継続されていた戦いとは、国民を励まし、英霊を慰霊し、国体を護持し、神州の不滅を信じ、東亜永遠の平和を確立し、国家の光栄を保全することである。

平成二十七年の通常国会において、総理大臣に「ポツダム宣言は正しいと思うか」と尋ねた議員がいたが、こういう者が国会議員になるのが「戦後」なのだ。戦後は、「ポツダム宣言」だけを正史の資料として教えているからである。

しかし、敵の宣言ではなく、「陛下の開戦の詔書が如何に尊いものか」、また「陛下の終戦の詔書、続く、新日本建設の詔書の示された通りの大道を我が国は歩んでいるのであろうか」と、国会において総理大臣に確認するのが、戦前戦後の連続性の回復即ち戦後体制からの脱却なのだ。

開戦の詔書

昭和十六年十二月八日、

「天佑ヲ保有シ萬世一系ノ皇祚を践メル大日本帝國天皇ハ昭ニ忠誠勇武ナル汝有衆ニ示ス　朕茲ニ米

國及英國ニ對シテ戰ヲ宣ス朕カ陸海將兵ハ全力ヲ奮テ交戰ニ從事シ朕カ百僚有司ハ勵精職務ヲ奉行シ朕カ衆庶ハ各々其ノ本分ヲ盡シ億兆一心國家ノ總力ヲ擧ケテ征戰ノ目的ヲ達成スルニ違算ナカラムコトヲ期セヨ」

として「米英兩國ニ對スル宣戰ノ詔書」が発せられた。

その目的は、「速ニ禍根ヲ芟除シテ東亞永遠ノ平和ヲ確立シ以テ帝國ノ光榮ヲ保全セムコトヲ期ス」ことにあった。しかしながら、米英との戦争に突入することは、「豈朕カ志ナラムヤ」、決して天皇そして我が国の志ではない。

さはさりながら、我が国を取り巻く情勢、とりわけ、中華民国政府による東亜の平和の攪乱と、この禍乱を助長して東洋制覇を企てる米英の野望、さらに我が国への経済断交は、我が国の生存に重大なる脅威を加えるに至った。従って、このまま推移すれば我が国は存立の危機に陥る。よって、事既に此に至れば、今や自存自衛の為に、決然と起って一切の障害を破砕するしか方策はない。これが、「開戦の詔書」のご趣旨である。

この詔書を拝読した時、昭和十六年十二月の我が国を取り巻く状況が、平成二十七年現在の我が国を取り巻く状況のなかで再現されつつあるのではないかと愕然とするのである。

詔書にある「中華民国政府」を「中華人民共和国政府」と読み替えれば、昭和十六年と七十四年後の現在との符合が一層明確になるではないか。即ち、東亜の状況は繰り返されかねない。何故なら、中国（支那）の本質は昔も今も変わらず、彼は同じことを繰り返しているからである。

支那は、当時も今も戦争を欲している。現在、支那は、内部に矛盾を抱えながら、対外的には露骨に軍事力を背景として南シナ海と東シナ海を自らの内海として呑み込み、以て西太平洋全体を勢力圏としてアジアの覇権を掌中に入れようとしている。

三国干渉と露清密約、東亜五十年の禍根

日清戦争（明治二十七～八年、一八九四～五年）において、清朝の陸軍と北洋艦隊はともに壊滅した。そして明治二十八年四月十七日、下関で我が国全権伊藤博文及び陸奥宗光と清国全権李鴻章及び李経方との間で日清講和条約が結ばれた。その条約の骨子は次ぎの三項目である。

（1）清国は朝鮮国が完全無欠の独立自主の国であることを承認する。
（2）清国は遼東半島、台湾全島及び澎湖列島を永遠に日本に割譲する。
（3）清国は軍費賠償金二億両（約二億円）を支払う。

李鴻章は、下関で以上の条約を我が国と締結しながら、他方、「夷を以て夷を制す」の術策を用いて我が国を制し条約を反故にしようとした。即ち、ロシア、ドイツそしてフランスの三国干渉である。

この干渉を招き入れたのは、支那の伝統的術策である以夷制夷の手法を使った李鴻章であること間違いない。即ち、李鴻章は、ロシア、ドイツそしてフランスという夷を使って日本を制しようとしたのである。

李鴻章の判断は正しかった。支那にとってロシア、ドイツそしてフランスは、まさに狼すなわち夷であった。従って、後に支那は、これらの夷（狼）を使った代償を支払うことになる。とはいえ、これは支那の自業自得であり同情の余地はない。しかし、支那の代償の支払いは、我が国が存立の危機に瀕する事態を引き起こすことでもあった。

つまり、我が国は、支那の生み出す惨害をまともに蒙ることになる。まさに三国干渉は、欧米列強の清国分割の始まりであるとともに、二十世紀に於ける我が国の危機の始まりでもあった。まさに三国干渉は、東亜五十年の禍根となる。

下関条約締結から六日後の四月二十三日、ロシア、ドイツ、フランスの三国は、我が国に下関条約で我が国が獲得した遼東半島を放棄せよと勧告してきたのだ。

即ち、「在東京露、独、仏公使外務省に来たり林外務次官に面会し、各自に本国政府の訓令を受けたりと称し、日清講和条約中、遼東半島割地の一条に関する異議を提起したり、その露国公使の口述覚書は、『露国皇帝陛下の政府は、遼東半島を日本にて所有することは清国主府を危うくするのみならず、これと同時に朝鮮の独立を有名無実となすものにして、右は極東永久の平和に障害を与うるものと認む、よって、露国政府は日本皇帝陛下の政府に向かいて重ねてその誠実なる友誼を表せんがため、ここに日本政府に勧告するに遼東半島を確然領有することを抛棄すべきことを以てす』、とあり」。

この勧告は「誠実な友誼」によって為されたと表現されている。しかし、現実には武力行使の威圧の下に為されたのだ。従って、我が国がこの勧告を拒否することは、ロシア、ドイツそしてフランスという欧州の三大強国と、交戦状態に入ることを意味する。しかし、清国との戦争を終えたばかりの我が国に、もはやこの三強国と戦をする余力はなかった。従って、我が国は、苦渋の中で決断し、その「勧告（脅迫）」を受諾し遼東半島を清国に返還した。まさに、「余ハ当時何人ヲ以テコノ局ニ当タラシムルモマタ決シテ他策ナカリシヲ信ゼムト欲ス」である（以上、陸奥宗光著『蹇蹇録』）。

この三国干渉受諾が、如何に当時の国民を激昂させ、臥薪嘗胆してこの無念をいつか晴らさんと決意させたことか。そして、この無念の思いが、如何に世代を超えて持続していたか。

それは、昭和天皇が、昭和二十年八月十日午前二時二十分、御前会議において、ポツダム宣言を受諾する旨の御聖断を示された際の次のお言葉に現れている（木戸日記）。

「忠勇なる軍隊の武装解除や戦争責任者の処罰等、其れ等の者は忠誠を尽くした人々で、それを思うと実に忍び難いものがある。

しかし、今日は忍び難くを忍ばねばならぬ時と思う。

明治天皇の三国干渉の際の御心持を偲び奉り、自分は涙をのんで原案に賛成する」

我が国は三国干渉を受諾した。そして、その代償は清国が支払うことになり、その惨禍は我が国が血を以て処理することになる。ここに、日露戦争から満洲事変への土壌が生まれたのである。まさに三国干渉は同時期に為された露清密約とともに「東亜五十年の禍根」となった。

日清戦争の敗北を、以夷制夷の伝統的手法を以て挽回しようとした清国は、自ら仕掛けた三国干渉によって、「生体解剖」（米国歴史家の表現）の台の上に乗ることになった。結果から言うと、三国干渉から明治三十一年（一八九八年）までの三年以内に、ロシアと干渉に名を連ねたドイツとフランスそして圏外のイギリスは、それぞれ次の清国領土を獲得する。

ロシアは、こともあろうに日本が返還した遼東半島の旅順と大連を確保し満洲を事実上獲得した。そして、ドイツは、膠州湾と山東省の鉄道敷設権と鉱山採掘権を、フランスは広州湾を得た。これを見たイギリスは、対抗上、九竜半島と旅順の近くの威海衛を獲得した。これ、まさに「生体解剖」である。

そこで特に、ロシアの旅順・大連と満洲の事実上の獲得、これが何を意味するのか。それは、ロシアが長年の念願である太洋に出る不凍港を手に入れたということだ。さらにロシアが事実上朝鮮半島を獲得したということである。その理由は、我が国が、日清戦争に勝利して、朝鮮国が清国の属領ではなく「完全無欠の独立自主の国」としたからだ。

ロシアの勢力圏に入った満洲の南に地続きで朝鮮半島がある。ここが「独立自主の国」になったということは、事実上ロシアのものになったということである。何故なら、朝鮮国に自らを統治する能力がなかったからである。つまり、朝鮮国は、自ら独立自主の国になったのではなく、他者である我が国と清国の戦争の結果そうなっただけだったのである。この「力の空白」にロシアが進出し朝鮮がそれに迎合した。これが日露戦争の原因となる。

では何故、ロシアは、このように一挙に満洲を経て旅順・大連の不凍港を獲得したのか。そのカラクリが、三国干渉の翌年に結ばれた露清密約である。

三国干渉の翌年である明治二十九年（一八九六年）五月、ロシアのニコライ二世の戴冠式に、ロシアは清国の李鴻章を遣露大使として招き、大いに歓待した。その時、ロシアの蔵相ウイッテは、李鴻章に、日本は必ず遼東半島を奪還しにくるとして、その日本の侵攻を阻止するためのロシアとの攻守同盟を持ちかけた。

その内容は、清国は、ロシアが満洲を横断してウラジオストックに至る鉄道を建設することに同意すること、対日戦争の場合は、ロシアはその鉄道を軍用に自由使用出来ることである。そして、この鉄道建設のために露清銀行と所有地に対する排他的な行政権を有する東清鉄道会社が設立された。

これが、露清密約である。事実上の、ロシアへの満洲割譲である。従ってロシアは、この密約を締結した清国の李鴻章に巨額の賄賂を渡した。つまり、李鴻章は、巨額な賄賂を手に入れて、事実上、満洲をロシアに売却したのである。我が国は、この密約の存在を大正十一年（一九二二年）のワシントン会議で始めて知る。

三国干渉と露清密約が、日露戦争の原因をつくるのであるが、我が国は、露清密約を知らずに日露戦争（明治三十七、八年）を戦い、大量の血を流して満洲からロシアを追い払って、李鴻章が巨額の賄賂を得てロシアに売り渡した満洲を清国に返してやったのだ。清国は、売却した満洲を、日本のお陰で無料で取り戻したことになる。

ところで、列強が清国を「生体解剖」していた時、即ち、三国干渉からの三年間（一八九五〜八年）、アメリカはアジアで何をしていたかというと、スペインとの米西戦争に勝利してグアム島を獲得してフィリピンを領有しさらにハワイを併合した。つまりアジアと日本に太平洋を隔てて対面する国となった。そして、いよいよ支那における門戸開放（Open Door）を掲げてアジアにおける列強の勢力争いに参入してくる。

三国干渉を切掛けに始まったロシア、ドイツ、フランスそしてイギリスによる清国の「生体解剖」と露清密約は、北清事変（義和団の乱）と日露戦争を生み出し、次ぎに満洲事変から大東亜戦争に結びついて行く。この二十世紀の惨害を生み出した「東亜五十年の禍根」である三国干渉と露清密約を創り出した当事者は、ともに李鴻章である。現在、ロシアからの巨額の賄賂を得た李鴻章の子孫は、西洋人の名を名乗り大富豪としてアメリカに住みついている。

まことに、三国干渉と露清密約とロシア革命による暴力と謀略が生み出してゆく二十世紀のアジアの動乱は、「条約は破るものだと思っているロシア人」と「そもそも条約は守らねばならないと思っていない支那人」の創りだしたものであり、我が国の普通の国民の想像を超えて展開する。

昭和十四年（一九三九年）八月、平沼騏一郎内閣は、独ソ不可侵条約（モロトフ・リペントロップ協定）の締結を知らされ、「欧州の天地は複雑怪奇」なる声明を発して総辞職する。

しかし、露清密約（一八九六年）を見よ。アジアの天地は、独ソ不可侵条約の四十余年前から既に「複雑怪奇」だったのである。我が国が露清密約を知らなかっただけだ。

さて、三国干渉から十年後に勃発した日露戦争に従軍した兵士達は、如何なる思いで海を渡ったのであろうか。出征して海を渡り海上から遼東半島を眺めた下級士官の手記があるので次ぎに紹介したい。

「十年の昔、遼東半島を船出した（日清戦争の）凱旋部隊が、途中で、万骨を枯らして占領したる遼東半島は、再び支那に還付せねばならぬハメになったと聞いた時の無念さ！　腕を扼して胸を打って、悔しがったのも無理ならぬ事。

無限の芳名を伝えつつ笑って瞑した加藤の忠魂を慰謝したる彼の兵卒は、如何ばかり嘆いたことであろうか。忠義の骨は遂に日本の土に埋められたのでないこととなったものを。

十年の遺恨を骨に刻み肝に銘じて、待ちに待ったるこの度の大戦争、遼東の空に迷った十年前の戦友の魂は、向かう所敵無き皇軍を迎えて如何ばかり喜んだことであったろうか？

余が始めて半島の一地点に上陸して、一歩二歩足並みを踏みしめた時に、『これもやはり日本の土地だ！　勇敢なる戦友の血の塊だ！』と嬉しく叫んだは、自然に発した声ではあるまいか」（櫻井忠温著『肉弾』）

陰謀と暴力と無秩序の支那

清国内は、その後、西洋諸国とキリスト教を敵視して「扶清滅洋」を掲げて欧米人を襲撃する義和団による北清事変（明治三十三年、一九〇〇年）の動乱を経て日本を含む欧米列強の軍隊駐留を許し（現代で言えば、無秩序の地域における邦人をまもるＰＫＯ部隊である）、軍閥が各地で割拠する無政府状態に入ってゆく。

そして明治四十四年（一九一一年）、共和制を目指した中華民国が成立し、翌大正元年（一九一二年）、太祖ヌルハチ以来二百九十六年続いた清朝が、七歳の第十二世皇帝溥儀の退位によって滅亡する。しかし誕生した中華民国の臨時大総統に就任したのは軍閥でのし上がった袁世凱であり、早速武力によって反対勢力を弾圧し、帝制を実施して自ら支那の皇帝になろうとした。つまり、支那においては、清朝滅亡前も滅亡後も、軍閥の私闘と混乱は終わらなかった。その混乱に、ロシア革命によって共産主義革命を世界に拡大する「使命」を掲げたソビエトが関与してくる。

そのなかで、孫文の国民党と共産党が相次いで誕生した。以来、この国民党と共産党は、二度の合作（連合）を経ながら抗争と内戦を繰り返して二十一世紀に至っている。この二度の国共合作は、両者が仲良くなったから行われたのではない。共産党が、勢力を拡大し主導権を握るために為された。

第一次国共合作（一九二四年～二七年）の中で行われた北伐において、昭和二年（一九二七年）三月二十四日、北伐軍が南京にある日本、イギリス、アメリカまたフランスなどの公使館を襲って各国の居留民を殺傷し略奪する南京事件が起こった。これが本当の南京事件である。

この北伐軍に対して、イギリスやアメリカは、揚子江に浮かべた軍艦から砲撃して共同して自国の居留民を守ったが、我が国は、イギリスやアメリカから共同して防御しようという呼びかけに応じずに、単独行動をとり北伐軍に反撃せず幣原喜重郎外務大臣の協調外交によって無抵抗を貫いた。しかし、この我が国の無抵抗が、却って、北伐軍をして攻撃を我が国に絞り込む契機となった。日本人は、無抵抗の相手を攻撃しないが、支那人は相手が無抵抗と分かるや、安心してさらに執拗に攻撃を始めるのだ。

次の第二次国共合作（一九三七年〜四五年）は、まさに、対日全面戦争開始の為になされたのである。つまり、国際共産主義運動（コミンテルン）の方針である「戦争から内戦へ、内戦から革命へ」また毛沢東の「銃口から政権へ」の戦略は、日本を戦争のターゲットとして実行に移された。その目的は、中国共産党がソビエトのボルシェビキのように、支那の政権を握る為である。

従って、この第二次国共合作が、昭和十二年七月七日の蘆溝橋事件（日華事変）勃発のトリガー（引き金）である。共産党の周恩来と会談した満洲軍閥の張作霖の息子である張学良が西安で国民党の蔣介石を監禁する西安事件（一九三六年十二月十二日）が起こるや、直ちに十年間続いた国共内戦を終結させる第二次国共合作が成立する（一九三七年一月十六日）。それからは、次ぎの七月七日の蘆溝橋事件までの流れは、共産党によって電光石火に仕組まれている。

他方、第二次国共合作以前の蔣介石は、早くからドイツ軍事顧問団を迎え入れて国民党軍にドイツ式訓練を施していたのであるが、昭和八年にドイツの名将フォン・ゼークト将軍から、「ドイツ製の武器で武装した近代的軍隊の創設」と「日本一国だけを敵として、ほかの国とは親善政策を取ること」

を意見具申されていたのである。以後、百名におよぶドイツ軍事顧問団によって訓練された日本を敵とするドイツ製の武器で武装した近代的軍隊の創設とドイツ式訓練が進んだ。そして、蔣介石は、その軍隊によって中国共産党を壊滅寸前に追いやった後に、杭州湾の上海から揚子江に沿って首都南京までを舞台とした対日戦の準備に本格的に取り組んだ。そして揚子江沿いにはドイツ軍事顧問団によって設計された最新式の要塞と砲台が築かれたのである。

これが蘆溝橋事件前夜の状況である。この時に、西安に来た蔣介石を張学良が監禁して第二次国共合作がなり、蔣介石に殲滅されるのを免れて息を吹き返した共産党と巨大な近代的軍隊に再編された国民党軍が対日戦に向かってくることになったのだ。

この時の陸軍兵力は、中国が二百十万人で日本が二十五万人である（阿羅健一著『日中戦争は、ドイツが仕組んだ』小学館）。この兵力の差を観るだけで、日本と支那と、どちらが全面衝突を準備していたのか、明らかであろう。

詔書に、「中華民国政府曩帝國ノ真意ヲ解セス濫ニ事ヲ構ヘテ東亞ノ平和ヲ攪乱シ遂ニ帝國ヲシテ干戈ヲ執ルニ至ラシメ茲ニ四年有余ヲ経タリ」とあるのは、北伐による南京事件から始まった度重なる共産党分子による外国人（主に日本人）襲撃と蘆溝橋事件から日本人婦女子虐殺の通州事件そして上海での国民党軍による本格的戦闘を指している。

なお、私の高校時代の地理の山崎卓郎先生は、海軍兵学校出身であったが、ある時、授業中に、上海から南京に向かう陸戦隊の戦闘のことを語ってくれたことがある。

蔣介石の正規軍は、日本軍の銃より遙かに性能がよい優秀なチェコ機銃を持っていた。それは、発射音から違っていた。こちらはバン、バン、バン、と撃っているのだが、チェコ機銃の連射は、カタ、カタ、カタと聞こえてくる。戦場で向こうからカタ、カタ、カタと撃ってくれば、正規軍が来ていると緊張したものだと。

その時さらに、誰かにピストルを突き付けられても、ピストルは絶対に当たらんからお前ら安心して逃げろとも言ってくれた。俺たちがピストルの射撃訓練をしていたとき、目標に当たる奴は一人もおらず、弾が松の枝に当たって枝が燃えた、と。

本当の南京事件

なお、蔣介石の北伐途上で起きた南京事件は、我が国にとって運命的な事件であるので、その本質を見詰めたい。何故なら、ここに我が国とは全く違う支那の特性とコミンテルンの戦略が明確に顕れており、同時に、この支那とコミンテルンの本質を見誤った我が国の対応が如何なる結果をもたらすかを検証することができるからである。その結果とは、開戦の詔書の通り、盧溝橋事件から大東亜戦争への道である。

我々は、この南京事件を顧みて、これからの対支那方針に誤りなきを期さねばならない。即ち、南京事件は、支那に対する協調外交および友好姿勢が何をもたらすかの貴重な教訓である。我が国が支那に協調的かつ友好的に接したことが、支那の我が国に対する敵対姿勢と攻撃を作りだしたのが南京事件なのだ。

さて、多くの日本人が、中華民国の国民党の指導者となった孫文を応援し資金援助をしてきた。現在の価格で一兆円を超える援助を孫文にした日本人もいる。そのお陰で、清朝から追われた孫文は、日本で匿われて何不自由なく活動を続けることが出来た。しかし、その孫文が日本を裏切る。そして、ソビエトに友好的な姿勢を取った（連ソ容共）。その結果、多くの共産党員が個人の資格で国民党に入党し、共産党の指導者である毛沢東も周恩来も国民党員になるという奇妙なことになった。また、ソビエトのコミンテルンからの財政援助と指導で国民革命軍の幹部を養成するために設置された黄埔軍官学校の校長は蔣介石であるが、政治部副主任は共産党幹部の周恩来で教授部副主任は同じく葉剣英であった。

この国民党と共産党は、大正十四年（一九二四年）、第一次国共合作（連合）を行う。これによって、国民党は内部に共産党・コミンテルンという重大な矛盾を抱え込むことになった。この矛盾は、孫文の死（大正十四年、一九二五年三月十二日）によって鮮明となった。その中で、軍事力を掌握した蔣介石は、各地の軍閥割拠で無政府状態にあった中国を統一する為に北伐を実行する。

この北伐軍十万は、大正十五年（一九二六年）七月、広東を発進し昭和三年（一九二八年）六月、北京に入場する。当然のことであるが、この蔣介石の北伐軍にはコミンテルンの指令によって動く多くの共産党分子が混入していた。その共産党分子らは、次のようなコミンテルンの指令を受けていた。

「あらゆる方法を用いて国民大衆による外人排斥を引き起こさなければならない。この目的達成のためには、各国と大衆を武力衝突させせなければならない。これによって各国の干渉を引き起こすことができたならば、更に方法を選ばず、それを貫徹すべきである。たとへ、略奪や多数の惨殺をもたらすものであっても構わない。大衆が欧州の軍隊と衝突した時には、その機会を決して逃がしてはいけない」（北京のソ連大使館から張作霖が押収したもの。『蔣介石秘録』、中村粲著『大東亜戦争への道』展転社）。

この時の支那の状況を的確に踏まえたアメリカ映画にスティーブ・マックィーン主演の「砲艦サンパブロ」がある。この映画でサンパブロの艦長は、附近でイギリス兵が三人の支那人を殺害したという知らせに接し、直ちに支那人の襲撃を受けない為に出航を命じる。もっと港にいたい部下が不平を言うと、艦長は次のように答える。

「今日は殺されたのが三人だが、明日になれば三千人が殺されたことになっているんだ」

この支那の状況は、「あらゆる方法を用いて国民大衆による外人排斥を引き起こさなければならない」というコミンテルン指令が造りだしたものだ。

さて、北伐軍は、北上途上の昭和二年（一九二七年）一月、漢口と九江のイギリス租界を実力で接収した。この国民政府によるイギリス租界の奪取は欧米列強に大きな衝撃を与えた。さらに、北伐軍は、同年三月二十四日午前五時半頃、南京城に入城する。

すると、武器を携行した正規兵が、我が国を始めイギリスやアメリカの領事館を襲撃して暴行略奪を開始したのである。彼ら略奪兵は各領事館のあらゆるものを略奪し婦人には陵辱を加えた。その過程で、日本とイギリスやアメリカなどの居留民七名が殺された。

この事態の中で、三月二十七日、イギリスとアメリカは居留民を救援する為に、揚子江に浮かべた軍艦より南京城内を砲撃し北伐軍を追い払った。しかし、我が国は、無抵抗を貫きその砲撃に参加しなかった。これが、いわゆる幣原協調外交というものだった。

その支那に対する協調とは、理念的には、「常に希望と忍耐とを以て支那国民の政治的革新の努力を注視しなければなりません」、「支那特殊の国情に関しては十分に同情ある考慮を加え、精神的に文化的に経済的に両国民の提携協力を図らむとするものであります」という方針となる（前掲『大東亜戦争への道』）。しかし、結局、現場では、この協調路線は、南京事件のように支那の暴虐に対する無抵抗の姿勢となる。

この支那に対する我が国の協調つまり無抵抗が、支那にいかなる判断を促し、いかなる結果に至ったのか。それは、コミンテルンの指令を実行しようとする支那をして、日本を唯一の攻撃対象に絞り込ませた。従って、それから、支那の攻撃は、日本に集中する。これが、支那に対する協調姿勢の帰結である。

なにしろ、相手は、前記のコミンテルンの指令を受けてそれを実践しようとしている共産主義者である。米英を攻撃すれば徹底的に反撃されて潰されるが、日本は無抵抗なので何の不安もなく攻撃できる。彼らはこのように考えた。つまり、日本は、絶好の鴨、飛んで火にいる夏の虫であった。

この支那と日本の発想の決定的相違は、現在でも何ら変わらない。日本人は、無抵抗になった者を攻撃しない。支那は無抵抗な者を攻撃のターゲットにする。日本人は援助されれば恩に着る。支那人は恩を感じない。現在の中国共産党も、日本の巨額な援助によって潤いながら日本非難を始めた。

この昭和二年の南京事件に当たっての、我が国の支那に対する無抵抗が、蘆溝橋事件への道を開き、現在の中国共産党による中華人民共和国誕生につながってゆく。仮に、我が国がこの時、コミンテルンの戦略を見抜いていれば、また、見抜いていなかったとしても、昭和二年三月の南京において略奪の暴徒となった北伐軍に対して、二十七年前の義和団事件の時と同様に、暴徒鎮圧と邦人保護の為に、率先してアメリカやイギリスと共同歩調を取って断固として軍事行動を執って反撃しておれば、アジアと我が国のその後も変わっていたであろう。こう思えば、痛恨の南京事件である。

ここに顕れたコミンテルンの方針と、それを駆使した中国共産党の戦略を一言で言うならば、彼らは、この時同じ南京にいた日本とアメリカとイギリスのうち、日本を「敵」として利用し、同時に、アメリカとイギリスを「味方」として利用して、共産党政権の樹立に成功したのである。

アメリカは、主観的には、支那大陸に共産党政権を樹立する為に我が国と戦ったのではないと思っている。しかし、アメリカは、アジアで支那と協働する時、常にその意に反する馬鹿を見る。つまり、アメリカは、即ち、F・ルーズベルトは、マッカーサーの証言したとおり、「太平洋でのこの百年の最大の政治的な誤り」を犯した。このアメリカの過ちの結果を血でまかなったのは、昭和二十五年に勃発した朝鮮戦争に於けるアメリカ軍兵士達だった。

経済封鎖

まえに紹介した昭和二十六年五月の前連合軍最高司令官ダグラス・マッカーサーのアメリカ上院軍事外交合同委員会での証言を思い起こして欲しい。

マッカーサーは、経済封鎖をされた日本の戦争つまり大東亜戦争は、詔書にいう自存自衛の為の戦争つまり自衛の為だったと証言している。

その経済封鎖とは如何なる状況に日本を追いつめたのかを検討したい。

現在においても、国家間には経済と人種的な理由による摩擦や排斥運動がある。戦後の世代が見聞した、日本とアメリカの経済摩擦だけでも、家電製品や自動車に関して、世界市場で上位を占めつつある日本製に対する追い越される側のアメリカの反発は激しいものがあった。アメリカの国会議員が、公衆の前で日本の自動車を壊し日本のラジオをハンマーで粉々にしている映像が日本でも放映された。

このように、何時の時代でも経済において追い越し追い抜こうとする途上国と追い越される側の先進国との間には経済摩擦が生まれる。しかもその摩擦は、単に経済の分野に留まらず、人種、文化、言語や生活習慣の分野まで広がることがある。アメリカが、我が国の「非関税障壁」のなかに、我が国の言語や長年の生活習慣まで視野に入れて我が国を攻撃してくることも経験済みである。

とはいえ現在は、各国の間に摩擦があっても、ともに自由貿易体制を国際公共財として維持しようとしており、また途上国がＮＩＥＳのように相互にグループをつくったりＵＮＣＴＡＤ（国連貿易開発会議）のような摩擦を調節する国際機構が存在する。さらに人種差別は撤廃されている。

しかし、日露戦争から大東亜戦争までの四十年間、我が国は、白人の先進国に追い付こうとする唯一の途上国であり唯一の有色人種の国であった。その結果、途上国が相互に協力するためにグループ化することもできず、経済摩擦を調節する国際機構もなかった。そして、先進国は人種差別を撤廃するべきだとは全く考えていなかった。彼ら先進国は、人種差別によってアジアとアフリカを植民地にしていたのである。そのなかで、先進国をおおったのは保護主義の嵐であった。しかもその中で日本は、現在も戦前も、貿易に頼って生きる国、つまり貿易立国として急速に経済発展していた。

従って、戦前の我が国は、唯一の途上国として、欧米諸国との現在ではあり得ない激しい貿易摩擦、経済摩擦、軋轢にさらされていた。その軋轢は、単なる経済分野に留まらず、日本の文化や国民性にまで至った。例えば、有色人種である日本人の人種的欠陥、猿まね、不公正そしてダンピング非難の類である。しかし、「ガット（関税・貿易一般協定）事務局の経済・統計局長であった故ヤン・タムリール博士が述べていたように、『あれだけ世界中から叩かれ』ても、日本は貿易に頼らないでは生きられなかった」（池田美智子著『対日経済封鎖』日本経済新聞社）。

その我が国は、第一次世界大戦後の世界的経済停滞に苦しむなかで関東大震災の打撃を受けながら、支那で起こった日貨排斥ボイコット運動そしてニューヨーク・ウォール街の株暴落から始まる世界恐慌と保護貿易の嵐の中で苦闘するのである。

世界恐慌前の大正十五年（一九二六年）の我が国の貿易指数を一〇〇とすれば、恐慌後の昭和七年のそれは四一に激減する。この底から我が国は努力を重ねて抜け出して行くのであるが、ついに、「昭和十二年七月、日本は日支戦争に本格突入した。この年には為替管理法も発動され、貿易は統制され、戦時経済体制へと移行していった。いかなる意味でも、自由貿易は死んだのであった。この頃までに世界経済はブロック化し、ブロック内を除いて自由貿易は姿を消していたのである」（池田美智子著、前掲書）。

ルーズベルトの謀略

さらに、この時のアメリカ大統領が、いかなる巡りあわせか、フランクリン・ルーズベルトであったのが運命的である。彼の母方の一族はラッセル商会の共同経営者で大資産家のデラノ家であった。そのラッセル商会は十九世紀半ばから香港や上海などで支那に阿片を売って大儲けをした。

それゆえルーズベルトは、子供のころから自分の家の歴史に誇りを持ち、支那の書画骨董に触れて育ちながら、支那に愛着を持つようになる。その結果、大統領になった彼のアジアでの目標は、支那を大国にして日本をフィリピン以下の小国にすることとなる。

そして、昭和十八年（一九四三年）十一月、カイロ宣言を発するためにカイロに行った大統領のルーズベルトは、宿舎で部下たちに、いつもながらのデラノ家の歴史を語ってから、「感傷に浸りながら、中国への愛情を語り、最後に中国大国化の話となった」(鳥居民評論集『昭和史を読み解く』草思社)。

昭和十二年七月七日、北京郊外の蘆溝橋で勃発した日支事変が、同年八月十三日の上海での日支両軍の大規模軍事衝突に発展する。蔣介石が突如、ドイツ軍事顧問団によって育成され優秀なドイツ製武器で装備された精鋭部隊に対して、上海に駐留する我が国の五千名の海軍陸戦隊への総攻撃を命じたのである(第二次上海事変)。しかし我が国の陸戦隊は、在上海邦人を守るために少数で良く敢闘して持ちこたえ、その間に本土からの増員兵力も加わって反撃に転じ、蔣介石軍の精鋭を押し返した。そして、我が軍は、追撃に移る。しかし、我が国の支配領域の拡大は、必然的に第三国の在支権益に抵触するようになる。海からの蔣介石軍への物資輸送ルートを切断する作戦上の要請から行われた我が軍による大陸沿岸部の港湾や河川の封鎖は、必然的に内陸にあるアメリカやイギリスの在支権益と抵触する。

そこでアメリカは、支那における従来の門戸開放主義を掲げて日本を非難した。これに対して我が国は、アメリカをはじめとする列強がそれぞれ排他的ブロック経済圏を作って他者(日本)を排除する現状では、我が国も国家存続のためには、最小限の自給自足ができる経済圏を作る必要があり、我が国の経済圏形成のみがアメリカの門戸開放原則によって阻止されるいわれはない。従って我が国が、満洲そして支那との日満支ブロックを形成し、ひいては東亜新秩序を建設することは、経済的にも必要であり、政治的にも共産主義に対する防衛として東亜の平和のために必要であると反論した。我が国は、アメリカの支那における門戸開放主義を否定したのである。

　ここにおいて、昭和十三年十二月、アメリカは、対支クレジット二千五百万ドルの供与を発表して日本への反対を表明した。しかし、これは表面に現れたことであって、アメリカは既に日支事変以前から、蔣介石の要請を受けて、日本軍航空機を撃退しうる支那の空軍戦力の育成に協力姿勢をとっており、百機の戦闘機と百人のベテランパイロットと二百人の地上部員からなるＡＶＧ（アメリカ　ボランティア　グループ、別名フライング・タイガース）を支那に派遣する計画を具体化しつつあった。また、アメリカは、南方からの援蔣ルートを通じて蔣介石に物資を送っていたのである。

ルーズベルト大統領は、日支軍の大規模衝突となった第二次上海事変勃発後の十月五日に、いわゆる「隔離演説」を行い、日本を念頭に置いて、世界の九割の人の平和と自由と安全が、一割の人によって破壊されようとするときには、共同行動によって一割を隔離することができると説いた。

　しかし、既に述べたが、戦いを欲したのは支那である。この時、日本の総兵力は二十五万であり、支那のそれは二百十万である。蔣介石が総攻撃を命じた上海には五千の海軍陸戦隊がいただけであった。本土から離れた異境に駐留する五千で、どうして二百十万を相手にした全面衝突を欲し、さらに現実に開戦することができようか。衝突を欲し、現実に攻撃を開始したのは、近代的軍隊を創設して防御陣地の構築を終えて第二次国共合作の成った支那である。

　昭和十四年（一九三九年）七月、アメリカは日米通商航海条約の廃棄を我が国に通告し、六か月後の昭和十五年一月、安政五年から始まる日米の通商航海条約は廃棄されて日米は無条約状態になる。これによって、アメリカは何時でも対日貿易を停止できることになった。従って、アメリカのこの措置は我が国に重大な衝撃を与えた。何故なら、日支事変下で大規模な軍事作戦を展開している我が国は、アメリカを、原油、精銅、屑鉄、飛行機生産原料の主要供給源として支那と戦っていたからである。

それからアメリカは、まず航空機用ガソリン製造設備等の対日輸出を禁止する。

昭和十五年五月、アメリカは、突如主力艦隊を大西洋からハワイへ移駐させ、フィリピンの海空軍力を増強し、対日強硬姿勢を強めてきた。これは、我が国にとって、アメリカの対日戦争準備と受けとめざるをえない重大な脅威である。

以上のように、アメリカは、密かにＡＶＧの創設を認可するとともに、大統領は日本を念頭に置いた「隔離演説」を行い、公然と支那に二千五百万ドルを供与し、日米通商航海条約を廃棄し、主力艦隊を大西洋から太平洋に移し、フィリピンの海空軍戦力を増強した。これこそルーズベルト大統領の日本に対する異常な戦意を露骨に示すものである。

他方、ルーズベルト大統領は、本来ならば「隔離」すべきはソビエトであるべきなのに、ソビエトのスターリンによる、ポーランドやフィンランドさらにバルト三国の侵略は黙認する。彼の政権内に、コミンテルンの分子が潜入していたことと無関係ではない。

この日本のみを憎悪の対象にしたルーズベルトの異様な言動は、鳥居民氏が指摘しているように、ルーズベルトの出自からくる支那への憧れと、それと裏返しの日本に対する特異な敵意によるものであろう。とはいえ、支那に阿片という亡国の薬物を売って大富豪になった家系を自慢する彼の精神構造（マインド）はやはりおかしい。

なお、イギリスやフランスやオランダもアメリカと歩調を合わせて反日の姿勢を示し、イギリスとフランスの支那における租界は、国民党特殊工作員や共産党抗日分子の隠れ家になっていた。即ち、対日ＡＢＣＤ包囲網の形成である。日本は、この欧米諸国と彼らのアジア・アフリカの植民地からなる経済ブロック、つまり、地球のほとんどから閉め出された。

その後も、アメリカやイギリスは、真綿で首を絞めるように各製品、各物資ごとに、対日禁輸を追加し続け、あとは、日本を「座して死を待つ」状態に落とし込む最後の一手を待つのみになった。

それは、追いつめられた日本が、昭和十六年七月、自存と安全上からやむを得ざる措置として、フランスのヴィシー政府との合意の上で南部仏印に進駐したことに対する報復として行われた。即ち、在米と在英の日本資産の各凍結。そして、次ぎに為されたトドメ、対日石油全面禁輸である。それは、昭和十六年八月一日に実施された。

これによって、このまま時が過ぎゆけば、何時の日か必ず、日本の航空機も艦船も自動車も工場も動かなくなる。即ち、日本の産業も陸海軍の戦力もゼロになることが明確になった。これ、座して死を待つこと、即ち日本の滅亡を待つことである。

アメリカの海軍作戦部長スタークは、ルーズベルトから対日石油全面禁輸について意見を求められ「禁輸は日本のマレー、蘭印、フィリピンに対する攻撃を誘発し、直ちに米国を戦争に巻き込む結果にならう」との意見を提出していた（前掲『大東亜戦争への道』）。

前年の暮れに、国民に不戦を公約して大統領に三選されたルーズベルトは、海軍作戦部長の提出した通り「直ちに米国を戦争に巻き込む結果になる」が故に、対日石油全面禁輸を行ったのである。

また、開戦の前に大本営中央特種情報部の企画運用課長横山幸雄中佐が、戦後次のように語っている。「開戦の頃の国民政府（蔣介石政府）の駐米武官が、本国宛てに打った暗号電報の中に、確かに米国が対日戦争を決意して、あれこれと日本を誘い出そうとしていることを報告した解読電文があった」（堀栄三著『大本営参謀の情報戦記』）。

このアメリカとイギリスが、我が国を死の淵に追いつめてくる措置が開戦の原因である。これは、昭和十六年七月にアメリカの海軍作戦部長スタークがルーズベルトに表明した意見であり、その十年後の昭和二十六年五月に連合軍最高司令官マッカーサーが、アメリカ上院において証言したことである。

詔書は次の如く。

「斯クノ如クニシテ推移セムカ東亞安定ニ関スル帝國積年ノ努力ハ悉ク水泡ニ帰シ帝國ノ存立亦正ニ危殆ニ瀕セリ事既ニ此ニ至ル帝國ハ今ヤ自存自衛ノ為蹶然起ツテ一切ノ障礙ヲ破砕スルノ外ナキナリ」

Back Door To The War

それにしても何故、ルーズベルトは、執拗に日本を対米戦争への道に引きずり入れたのか。単に彼の出自と性格と支那贔屓にその理由を求めるだけでは実態を語ったことにはならない。

それは、アメリカが、裏口（太平洋）から戦争に入り（Back Door To The War）、欧州でナチスドイツと戦い、イギリスを救援できるようになる為であった。

何しろ彼は、前年の暮れの大統領選挙で、ヨーロッパの戦争に参加しないと公約し、集会などで、二十歳代の子供を持つお母さんとおぼしき婦人を見かけると、「お母さん、あなたの息子さんを絶対に戦場へ送りませんよ」と繰り返し約束していたのだ。従って、彼には、国民からの公約破りの非難を回避して戦争に入る方策が必要だった。それは、西部劇でもよくある、「相手に先に手を出させる」手法である。アメリカは、この手法をよく使う。

スペインとの戦争開始で使った。一八九八年、キューバのハバナ湾においてアメリカの戦艦メイン号が爆発して沈没し二百六十六名の乗組員が死亡した。アメリカは、メイン号はスペインによって撃沈されたとする。そして、「メイン号を忘れるな」を合い言葉にしてスペインとの戦争に入ってゆく。

それから六十六年後のベトナムのトンキン湾においてベトナムの哨戒艇がアメリカの駆逐艦に魚雷攻撃を仕掛けた。アメリカは、このトンキン湾事件を切っ掛けに本格的にベトナム戦争に入っていき北ベトナムへの北爆を開始した。しかし、後にニューヨーク・タイムズは、このトンキン湾事件は、アメリカ政府が仕組んだものであることを暴露した。

さて、「メイン号を忘れるな」から四十三年後でトンキン湾事件の二十三年前の一九四一年（昭和十六年）、「パールハーバーを忘れるな」の合い言葉がアメリカに生まれた。これこそ、アメリカのルーズベルトとイギリスのチャーチルが密かに行った「戦争の謀議」の結果である。アメリカは、太平洋で日本との戦争に入り、自動的に欧州において日本の同盟国であるドイツとの戦争に入った。

それ故、チャーチルは、昭和十六年十二月八日に、日本軍がハワイのアメリカ軍のパールハーバーを奇襲攻撃したと知らされた晩、戦争が始まってから「初めてぐっすりと眠ることができた」と日記に書けたのだ。何故、ぐっすり眠れたのか。それは、事前の謀議通りに事が運んでアメリカが参戦したからである。

フランスを占領したドイツ軍が、ロンドン空襲を開始するのは一九四〇年（昭和十五年）九月七日である。翌年の八月、チャーチルは戦艦プリンス・オブ・ウェールズに乗ってアメリカのニューファンドランド沖に行く。他方ルーズベルトは、我が国の近衛首相からの首脳会談の申込みを受けながら、近衛首相と会うとも会わぬとも返事もせずに行方をくらましてプリンス・オブ・ウェールズに乗り込む。

首都が敵に空襲されている国の首相が、こっそり大西洋を渡ってアメリカに行くのだ。のっぴきならない要件がなければ、こんな時に、こんな旅行はできない。そののっぴきならない要件とは、茶番のような大西洋憲章の発布（八月十四日）などではない。日本とアメリカとの戦争（Back Door）を始めて、欧州でアメリカをドイツと戦わせる（To The War）というイギリスの存亡に関わる「正真正銘の戦争の謀議」の最後の詰めの為の旅行だったのだ。

そして、詰めは成った。それ故、その時、チャーチルとルーズベルトは、「戦争の大義」を掲げる大西洋憲章を発布したのだ。また彼らの乗ったイギリスの最新鋭の巨大戦艦プリンス・オブ・ウェールズは、チャーチルを乗せてイギリスに帰国後、直ちにイギリス海軍の東洋艦隊の旗艦となってシンガポールに回航される。謀議によって確定した日本との戦争において、アジアの海で日本海軍を沈めるためである。

四ヶ月後の十二月八日未明、その謀議は成就した。そして十二月十日、サイゴンとツドウムを飛び立った帝国海軍第二十二航空戦隊の一式陸上攻撃機二十六機と九六式陸上攻撃機六十七機は、マレー沖で、雷撃によってこの記念すべき戦艦プリンス・オブ・ウェールズを撃沈する。これがマレー沖海戦である。この海戦でイギリス側は、戦艦プリンス・オブ・ウェールズと巡洋戦艦レパルスが沈没し、日本側は九十六式陸攻一機と一式陸攻二機を喪失した。

この戦闘で記憶すべきは、海軍航空隊の示した武士道である。戦艦プリンス・オブ・ウェールズに我が航空隊の魚雷が命中して、同艦が航行不能となり傾斜復旧不能・沈没確実となった時、イギリス海軍の司令官トーマス・フィリップ大将は、自らは艦と運命を共にする覚悟を定めたうえで、乗員に艦からの総員退去を命じた。その時、上空にいる一式陸攻と九六式陸攻は総員が艦から退去するまで攻撃をひかえた。その後も、海上に漂うイギリス将兵に対して機銃掃射をしなかった。

そして海戦後、戦闘に参加した陸攻パイロット壹岐春記さん（海軍兵学校六十二期）は、二つの花束を陸攻に積んで戦果確認のために海戦海域を飛行し、その花束を戦死した戦友と沈没の直前まで機銃を撃っていたイギリス海軍将兵の武勇を讃え霊を慰めるため、戦艦プリンス・オブ・ウェールズと巡洋戦艦レパルスの沈没地点に投下した。

大西洋憲章と大東亜共同宣言

大西洋憲章は、ルーズベルトとチャーチルが、昭和十六年八月十四日に、イギリスから大西洋を渡ってニューファンドランド沖にきた戦艦プリンス・オブ・ウェールズのなかで「戦争の謀議」を確定したが故に発せられた。

世上、この両者の会談で、大西洋憲章が発せられたことだけが伝えられて、「戦争の謀議」が為されたことは隠されている。しかし、チャーチルは、ルーズベルトと直に会って、イギリスの運命をかけた「戦争の謀議」を確定するために大西洋を渡った。ロンドンがドイツの攻撃で燃やされているのに、まだ戦争に入っていないアメリカの大統領ルーズベルトと、紙の上で、宣言の作文をするためにはるばる来たのではない。

とはいえ、その時彼らが発した大西洋憲章とはなにか。それはアメリカとイギリスの、戦争の大義を宣言した文書と教えられる。

これに対して我が国らが、昭和十八年十一月六日に東京で発した「大東亜共同宣言」も我が国の戦争の大義を鮮明にした文書である。

そうであるならば、この戦った両者の戦争の大義の、何れの大義が、現在の世界秩序を形成したのか明確にしなければならない。しかし、既に述べたように、ＧＨＱの検閲は、大東亜共栄圏に関する言論を禁止しており、我が国の義務教育では、大東亜共同宣言は教えられない。

大西洋憲章は八条からなり、その冒頭の三条は次の通りである（「」は筆者）。

1、両国は領土的その他の増大を求めず。

2、両国は「関係国民」の自由に表明せる希望と一致せざる領土的変更の行われることを欲せず。

3、両国は「一切の国民」がその基に生活せんとする政体を選択するの権利を尊重す。両国は主権及び自治を強奪せられたる者に主権及び自治が返還せらるることを希望する。

私が習った中学校の歴史教科書には、第二次世界大戦後の世界秩序を決定したのは、この大西洋憲章であると書いてあったように記憶している。それ故、私は、成人してもそのように思っていた。しかし、我が国が降伏して第二次世界大戦の戦闘が停止した後のインド、東南アジアそしてアフリカで何が起こったかを観れば、大西洋憲章が戦後の世界を指し示したと理解するのは無理である。

なるほど、憲章にある「一切の国民」を、文字通り一切の国民と理解すれば私の習った教科書の言うとおりであろう。しかし、それは違う。憲章に言う「関係国民」また「一切の国民」とは、ナチスドイツに支配されていたヨーロッパの国民つまり白人のことであり、ヨーロッパの国民が支配していたアジア・アフリカの国民つまり有色人種は含まれていないのだ。従って、イギリスはインドを、ドイツに占領されていたオランダとフランスはインドネシアとカンボジアとベトナムを手放すつもりは全くなかった。もちろん、全ヨーロッパの諸国民は、アフリカの植民地を放棄するつもりは全くない。

また、アメリカは、一八九三年、リリオカラーニ女王の支配する王政ハワイに百六十人の海兵隊を上陸させて白人入植者と共同して武力で王政を廃止し、王政派住民の大虐殺も行った後の一八九八年にハワイを併合した。そのハワイを大西洋憲章の精神に従って手放すつもりは、現在も毛頭無い。

よって、大西洋憲章は、現在の世界秩序ではなく、十九世紀的な白人による有色人種の植民地支配が当然とされた時代の産物である。つまり、有色人種を人間と思わない人種が書いた文書である。これが結論だ。

次ぎに、我が国らの発した大東亜共同宣言であるが、この宣言は、昭和十八年十一月六日、東京に集まった東條英機、中国の汪兆銘、満洲の張景恵、フィリピンのホセ・ラウレル、ビルマのバー・モウ、タイのワンワイタヤ・コーン、インドのチャンドラ・ボースによって為された。この宣言は、開戦から二年が経過してから発せられているが、その理由は開戦時にはフィリピン、ビルマそしてインドはそれぞれ欧米の植民地であったからだ。それから二年を経て、我が国の南方作戦によって、これらの国は国家の代表を東京に送れるようになったのである。

大東亜共同宣言は、次の五条から成る。

一、大東亞各國ハ協同シテ大東亞ノ安定ヲ確保シ道義ニ基ク共存共榮ノ秩序ヲ建設ス

一、大東亞各國ハ相互ニ自主獨立ヲ尊重シ互助敦睦ノ實ヲ擧ケ大東亞ノ親和ヲ確立ス

一、大東亞各國ハ相互ニ其ノ傳統ヲ尊重シ各民族ノ創造性ヲ伸暢シ大東亞ノ文化ヲ昂揚ス
一、大東亞各國ハ互恵ノ下緊密ニ提携シ其ノ経済発展ヲ図リ大東亞ノ繁栄を増進ス
一、大東亞各國ハ萬邦トノ交誼ヲ篤ウシ人種的差別ヲ撤廃シ普ク文化ヲ交流シ進ンテ資源ヲ開放シ以テ世界ノ進運ニ貢献ス

以上全文、ことごとく現在のあるべき世界秩序を指し示しているではないか。まさに現在に通用する指針である。特に五番目は、「萬邦トノ交誼」を篤くすること、「人種差別撤廃」を謳っている。その「萬邦」とは、もちろん大西洋憲章のように、ヨーロッパの国だけを指しているのではない。その上で、「人種差別撤廃」を掲げていることは人類史上特筆すべき輝かしいことといえよう。

ここにおいて、大東亜共同宣言は、大西洋憲章の次元を遙かに凌駕する現在の世界秩序を指し示す文書となっているのである。

私は、大西洋憲章の文言をみて、フランスの人権宣言やアメリカの独立宣言を思い起こす。フランスもアメリカも、これらの宣言で、人間の自由、平等、博愛そして幸福追及の権利を謳っている。しかし、フランスはアジア・アフリカの植民地の人々の自由、平等そして幸福追及の権利など、これっぽっちも思っていないし、アメリカは何の矛盾もなく奴隷制を維持していた。何故、我々から観れば、この驚くべき偽善を平気で為せるのか。その理由は、彼らは有色人種を人間だとは思っていなかったからである。

公園を散歩すると「公園内では、犬は鎖でつないでください」と書いてある。それで人々は犬を鎖でつないで散歩する。犬に自由があると思っていないからである。何故なら、犬は人間ではないからだ。これと同様に、二十世紀に我が国がぶち当たった欧米列強の優越感は、有色人種を人間とみなしていなかったのである。この感覚で、あのチャーチルとルーズベルトは、大西洋憲章を何の矛盾も感じることなく書いた。彼らが人間だと思っている白人の為だけに。

白人の人種差別を見抜く

先年、アメリカのワシントン郊外にあるアメリカ初代大統領のジョージ・ワシントンの農園と庭園と邸宅があるマウント・バーモンを訪れた。公園内にワシントン夫妻の立派な大理石の墓があった。しかし、しばらくすると、小さなこんもりした土饅頭もあった。そこに、「この下に七十名の奴隷が埋葬されている」と書かれた木札が立ててあった。奴隷の名前も何も書かれていない。ただ「七十名の奴隷」がこの土のしたに埋められたのだ。これを見て分かった。彼ら白人の「人権思想」を真に受け過ぎていたと。

十六世紀後半、我が国の北九州のキリシタン大名が、布教に来日したスペインとポルトガルのバテレン（神父）に領地を提供した。しかし、バテレンだけが来日していたのではない。武器商人そして奴隷商人も来日していた。その奴隷商人達は、北九州の領地やその他各所で多くの我が国の少女たちを捕まえまた買い取り、動物のように裸にして縄で縛って船倉に押し込み、ヨーロッパに運んで奴隷として売った。日本人少女は奴隷市場で評判がよく、高く売れたという。それ故、奴隷商人達はさらに多くの日本人少女を奴隷として連れ去り大儲けをしたのである。

天正十年（一五八二年）、北九州のキリシタン大名である大友宗麟、大村純忠そして有間晴信は、イエズス会員バリニャーノの発案によって、それぞれの身内から十三歳から十四歳の少年達四名をローマに送った。天正遣欧少年使節である。この少年使節派遣を発案したバリニャーノの目的は、ローマ教皇とスペイン・ポルトガル国王に日本布教のための経済的・精神的な援助をもらうことと、少年達にヨーロッパの偉大なキリスト教文明を見せて日本にその偉大さを伝えさせるということであった。

四人の少年達はローマ法王と謁見しキリスト教文明を見学する。その間、彼らはヨーロッパの奴隷市場で日本の少女たちが裸にされて売られているのを見る。しかし、四人の少年達が八年後の天正十八年（一五九〇年）に帰国した時には、既に豊臣秀吉によってキリシタン禁令が敷かれていた（天正十五年）。それ故、ヨーロッパに行った四人の少年のうち、一人は穴吊りによって殉教し、一人は追放先のマカオで死去している。しかし千々石ミゲルはキリスト教を棄教した。その理由は、バリニャーノの言う「偉大なキリスト教文明」のなかで裸にされ奴隷として売られている祖国の少女たちを見て、その偽善に堪えられなかったからだといわれている。

それにしても、北九州に於けるキリシタンの領地の様相と彼らが連れてくる奴隷商人の行状を知って、直ちにキリシタン禁令を敷いた秀吉の慧眼を讃えねばならない。彼は、非ヨーロッパ世界においいて、一瞬にしてキリスト教文明の美辞麗句の裏に隠されている危険な容認できない偽善を見抜いた唯一の指導者であった。もし、秀吉の慧眼がなければ、日本は現在の日本とは違っていただろう。

大西洋憲章の偽善から、天正年間の四人のローマに行った少年の一人である千々石ミゲルの棄教と秀吉のキリシタン禁令までを思い起こした上で、我が国は、現在も、美辞麗句の裏にそれと正反対の悪意を隠しながら、平気で美辞麗句を語る世界に囲まれていることを自覚しなければならない。

平成二十七年九月三日にも、中共の習近平主席は、天安門において、戦後七十年の抗日戦争勝利軍事パレードに臨み、南シナ海や東シナ海を軍事力を使って自分の領海とする拡張主義をとり、覇権を唱えて世界平和を乱しているにもかかわらず、恥ずかしげもなく、「中国は覇権を唱えず、拡張主義をとらない」、「共同で世界平和を推進する」と演説していた。確か、明治二十八年の「東亜五十年ノ禍根」である三国干渉を、ロシアは、「極東永久ノ平和」のために我が国に対する「誠実ナ友誼」に基づいて行うと言った。大西洋憲章も、我が国の周辺に昔からある偽善の系譜のなかにある。

日本人は、「お前だけには言われたくない」という言葉をよく口にする。泥棒に、「泥棒をしてはいけない」と説教されたくはない。ところが、我が国の回りは、昔も今も「お前だけには言われたくない」面々が、ぬけぬけと「言われたくない」ことを言っているのである。

ともかく、未だに大西洋憲章が、第二次世界大戦後の現在の世界の理念を指し示したものだと、子ども達に「ウソ」を教えていてはだめだ。

大東亜共同宣言で、さらに指摘しておかねばならないことがある。それは、大東亜会議を東京に召集し大東亜共同宣言の発布を実現した人物が、東條内閣の外務大臣重光葵であったということである。その重光は、二年後の昭和二十年八月十五日の玉音放送の後に降伏文書調印の全権になるために東久邇宮内閣の外務大臣に再び就任する。

彼には、大東亜共同宣言を拠り所として、連合国とりわけアメリカに対して、戦には敗れたが戦の理念において、我は遙かに優るとの確信があったはずだ。それ故、彼は降伏文書調印の翌日の三日の朝、我が国に軍政を敷こうとしていた連合軍最高司令官マッカーサーが宿泊していた横浜のニューグランドホテルに乗り込み、直接、マッカーサーに直談判してその軍政を撤廃させ、「連合軍に最も恐れられた男」となった。

終戦の詔書と新日本建設の詔書

開戦の詔書と終戦の詔書そして新日本建設の詔書は、一体のものである。ここに貫かれているものは「国体の護持」、即ち、「日本」の確保である。従って、開戦の詔書の「自存自衛ノ為」とは「国体の護持のため」であり、終戦の詔書にある「神州ノ不滅ヲ信シ」とは「国体が護持された日本は亡びない」ということであり、新日本建設の詔書の「明治天皇ノ五箇条ノ御誓文」の誓いを新たにするとは、全国民が明治天皇の掲げられた理想を目指して生活するということである。

この終戦の詔書と新日本建設の詔書の間に、九月二日の降伏文書調印があり、「天皇および日本国政府の国家統治の権限は連合軍最高司令官の制限の下におかれる」という事態になる。この出来事（激変）があるにも拘わらず、天皇は何ら変わらない見事な連続性を維持されて国民に臨まれている。即ち、天皇は、御自ら終戦の詔書で国民に告げられた「国体を護持しえて」を、国民の前で一貫して自ら体現し実証されているのだ。つまり、降伏文書は、天皇の世俗の権能に影響を与えても、天壌無窮の神勅により天皇が帯びている神秘、権威には何の影響も与えていない。

ここで、さらに、明治天皇が明治元年（慶応四年）三月に発せられた「億兆安撫国威宣布ノ宸翰」を加えて見詰めよう。「宸翰」とは天皇から国民にくだされる手紙のことである。五箇条の御誓文は、天皇と諸侯が、神に誓った誓文であるが、「国威宣布の宸翰」こそは、十六歳の明治天皇が始めて国民に発せられた溌剌とした国民に対する手紙であるが故に、五箇条の御誓文よりも明治初頭の国民に広く読まれ、昭和天皇もその宸翰の精神を以って昭和の御世に臨もうとされた。

まず、「国威宣布の宸翰」の冒頭は次の通りである（森清人謹撰『みことのり』錦正社）。

「朕幼弱を以て、猝に大統を紹き、爾来何を以て萬國に對立し、列祖に事へ奉らむやと、朝夕恐懼に堪さるなり」

これ何という赤裸々なご心境の吐露であろうか。

また言われる。

「今般朝政一新の時に膺《あた》り、天下億兆、一人も其処を得さる時は、皆朕か罪なれは、今日の事、朕、自《みづから》身骨を労し心志を苦め、艱難の先に立《たち》、古列祖の尽させ給ひし蹤《あと》を履《ふ》み、治績を勤めてこそ、始て天職を奉して、億兆の君たる所に背かさるへし」

これは、国家と国民のために身骨を労し、心志を苦しめ天職を全うしようとする御決意の表明である。そして、太古には天皇が自ら政を行い国威は海外に輝いたが、近来は自分が安住して百年の憂いを忘れれば、各国の陵辱を受けて国民を苦しめることになるとの危機感を表明された上で、

「故に朕こゝに、百官諸侯と広く相誓ひ、列祖の御偉業を継述し、一身の艱難辛苦を問はす、親ら四方を経営し、汝億兆を安撫し、遂には万里の波濤を拓開し、国威を四方に宣布し、天下を富岳の安きに置んことを欲す。汝億兆、旧来の陋習に慣れ、尊重のみを朝廷の事となし、神州の危急を知らす」

これは自分が一身の艱難辛苦をものともせず率先して国家のために尽くすと言っておられる。天皇のこの切実な思いに対して、今まで通りの朝廷でよいと思う者は、国家の危機を知らないのだと言い切られ、最後は次の通り結ばれる。

「汝億兆、能々《よくよく》朕か志を体認し、相率て私見を去り、公議を採り、朕か業を助て、神州を保全し、列聖の神霊を慰し奉らしめは、生前の幸甚ならん」

これが、明治の初めから国民が広く拝読した明治天皇の国民への手紙、即ち宸翰である。もちろん、この宸翰の志と精神は、昭和天皇の血肉となった。

この宸翰に、「神州の危機」また「神州の保全」というお言葉がある。昭和天皇は、明治天皇が「身骨を労し心志を苦しめ」て保持されようとした「神州の不滅」を、同じように自らも守り抜くことを国民に対して明らかに宣言されている。天皇は終戦の詔書において言われた。

「宜しく挙国一家子孫相伝へ確《かた》く神州の不滅を信し任重くして道遠きを念ひ総力を将来の建設に傾け道義を篤くし志操を鞏《かた》くし、誓て国体の精華を発揚し、世界の進運に後れさらむことを期すへし。爾臣民、其れ克く朕か意を体せよ」

そして、この詔書の四ヶ月後の一月一日に発せられた新日本建設の詔書の冒頭に、

天皇は、

「茲に新年を迎ふ。顧みれば明治天皇明治の初国是として五箇条の御誓文を下し給へり」

と述べ始められ、五箇条の御誓文の通り、つまり、明治維新の通り、新日本を建設していこうと国

民に訴えられた。その末尾は次の通り。

「一年の計は年頭に在り、朕は朕の信頼する国民が朕と其の心を一にして、自ら奮ひ自ら励まし、以て此の大業を成就せんことを庶幾ふ」

昭和天皇の開戦の詔書から終戦の詔書を経て新日本建設に関する詔書を拝し、また、天皇が、御聖断に際して、「明治大帝の涙をのんで思いきられた三国干渉当時の御苦衷」をしのばれたことを思うとき、私には昭和天皇の血肉に明治大帝がおられたという思いがしてならない。

このように、天皇陛下の御聖断と詔書により、明治の志を志として、つまり明治と連続する戦後が始まった。天皇は、数時間後に自決する阿南陸軍大臣に語られたとおり、国体を護持されたのだ。

ところが、日本に君臨した連合軍総司令部は、憲法を入れ替え、東京裁判を行い、検閲によって言論を奪って、この連続性を覆い隠したのである。

しかし、昭和二十年の大東亜戦争の終戦より、我が国内は連合軍に支配されたが、二十世紀初頭の日露戦争に続く大東亜戦争で、日本は、既に世界を変えていたのだ。

世界史の流れを五百年のスパンを以て大観すれば、これが見える。白人の数百年にわたるアジア・アフリカ支配の根底を日本は既に倒していた。光は必ず闇を消し去る。この光への道が大東亜戦争への道であり大東亜戦争からの道である。

「日本の世紀」の起点、明治三十八年九月五日のポーツマス

明治三十八年九月五日、アメリカ合衆国のニューヨークから四百キロ北にある綺麗な小さな街ポーツマスにあるアメリカ海軍工廠内の会議室で、日露戦争における日露講和条約が、八月の十回に及ぶ会談の末、調印された。日本全権は外務大臣小村寿太郎、ロシア全権は元大蔵大臣セルゲイ・ウィッテであった。ここにおいて日本は、かろうじて勝者の立場を確保して日露戦争を終えたのである。

私は、平成二十六年七月、三十五年ぶりにポーツマスに行き、小村寿太郎ら日本代表団が宿泊し、何度も日露の予備会談の会場になったホテル、ウェントワースを訪れた。日露の会談が行われた部屋の入口には「トリーティールーム」という表札が架けられており、そこに至る階段の踊り場の壁には、明治天皇とニコライ二世の大きな写真が掲げられていた。

日露戦争開戦時の日露両国の陸上戦力は、次の通り。歩兵、日本十三万、ロシア六十六万。騎兵、日本一万、ロシア十三万。予備兵力、日本四十六万、ロシア四百万。

この兵力差で戦い、ポーツマスで、日本は「かろうじて勝者の立場を確保」したのだ。開戦の決断をした政治・軍事の首脳も、戦った将兵も、国民も、決死の思いであったとしかいえない。

北上する日本軍二十五万（砲九百九十門）をロシア軍三十一万（砲千二百門）が奉天を根拠地として迎え撃ち、世界最大規模の陸上戦闘となった奉天会戦では、日本軍は明治三十八年三月一日に総攻撃を

開始して十日目の三月十日に、奉天城に「日の丸」を掲げて勝利した。十日間にわたる日夜絶え間のない日本軍の攻撃に直面して、ロシア軍のクロパトキン司令官は、日本軍が有力な予備兵力を持っていると判断し、包囲されることを恐れて奉天から退却した。しかし、日本軍には一人の予備兵力もなかった。一人一人の兵が、不眠不食不休で戦い続けていたのだった。そして、一万六千余の将兵が戦死し、彼らは黄塵の満洲の荒野に累々と横たわった。

その戦場を、戦闘終結後に視察した総司令部付の川上素一大尉は、戦死者の様子を戦場で会った奥第二軍の石光真清少佐に次のように報告した（鈴木荘一著「日露戦争と日本人」かんき出版より）。「このような戦闘は、命令や督戦で出来るものではありません。兵士一人一人が、『勝たねば日本は滅びる』と、はっきり知って、命令されなくとも、自分から死地に赴いています。勝利は、天佑でも、陛下の御稜威でもなく、兵士一人一人の力によるものであります」。

川上大尉が言った「兵士一人一人の力」を、さらに銃後の国民にも拡げるならば、「国民一人一人の力」によって、日本は日露戦争という国難を乗り切ったと言える。まさに「皇国の興廃」のかかった大祖国戦争であった。

そして、日本国民は、世界史の流れを変えた。その流れとは、一四九八年に始まったヨーロッパ帝国主義諸国のアジア侵略の流れである。ロシアは、まさにこのアジア侵略の流れに乗って日本に襲いかかった。ロシア海軍軍令部編纂の『一九〇四、五年露日海戦史』には、ロシアの意図が、次の通り明確に書かれている。「極東でロシアが優位権を確立せんとするならば、須く日本を撃滅し艦隊保持権を喪失せしめなければならない……日本人を撃滅するのみにては不十分で、さらに之を殲滅せざるべからず」。

アジアにおけるその流れとは、具体的には次の通りだ。

一四九八年、ポルトガル人のバス・コ・ダガマがアフリカの喜望峰を回ってカリカットに到着してから、直ちに彼らは香辛料を求めて東に進出した。

一五一〇年、アラビヤ海に面したゴアが占領されて彼らの貿易拠点になった。そしてポルトガルはインド洋のスリランカ、インドネシアのアンボン島さらに支那のマカオを植民地にした。この十六世紀、スペインは、フィリピンを支配下に入れ、西太平洋のカロライン諸島やマリアナ諸島を占領した。

イギリスは、一六〇〇年に東インド会社をつくり、次々とインドの主要地域を占領し、一八一九年、シンガポールを占領した。さらにビルマとマレーを占領し、一八四二年にアヘン戦争で香港を手に入れた。

オランダは、一六一九年にジャワのバダビヤ（ジャカルタ）を占領したのを皮切りに東インド諸島を支配下に入れセレベス島にまで支配領域を拡げる。

フランスは、一八六二年にベトナム南部を支配下に入れカンボジアを奪い、次いで中部・北部ベトナムやラオスを奪い支那から広州を租借した。ドイツは遅れたが、十九世紀末期にニューギニアそしてマーシャル諸島を領有した。

そして、ロシアであるが、陸路で東へ東へと版図を広げつづけ、清国との一八五七年のアイグン条約、一八六〇年の北京条約でウスリー以東の沿海州を獲得して西のバルト海から東の日本海にまたがるユーラシア大陸を支配するに至った。その東への動きは、まさに極東に造った都市の名前ウラジオストーク（東を征服せよ）そのものである（平間洋一著『日露戦争が変えた世界史』芙蓉書房出版）。

そこで、このウラジオストークによって日本海に達したロシアが、日本海岸に立って東を眺めたとする。これから東に行くには、海を渡るしかない。即ちロシアは海洋に進出する。その正面に横たわるのが日本列島である。では、その時、両手を拡げたロシアの右手と左手で摑めるものは何処か。左手でオホーツク海への通路である樺太が摑め、右手で太平洋への通路にあたる対馬が摑める。よってロシアは、ほぼ同時に、樺太と対馬を摑んできた。

一八五三年、武装したロシア人が樺太に来航し、松前藩の運上屋を占拠して武器を持たない日本人（主に漁民）を追い出した。また、一八六一年、対馬の浅茅湾にロシア軍艦ザポトニック号が来航し芋崎に停泊して兵員を上陸させ井戸を掘って真水を確保し兵舎を造って居座った。この時、ロシア兵に抗議して殺害された二人の対馬藩士は、靖国神社に英霊として祀られている。

この時我が国は、幕末期にあった。対馬の方は勝海舟の機転と知略によってイギリス海軍がロシアに圧力をかけてザポトニック号を追い出すことが出来たが、樺太までは手が回らず、樺太を「日露雑居地」とされてしまう（一八五五年、日露和親条約）。雑居地となれば、武器を持って雪崩れ込む者が何れ全島を制覇することになる。ロシアは無頼の犯罪者を樺太に雪崩れ込ませた。

ロシアと全く同時期、アメリカは、西へ西へと版図を広げ、ロシアが東の日本海に達した頃に、アメリカも西の太平洋に達する。さらに、一八九七年にハワイを併合し、一八九八年のスペインとの戦争に勝利してフィリピンとグアムを奪い、一九〇〇年にサモアとウェーキ島を奪って太平洋を一路西へ向かってきた。そして、門戸解放（Open Door）を掲げて、日清戦争の三国干渉後に始まった清国の「生体解剖」に参加してくる。

なお、アメリカで四十五口径の拳銃が生まれた訳は、一発でフィリピンの原住民を倒すためである。彼らフィリピンの原住民は、三十八口径では一発で倒れず、そのままアメリカ人陣地に走り込んできたのだ。

以上は、アジアに関して記しただけである。アフリカとアメリカ大陸とオーストラリア大陸については、白人はもっと凶暴である。ナチスは大虐殺をドイツ国内で二十世紀に実施したが、彼ら白人は、とっくの昔にナチスよりももっと大規模に、南北アメリカとアフリカとオーストラリアとアジアでホロコーストを実施していたのだ。

コロンブスがアメリカ大陸に到達した一四九二年には、南アメリカ大陸には推計一億一千万人のインディオが住んでいた。それが、百年後には一千万人に激減していた。また北アメリカ大陸にもコロンブスの頃には、百万から五百万のインディアンが住んでいた。しかし、十九世紀末には、三十五万人に減っていた。

白人は、南北アメリカの原住民であるインディオやインディアンを殺戮すると同時に、南北アメリカに労働力としてアフリカから黒人を奴隷として運び入れた。その人数は、十六世紀九十万人、十七世紀三百万人、十八世紀七百万人そして十九世紀四百万人である。そもそもアメリカ合衆国の第二の国歌といわれるアメージング・グレイスは、奴隷を運ぶ船の船長の歌である。

このように、部族社会で国家の形成の歴史がなかったアメリカ大陸とアフリカ大陸においては、アジアよりも一層酷く、ヨーロッパ帝国主義者達は、原住民を動物として扱い人間として認めていなかった。

一七八八年、イギリスは十一隻の船団に流刑囚千四百七十三名を乗せてオーストラリアのシドニー湾に上陸させた。その後、主にならず者らがオーストラリアに入植した。この時、現地人のアボリジニはオーストラリアに数百万人住んでいた。しかし現在アボリニジは三十万人しかいない。入植者達は白豪主義（White Australian）をとり、アボリジニを人間と思わず、ハンティングを楽しむように撃ち殺し、ヒ素や水銀を飲料水に入れて殺した。驚くべきことに、オーストラリアが、アボリジニを人間として人口統計に入れたのは一九七六年（昭和五十一年）以降のことである。実に、白人の有色人種差別はつい最近まで公然と行われていたのである。

我が国は、二十世紀初頭、ヨーロッパ帝国主義国家ではないアジアの有色人種の国家として、単独でヨーロッパ最強のロシアの陸軍を満洲で打ち破って日露戦争に勝利し、ヨーロッパの白人国による植民地支配に苦しむアジア・アフリカの人々の独立を願う魂に火をつけたのだ。

そして一度付いたその火は、消えることなく大きくなり、日露戦争から四十年後の大東亜戦争において我が国は人種差別撤廃を掲げて欧米と戦い、戦闘には敗れたが、二十世紀後半は、アジア・アフリカの独立の世紀となった。

十五世紀のインド航路開拓以来始まったヨーロッパ帝国主義の有色人種差別を当然とするアジア侵略の流れは、五百年にわたって流れ続けたが、二十世紀初頭の日露戦争とそれに続く大東亜戦争によって押しとどめられた。このように、日本と日本人は孤立無援の中で戦い世界を変えた。二十世紀は、まさに、「日本の世紀」である。

アメリカを筆頭とする欧米の白人諸国は、大東亜戦争の戦闘で我が国を打倒した。そして、我が国を占領して軍隊を進駐せしめたうえで、我が国を悪を為した国として裁き、自らは正義を為した国として我が国を「敗戦国体制」に閉じこめた。

同時に、彼らは、我が国に一旦倒されたアジアの植民地を回復しようとした。しかし、我が国が掲げた理念はますます強くなり欧米の白人諸国は二度と再びアジアのかつての植民地に支配者として戻ることは出来なかった。

我が国は、戦闘では負けたが戦争では勝ったのだ。その最終の勝利は、昭和五十年四月三十日のベトナム戦争に於けるサイゴン陥落の日であるとして、航空自衛隊の元南西航空混成団司令の佐藤守閣下は、「大東亜戦争は昭和五十年四月三十日に終結した」という衝撃的な表題をもつ本（青林堂）を書かれた。

このように、世界史に於ける日露戦争及び大東亜戦争からの道は、洋々とした明るい道である。これは、宇宙に於ける地球という惑星が輝ける祝福された惑星になっていく道であった。

ところが、その道を切り開いた肝心の我が国の国内からは、この輝きを眺め実感することがなかったのだ。それだけではなく、我が国は反対に「悪いことをした」と思い込まされ、政治家が、「いいこともした」と控えめにでも言おうものなら、マスコミがよってたかって叩きにかかる。そして、支那や韓国朝鮮の反発は必至であると伝える。すると、その日本からの期待に応えるために支那や韓国が「反発」してみせる。そして、日本政府が謝る、というのが繰り返されてきた。

その果てに、広い地球で東隣の支那や朝鮮だけが「反発」しているだけなのに、マスコミが率先して日本は孤立していると、全国民に思い込ませる。それが、我が国内の戦後体制というもののなかで起こる奇妙な現象だった。

しかし、中共の主席習近平と韓国の大統領朴槿恵の、反日パラノイアコンビのお陰で、近頃、やっと、孤立しているのは中共と韓国であって、日本は孤立していないことを国民も実感してきた。

特に、平成二十七年九月三日の天安門広場における抗日戦勝利七十周年軍事パレードは、孤立しているのは中共であることを世界に示すと共に、中共が日本とアメリカを核ミサイルの攻撃対象にして軍備を増強していることをまざまざと日本と世界に見せつけた。

あれは、つまり、頼まれもしないのに、日本国民に、我が国の戦後体制からの脱却を促す軍事パレードだった。また、習近平主席と並んで天安門に立っていたロシアのプーチン大統領と韓国の朴槿恵大統領は、歴史に恥を刻んだ。

第三章　「戦後体制」という闇

戦後史のなかの胎動と警告――戦後体制に潜む悪魔と偽善者

これから、国内外の記憶にある戦後史の事件や天変地異を見詰めていきたい。我が国の内外で起こったそれらの事態には、その時には気付かなくとも、振り返ればそこに、本来の日本に戻ることを促すための胎動や警告を感じることが出来る。そこに、戦後体制の欠落が現れていた。よって、我々は、それを見つめ直さねばならない。

まず初めに、その最大のもの、そして最も深刻なものを指摘する。それは、現在進行中の北朝鮮による日本人拉致と拉致された日本人同胞の救出問題である。

拉致被害者救出問題こそ、戦後体制への最大の挑戦であり、戦後体制を突き崩す力である。何故なら、戦後体制から脱却しなければ拉致被害者を救出できないからだ。我々は、現在も、この拉致被害者救出問題を突き付けられているが故に、過去のさまざまな事象を振り返れば、「嗚呼、あの時、あの事態に対して、斯くの如く対処しておったら、あの子は拉致されなかったのに」と、改めて、その重大性に気付くのである。

拉致問題は、戦後体制をぐちゃぐちゃにする坩堝だ。拉致問題のなかに入れば、戦後の価値観は攪乱され、その価値観に寄りかかる者は偽善者となる。戦後体制に安住する者達は、戦前を否定して戦後の美点を「平和と人権」と言う。ところが、拉致問題は、その「平和と人権」を戦後の美点として尊重する者達が、拉致被害者救出に最も無関心だったことを暴露したのだ。

さらに彼らは、拉致被害者救出に無関心どころか、「平和と人権」を売りものにしながら、拉致の元凶である「平和と人権」などこれっぽっちも考えない北朝鮮と「日朝友好」を唱えて親密に交流してきた。そして彼らは、拉致された同胞の救出を訴える者を、拉致をでっち上げた者と非難したのである。最も平和を奪われ最も人権を蹂躙された拉致被害者の救出に無関心でいながら唱える「平和と人権」など、偽善の最たるものである。つまり、拉致問題は、戦後の「平和と人権」には悪魔が潜んでいることを明らかにしたのだ。

また、戦後体制下の政府は、今に至るも「拉致被害者救出の体制」を構築できない。国民を救出する体制の構築を阻止する戦後体制は、反国民的体制であり亡国の体制である。

ではずばり言う。国民を救出する体制とは何か。それは軍隊を保持する体制である。つまり、軍隊を以て国民を救出する体制だ。何故なら、北朝鮮による日本人拉致の本質は、テロであり戦争だからである。戦後体制は、この拉致の本質に対応した国民の救出を回避するのである。即ち、テロ（拉致）もしくは戦争から国民を守ることができない体制である。

よって、ここに、二つの、日本人拉致の元凶が明らかになる。一つは言わずと知れた北朝鮮の金独裁体制である。そして、もう一つの元凶は、日本の戦後体制ではないか。

ここに、この二つの要因の親密な関係を示す実例がある。それは、金独裁体制の柱の一つである対南（日本と韓国）工作活動の首魁であり地村さん夫妻拉致の実行犯として警察が逮捕状の発布を受けて国際手配している北朝鮮工作員辛光洙をはじめとする在日韓国人政治犯二十九名を、韓国が韓国内で捕らえた際、我が国の日本社会党、公明党、社会民主連合、無所属の国会議員百三十三名が、韓国当局に対し、彼らが「日韓両国の友好のきずなとして働くことができる機会を与えられるよう」速やかな釈放を求める嘆願をおこなったことである。その嘆願者には、後に総理大臣になった者（村山富市と菅直人）、衆議院議長や参議院議長になった者（土井たか子、江田五月）そして民主党政権の閣僚になった者複数名がいる。

実に、この北朝鮮の金独裁体制と日本の戦後体制が、共同正犯となって実施してきたのが、日本人拉致なのだ。金独裁体制は、日本の主権を蹂躙して日本国民の拉致抑留を実行し、日本の戦後体制はそれを知りながら対処しないという不作為によって北朝鮮を幇助してきた。従って、戦後体制とは国民と政治を腐らせ偽善者を生み出し、国民を見捨てて殺し国を滅ぼす者を生み出す悪魔の体制である。

国民運動となった拉致被害者救出

平成八年十二月末、民社党以来の同志である荒木和博氏が私の事務所を訪ねてきた。彼は朝鮮研究家で韓国語にも堪能で月刊誌「現代コリア」の編集長をしていた。彼は私に、「十三歳の中学一年生の女の子が、北朝鮮に拉致されたらしい」と言った。何、十三歳の女の子が拉致された、と、絶句した私に、彼は話を続けた。

「北朝鮮から韓国に亡命した者が、韓国当局に、北朝鮮の工作員から、バトミントンの練習をして学校から家に帰るところだった十三歳の女の子を拉致した、それがあの女の人だと教えられたと話している。この亡命者の話を受けて韓国の警察は我が国の警察に該当者がいないかどうか問い合わせたが、我が国は該当者の有無を返答していない」。

話し合った我々は、我が国が、この亡命者のもたらした話に何の反応もしないならば、北朝鮮は証拠を消してしまう恐れがある。それを阻止するためにも、我が国が重大な関心をもっていることを北朝鮮に示す必要があると一致した。

そして、その十三歳の女の子は、「横田めぐみ」であることが判明する。

昭和五十二年十一月十五日、十三歳の横田めぐみさんは、バトミントン練習の部活動を終えて新潟市内の学校から帰宅途上に忽然といなくなる。新潟県警は、全力をあげてめぐみさんの捜索に当たった。

その十九年後、新潟に於ける「現代コリア」主催の集会で、その亡命者の話が出たとき、会場にいた十九年前に必死で横田めぐみさんを捜索した新潟県警の警察官ＯＢの方が「それは横田めぐみちゃんに間違いない」と言った。そして、韓国で、横田めぐみさんの写真を見た亡命者は、「工作員が拉致したと言った人だ」と答えたのだ。

私は、一刻も早く、北朝鮮が十三歳の少女を拉致していることを国会で取り上げて国民の関心を喚起しなければならない、日本が関心を示さねば少女の命が危ない、との思いで年を越し、横田めぐみさんのご両親に「実名」で取り上げる許しを戴き、まず、平成九年一月、政府に質問主意書を提出して回答を待った。

しかし、その回答が届く前の二月三日に、衆議院予算委員会で質問の機会を与えられたので、同委員会で橋本龍太郎首相に、「横田めぐみさんは北朝鮮に拉致されている。政府はそれを把握しているのか」と質問し、総理から「横田めぐみさんは北朝鮮に拉致されたと認識している」との回答を得た。

マスコミは北朝鮮による十三歳の横田めぐみさん拉致を大々的に報道し、やっと北朝鮮による日本人拉致は国民的問題となった。さらに、この時丁度、来日していた北朝鮮の大物で主体（チュチェ）思想の指導者である黄長燁が、帰国途中の北京で韓国大使館に逃げ込んで亡命し、国民を驚かせた。私の質問と黄の亡命とは何の関連もない。しかしある「情報専門家」は、テレビで「これ（西村の質問）は、謀略でしょう」とコメントし、他の出演者ももっともらしく頷いた。

そして、日本国内の主体思想信奉者や北朝鮮と友好関係にある組織や団体は、「拉致はでっち上げだ」と北朝鮮に歩調を合わせて反発した。ここに従来の世相の大勢がよく現れていると思う。その大勢とは、できるだけ、拉致などに関心を示さず、日朝友好のために北朝鮮を刺激しないでおこうという雰囲気である。その雰囲気のなかで、私は「身辺に気をつけてください」と言われた。北朝鮮国内ならまだしも、何故、日本国内において日本国民が北朝鮮に拉致されたと言えば、身辺が危険なのか。これが常態ならば、我が国は異常な国家だったのだ。

しかし、十三歳の女の子が拉致されたという現実は、従来のこの雰囲気を粉砕した。普通の国民が怒ったのだ。そして、拉致被疑者救出は国民運動となり横田めぐみさんとご両親は、その国民運動の象徴的存在となった。

その運動の中で、誰が発案したのか、人々はブルーリボンを胸に付けるようになった。そのリボンの青は、拉致被害者のいる北朝鮮と日本をつなぐ空の青と隔てる海の青を表している。それは何時のまにか、手製のリボンから金属の青いバッジとなって全国に普及していった。

小泉訪朝とは何だったのか

平成十四年九月十七日、小泉純一郎総理が平壌を訪問し、北朝鮮の金正日主席と平壌宣言を発表する。その七時間前に小泉総理は金正日から拉致被害者の死亡年月日リストを渡されて、拉致被害者の内、五名の生存と八名の死亡を告げられていた。

東京で待機していた拉致被害者の家族は、外務省の飯倉公館に集められ、内閣官房長官と外務副大臣から家族ごとに別室に呼ばれ、それぞれ死亡を宣言された。立ち会った荒木和博氏によると、横田さんご夫妻は次のように言われた。

「まことに残念ですが、貴方のお嬢さんは既に亡くなっておられます」

これまさに日本国政府による死亡宣告である。

その直後に記者会見に臨んだ母の横田早紀江さんは、次のように言った。

「私たちが一所懸命に支援の会の方々と力を合わせて戦ってきたことが、こうして大きな政治の中の大変な問題であることを暴露しました。このことは本当に日本にとって大事なことでした。北朝鮮にとっても大事なことです。

そのようなことのために、ほんとうに、めぐみは犠牲になり、また使命を果たしたのではないかと私は信じています。いずれ人は皆、死んでいきます。ほんとうに濃厚な足跡を残していったのではないかと、私はそう思うことでこれからも頑張ってまいります。

まだ生きていることを信じ続けて戦ってまいります。皆さん、めぐみを愛してくださってありがとうございます。めぐみちゃんのことを報道してくださってありがとうございます」

この言葉を横で聞いていた私は、後に早紀江さんにたずねた。

「早紀江さんのあの言葉が、国民の心に深く響き、拉致被害者救出が国民運動になったのです。あのとき、どのようなお気持ちだったんですか」

すると早紀江さんは言った。

「いえ、何も考えずに話したんです。何を言ったのかもはっきり分かりません。ただ、主人が目の前で泣き崩れてしまったので、思はず話したのです」

つまり、早紀江さんの言葉は、「作為なき母の言葉」であり「感動の言葉」であった。魂の奥底から湧き上がった早紀江さんの言葉は、「悲しみの底にある光」であった。天が我が国に、めぐみさんの母、横田早紀江さんを与えてくれている。深く感謝しなければならない。

その後、外務省が公表しなかった北朝鮮が日本側に提供した八名の死亡原因と死亡年月日リストが、明らかになった。そのリストを見て、荒木和博や西岡力の専門家は、直ちにこれは「ウソ」だ、八名は生きていると見破った。もし彼らが小泉訪朝団に加わっていたら、平壌で直ちに「ウソ」だと見破ったはずだ。そして、小泉さんと外務省の自画自賛する平壌宣言は発表できなかったと思う。つまり、平壌宣言は、「ウソ」を盲信し、もしくは「ウソ」に迎合してなされた宣言なのだ。

その後、十月十五日、北朝鮮は生存を認めた五人に、一週間から十日間の日本滞在を認めて帰国させてきた。全国民が拉致被害者の帰国を喜んだ。そしてその後、日本は彼らを北朝鮮に戻さないと決定した。五人が帰国した五日後の十月二十日、皇后陛下はお誕生日のお言葉をだされた。

「小泉総理の北朝鮮訪問により、一連の拉致事件に関し、初めて真相の一部が報道され、驚きと悲しみとともに、無念さを覚えます。

何故私たち皆が、自分たち共同社会の出来事として、この人々の不在をもっと強く意識し続けることが出来なかったのかとの思いを消すことができません」

このお言葉は、皇后陛下のお気持ちのみではなく、天皇の「おおみ心」であると私は深く感じた。

翌年の五月七日、我々は力を合わせて、有楽町にある東京国際フォーラムという大会場で「拉致被害者救出」の大集会を開催しようとした。会場の定員は五千名である。企画段階で西岡力さんは、言った。「人が集まらなかったらどうしよう、五千人も集まるだろうか、と。私は言った。「集まってくれる人が五十人でも、いいじゃないか。やろう」。

当日の五月七日、一万人を越える人々が全国各地から集まってくれた。人々は会場の外に溢れた。

平壌宣言

先に、もし平成十四年九月十七日、拉致問題に詳しい朝鮮研究者の荒木和博や西岡力が、小泉訪朝団に同行していて、北朝鮮が提出した八名の拉致被害者の死亡年月日リストをその場で点検すれば、「ウソだ」と直ちに見破ったと書いた。そうなれば、小泉総理と金正日主席の平壌宣言は出せなかった。

これから、その平壌宣言を点検するが、これは日朝双方の約束ではなく、日本側が騙されたことを示す文書である。それと同時に、拉致被害者を救出しようとする国民運動とは隔絶した政府の対北朝鮮路線の起点であり戦後体制の病理が現れた文書である。

平成十四年九月十七日の小泉総理の北朝鮮訪問を、拉致被害者の家族と国民は、「被害者救出近し」と熱い期待を以て見守った。訪問前日の十六日、総理を激励し総理に自分たちの思いを伝えたいと首相官邸を訪れた拉致被害者家族に、官房長官は次のように言って総理との面談を断った。

「総理は、汚れのない静かな気持ちで明日訪朝したいので、本日、お会いすることはご遠慮ください。

皆様のお気持ちは、私から総理にお伝えします。皆様のご家族の消息が判明すれば、明日、リアルタイムで平壌から東京の皆様に伝えます」。

現在は、その官房長官の言葉に得心がいくが、その時は、違和感を覚えた。総理は北朝鮮に拉致被害者救出のために行くのに、何故、拉致被害者家族と会えば、静かな気持ちになれないのかと。

果たして、十七日当日、平壌で金正日が小泉総理に、拉致被害者の内、五名生存しかし八名死亡との消息を告げ死亡者の死亡年月日リストを渡したのは、午前十時頃である。その消息を内閣が東京の家族に伝達したのは、前日の約束とはかけ離れた「リアルタイム」から七時間遅れた午後五時頃、そして、平壌宣言発表も同時刻の午後五時頃である。

これは、何を意味するのか。それは、横田めぐみさんら八名の死亡したという北朝鮮の答えを、リアルタイムの午前十時の段階で日本国民が知って国民が激昂すれば、平壌宣言は出せなくなると小泉訪朝団（外務省）が怖れたということだ。

何故、平壌宣言が出せなくなるのか。それは、平壌宣言は、拉致被害者を救出する為のものではなく、反対に拉致問題をこのまま終結させるものだったからである。次が、その平壌宣言全文である。

日朝平壌宣言

平成14年9月17日

小泉純一郎日本国総理大臣と金正日朝鮮民主主義人民共和国国防委員長は、2002年9月17日、平壌で出会い会談を行った。

両首脳は、日朝間の不幸な過去を清算し、懸案事項を解決し、実りある政治、経済、文化的関係を樹立することが、双方の基本利益に合致するとともに、地域の平和と安定に大きく寄与するものとなるとの共通の認識を確認した。

1．双方は、この宣言に示された精神及び基本原則に従い、国交正常化を早期に実現させるため、あらゆる努力を傾注することとし、そのために2002年10月中に日朝国交正常化交渉を再開することとした。

双方は、相互の信頼関係に基づき、国交正常化の実現に至る過程においても、日朝間に存在する諸問題に誠意をもって取り組む強い決意を表明した。

2．日本側は、過去の植民地支配によって、朝鮮の人々に多大の損害と苦痛を与えたという歴史の事実を謙虚に受け止め、痛切な反省と心からのお詫びの気持ちを表明した。

双方は、日本側が朝鮮民主主義人民共和国側に対して、国交正常化の後、双方が適切と考える期間にわたり、無償資金協力、低金利の長期借款供与及び国際機関を通じた人道主義的支援等の経済協力を実施し、また、民間経済活動を支援する見地から国際協力銀行等による融資、信用供与等が実施されることが、この宣言の精神に合致するとの基本認識の下、国交正常化交渉において、経済協力の具体的な規模と内容を誠実に協議することとした。

双方は、国交正常化を実現するにあたっては、１９４５年8月15日以前に生じた事由に基づく両国及びその国民のすべての財産及び請求権を相互に放棄するとの基本原則に従い、国交正常化交渉においてこれを具体的に協議することとした。

双方は、在日朝鮮人の地位に関する問題及び文化財の問題については、国交正常化交渉において誠実に協議することとした。
3．双方は、国際法を遵守し、互いの安全を脅かす行動をとらないことを確認した。また、日本国民の生命と安全にかかわる懸案問題については、朝鮮民主主義人民共和国側は、日朝が不正常な関係にある中で生じたこのような遺憾な問題が今後再び生じることがないよう適切な措置をとることを確認した。
4．双方は、北東アジア地域の平和と安定を維持、強化するため、互いに協力していくことを確認した。
双方は、この地域の関係各国の間に、相互の信頼に基づく協力関係が構築されることの重要性を確認するとともに、この地域の関係国間の関係が正常化されるにつれ、地域の信頼醸成を図るための枠組みを整備していくことが重要であるとの認識を一にした。

双方は、朝鮮半島の核問題の包括的な解決のため、関連するすべての国際的合意を遵守することを確認した。また、双方は、核問題及びミサイル問題を含む安全保障上の諸問題に関し、関係諸国間の対話を促進し、問題解決を図ることの必要性を確認した。

朝鮮民主主義人民共和国側は、この宣言の精神に従い、ミサイル発射のモラトリアムを2003年以降も更に延長していく意向を表明した。

双方は、安全保障にかかわる問題について協議を行っていくこととした。

日本国総理大臣
小泉純一郎
朝鮮民主主義人民共和国国防委員会委員長
金正日

2002年9月17日　平壌

世上、小泉訪朝は、拉致問題解決即ち拉致被害者救出のために為されたと思われているが、この平壌宣言を読めば、その目的は日本側は「日朝国交樹立」、北朝鮮側は「日本からの資金獲得」であったことは明白である。宣言には、拉致の「ら」の字もない。

特に第二項冒頭の、「日本側は、過去の植民地支配によって、朝鮮の人々に多大の損害と苦痛を与えたという歴史の事実を謙虚に受け止め、痛切な反省と心からのおわびの気持ちを表明した」とは何だ。日本側は、この「痛切な反省と心からのお詫び」の下に、北朝鮮に対する資金の提供と北朝鮮に対する請求権の放棄を約束し、在日朝鮮人の地位に関する問題を協議するとしている。

息子や娘を突然北朝鮮に連れ去られた両親の怒りと救出への切なる全国民の願いを背負って平壌を訪れたはずの日本側が、最初に表明したのが植民地支配の「痛切な反省と心からのお詫び」なのだ。これに対して、北朝鮮側は、日本の主権を侵害して日本人を拉致したことに対する「痛切な反省と心からのお詫び」など、これっぽちも言及していないし、そもそも拉致という言葉を使わせていない。

我が国の外務省は、宣言の第三項にある「日本国民の生命と安全にかかわる懸案問題」が「拉致問題」であると国内で強弁し続けた。しかし、北朝鮮はその第三項で、その懸案問題を、「日朝の不正常な関係にあるなかで生じたこのような遺憾な問題」と過去形で指摘し、それが「今後再び生じることがないよう適切な措置をとることを確認した」とするだけで、原状回復、つまり、今も北朝鮮にいる拉致被害者の日本への解放などには日朝双方言及していない。これから拉致を起こさないようにすると双方確認しただけである。

つまり日本側と北朝鮮側は、北朝鮮が、会談の冒頭に「拉致被害者は合計十三名で、その内、八名は死亡し五名は生存している」と述べたことで「拉致問題は解決した」としているのである。即ち、日本側は北朝鮮の八名死亡の嘘を信じた上で（これを盲信という）、宣言に署名しているのだ。

では、日本側が、第二項で約束した資金供与と請求権の放棄に対して、北朝鮮側は何を約束したのか。それは第四項目の、核爆弾開発の停止とミサイル発射のモラトリアムである。しかし、その後、北朝鮮は核実験を行いミサイルを発射している。つまり、北朝鮮は守るつもりのない約束をしたのだ。世間ではこれを、「ウソ」をついたという。

よって、平壌宣言で生きているものは、我が国が北朝鮮に巨額の金を提供し、巨額の請求権を放棄するという約束だけだということになる。

世界最悪のテロ支援国家への転落寸前

その我が国の提供予定金額は一兆円規模であり、放棄する請求権は時価約八兆円である。戦前、我が国が北朝鮮域内に建造した黒部第四ダムの二倍以上の発電量をもつ東洋一の豊満ダムなどの巨大ダム群をはじめとする民生・工業インフラ資産の時価合計は約八兆円である。

平壌宣言の第四項の約束や、八人は死亡したと相手の言ったことを根拠もなく軽率に盲信して、かくも巨額な金を支払う約束をしてしまうとは何事か。あたかも、喜んで詐欺の被害者になりに平壌まで行ったかの如くである。

その日本側に、北朝鮮はトラック二台分のマツタケをプレゼントした。そして、日本側は、そのマツタケを政府専用機に積んで帰ってきた。ひた隠しにしているが、小泉訪朝団はマツタケをもらって帰ってきたのだ。

相手は嘘をつき、こちらは嘘に乗って、とてつもない金額の支払い約束をした。これによって、日朝国交が樹立される。訪朝団は、日朝国交樹立の立役者という功名に目がくらんで、嘘とは分かっていても、それに乗って拉致被害者を見殺しにするつもりだったのか。こうして為されたのが、平壌宣言なのか。ともかく、この宣言で、北朝鮮の言ったことは皆ウソだった。よって、これは無効だ。

小泉訪朝の主目的は何か。それは、日朝国交樹立であった。その主目的の中で、日本人拉致問題は、主目的を妨げる「障害」と位置付けられていることは明白である。それ故、日本側が北朝鮮の「八名死亡」の嘘を見抜けないまま推移すれば、拉致被害者家族は葬式をするしかなく、そうすれば全てが終わる。

そして、政府は、拉致問題が解決した、即ち、国交樹立の障害は除去されたと判断し、このとてつもない額の金を北朝鮮に支払うことになったのだ。つまり、その時我が国は、核と核ミサイルを開発する独裁者に対する世界最大のテロ支援国家になった。

しかし、天網恢々疎にして漏らさず、だ。日本側が平壌で受け取って国内で公表しなかった（つまり、隠していた）八名の死亡原因と死亡年月日リストが表に出て荒木和博や西岡力がその「ウソ」を見抜き、我が国内の被害者救出運動が一挙に盛り上がり、北朝鮮の邪悪な意図は挫折する。このように、我が国を最大のテロ支援国家への転落から救ったのは、拉致被害者と家族そして拉致被害者救出を願う国民運動だったのだ。

なお、我が国政府の官房長官や外務副大臣が、拉致被害者家族に北朝鮮の死亡報告の通り、「まことに残念ですが既に死亡されています」と厳かに死亡宣告をしたことは先に書いたが、帰国した官邸で、拉致被害者家族に平壌での経緯を説明する小泉総理も、死亡を前提として話していた。私は、総理に、「死亡した」ではなく「死亡したと北朝鮮が言った」と訂正してもらった。

さらに、北朝鮮が生存を認めた五人が、十月十五日に帰国した時、日本側（外務省）は、北朝鮮との約束通り、本気で一週間から十日間の日本滞在で彼ら五人を北朝鮮に送り返すつもりでいた。その担当となった外務省の大使が、我々に唇を振るわせて「五人の北朝鮮への帰国は、国際的な約束ですから」と言ったとき、我々は「馬鹿を言え、拉致犯人に拉致被害者を引き渡す馬鹿がどこにいる」と言った。

その時、政府側で唯一人、「五人を北朝鮮に帰しません。それでいきますが、いいですね」と我々に念を押したうえで、五人の北朝鮮への送還を政府内で阻止したのが現参議院議員の中山恭子氏だった。

仮に、中山恭子氏が政府内にいなければ、五名は北朝鮮に送り返されたであろう。すると、平壌から「首領様のもとに帰れて幸せです。日本の皆さん、心配しないでください。ありがとうございました」と笑顔で話す五人の映像が送られてくる。そして、五人は永久に日本に帰れず、拉致問題も被害者が「首領様のもとでの人生を選んだ」として一件落着とされたであろう。

実は、小泉総理の訪朝は、拉致被害者と家族さらに日本にとって、生死の懸かった大きな危機であった。訪朝した当の本人である小泉総理が、それを自覚したかどうかは、彼の顔を思い浮かべて判断するしかない。

確実なのは、この訪朝を仕組んだ外務省には全く反省はないということだ。何しろ、七十四年前の日米開戦の際、アメリカへの宣戦布告を指定時間より遅らせて日本に卑怯な騙し討ちとの国際的汚名を着せる原因を作ったという反省も全くないのが外務省である。

ストックホルム合意と政府主催の拉致コンサート

この平壌宣言から十二年後の平成二十六年五月、スェーデンのストックフォルムで日朝の局長級会談が行われ、次のいわゆるストックフォルム合意が為された（『』は筆者）。

「双方は、『日朝平壌宣言に則って』、不幸な過去を清算し、懸案事項を解決し、国交正常化を実現するために、真摯に協議を行った。

日本側は、北朝鮮に対し、一九四五年前後に北朝鮮域内で死亡した日本人の遺骨及び墓地、残留日本人、いわゆる日本人配偶者、拉致被害者及び行方不明者を含む総ての日本人に関する調査を要請した。

北朝鮮は、過去北朝鮮側が拉致問題に関して傾けてきた努力を日本側が認めたことを評価し、従来の立場はあるものの、全ての日本人に関する調査を包括的かつ全面的に実施し、最終的に、日本人に関する全ての問題を解決する意思を表明した。

日本側は、これに応じ、最終的に、現在日本が独自に取っている北朝鮮に対する措置（国連安保理決議に関連して取っている措置は含まれない）を解除する意思を表明した」

驚くべきことに、外務省は十二年たっても未だに「平壌宣言に則って」と言っている。則ると言ったって、相手の北朝鮮は、核実験をしない、ミサイルを発射しないという約束を全て破っているではないか。日本だけ、十二年前の約束を守って金を出すのか。馬鹿馬鹿しい。

そして、安倍内閣は、このストックフォルム合意を守って、北朝鮮が「全ての日本人に関する調査を包括的かつ全面的に実施する」と「言った」ことに対して、北朝鮮に対する制裁措置を「解除した」。つまり、相手の「言葉（口先）」に対して「行動」で応えたのだ。

その結果、朝鮮総連議長は、大手を振って祖国北朝鮮に帰国し、また大手を振って日本に再入国した。これに反して、北朝鮮が包括的全面的に実施すると約束した調査は、一年半が経った現在（平成二十七年九月）、報告もなく梨の礫である。またも日本は騙されたのである。

ここにおいて明らかなことは、外務省は、一貫して日朝友好を目指した日朝国交樹立交渉を進めており、拉致問題を日朝友好の障害を除去する問題として扱い、拉致被害者救出に重点をおいていない。従って、拉致問題に関して、簡単に北朝鮮の嘘を信じ、もしくは、北朝鮮の嘘を信じた振りをして、北朝鮮との国交樹立交渉を前進させようとする。この繰り返しである。しかも、この繰り返しを反省する風情もない。従って、これから先もこの外務省路線を続ければ、同じことが繰り返され、拉致被害者家族の寿命が尽きる。我が国の外務省はそれを待っているのである。

外務省路線とその「成果」である平壌宣言は、共に廃棄され捨て去られねばならない。拉致被害者救出問題は、「国交樹立交渉の一環」ではない。「テロ国家との闘争」である。如何にして相手をして、拉致被害者を解放せざるを得ないように追いつめて行くかという問題である。相手をして、拉致被害者を解放しなければ政権が崩壊するという恐怖のもとに我が国の要求を飲ませる問題である。

よって、外務省ではなく、警察を主力とする交渉団を組織しなければならない。国内で、朝鮮総連とその役員を捜査し、資金源のルートに内在する不正を暴きながら、北朝鮮と交渉できる組織は警察である。

警察なら、犯人が、私が何をしたか、「包括的且つ全面的に調査して報告します」と言ったことを、喜んで評価し「では制裁を解除します」などと言うことは絶対にない。逆に、「馬鹿野郎、犯人のお前が自分のしたことを調査してから報告するとは何事か。今すぐ吐け、それまで食うな寝るな」と言うだろう。

なお、我が内閣の水準を示すエピソードを紹介しておく。平成二十六年の秋の末、外務省からストックフォルム合意とその後の経緯を聞き取る会合の中で、拉致問題担当大臣が発言を求め、平成二十六年暮れの北朝鮮人権侵害問題啓発週間における政府の企画を説明した。その中で、拉致被害者家族の出席する政府主催のコンサートをするので聞きに来て欲しいと言ったのだ。

それに対して私は言った。コンサートは民間がすることだ。政府は政府のできることをしていただきたい、自衛隊と警察そして消防団などの地域の民間組織が合同して、某国の政府組織崩壊に伴う邦人救出大演習を日本海を使って展開されよ、と。

この前の拉致大臣は、被害者家族の出席する集会でクラリネットを吹いた。クラリネットが得意らしい。今の大臣はコンサートをする。政府は、拉致被害者救出という国家的な緊急を要する深刻な問題に対して、こういう次元の発想だ。次の大臣は寄席でもするかもしれない。落語が好きだからという理由で。

国内にある暗闇

拉致問題に関与してきて感じるのは、日本国内にある北朝鮮利権につながる闇だ。平成二年の、北朝鮮へ一兆円を供与するという話が突如示された社会党と自民党合同の金丸訪朝団とは何だったのか。金丸氏の自宅から朝鮮から贈られたとされる金の延べ棒が見つかった。彼らの訪朝が、単に北朝鮮に抑留されていた第18富士山丸の紅粉勇船長ら二人の解放と日朝友好のためだったとは思えない。

平成十四年九月十七日の小泉訪朝にしても、北朝鮮への送金パイプであった破綻した朝鮮銀行に一兆円の公的資金が投入されたことを確認し、かつ奄美大島沖で自沈した北朝鮮工作船の引き上げ調査が為されずに放置されたことを見届けた北朝鮮との間で突如決定されている。この平成十四年九月十七日決定のいきさつは、北朝鮮の欲望と要求を日本が総て満たした上で為されており、あまりにも卑屈である。そして、大きな疑問は、何故、外務省は北朝鮮側から提出された拉致被害者死亡年月日リストを公表せずに、つまり死亡年月日も死亡原因も告げずに、拉致被害者家族に「死亡宣告」をしたのか。

ここに、拉致問題を何が何でも（つまり、被害者家族を騙してでも）早く終わらせて日朝の国交を樹立し、それを切っ掛けとする巨額な金の流れを具体化しようとする背後の動きが感じられるのだ。

そもそも、小泉総理は、十二年前の紅粉船長解放を目的とした金丸訪朝団と同様に、拉致被害者家族の祈るような願いに応えるため、全国民が熱く見守る中を拉致被害者救出のために平壌に行ったはずだ。それが何故、金丸訪朝と同様に、主題が日朝友好による金の提供のことになったのか。小泉訪朝も、日本から北朝鮮に巨額の金が流れることを熱望する闇のなかの戦後賠償プロジェクトに突き動かされていたのではなかろうか。

これらの幾つもの疑問の裏にある暗黒で邪悪な意図が決定的に顕れたのが、山梨県甲府市に住んでいた二十歳の山本美保さん失踪事件（昭和五十九年六月四日）への日本政府による処理である。美保さんが失踪してから二十年後の平成十六年三月、山梨県警は美保さんが失踪してから十七日後に山形県の海岸に漂着した遺体が、ＤＮＡ鑑定によって美保さんであると判明したと一方的に発表し、美保さんの失踪を北朝鮮による拉致とは無関係であるとして処理した。

小泉総理の訪朝によって、北朝鮮が日本人拉致を認め、平成十四年十月十五日、五人の拉致被害者が帰国した。この一連の出来事によって北朝鮮による日本人拉致に関する全国民の関心が高まった。この国民的関心のなかで、昭和五十九年六月四日、新潟の柏崎の海岸にバッグだけを残して甲府市から忽然といなくなった山本美保さんも北朝鮮に拉致された可能性があると、美保さんの同窓生らが立ち上がり美保さん失踪の真相を究明する活動をはじめた。そして平成十五年末までに、二十万人以上の署名を集めた。世論は、二十歳の山本美保さん失踪も、十三歳の横田めぐみさんと同じように北朝鮮に拉致されているという方向に大きく動き始めたのだ。山梨県警の発表は、この世論の動きを抑えることを狙ったものであった。

美保さんと漂着遺体は、体格が違い、ブラジャーのサイズもジーンズのサイズも身長も違った。二十年前の美保さん失踪直後に、美保さんの母や姉妹にそのジーンズと下着を見せれば直ちにこれは美保のものではないと答えただろう。また、漂着遺体は屍ロウ化し歯が十三本も抜け落ちていたが、死後十七日以内で屍ロウ化し、二十歳の若者の歯が十三本も抜けることはあり得ないのだ。従って、二十年前の死体漂着直後の段階で、警察は、それは行方不明になった美保さんとは違うと判断できたし、そのように判断したはずだ。

ところが、山梨県警は、漂着遺体の下着やジーンズを美保さんの母親や姉弟に一度も見せず、平成十五年四月二十六日、ＤＮＡ鑑定をするとは家族に告げずに美保さんの双子の姉妹の血液を捜査のために必要だと説明して採取し、家族に秘してＤＮＡ鑑定をしてその結果を前記の通り突然発表したのである。

この一連の経過を見れば、やはり警察は、いや、それをコントロールする内閣は、横田めぐみさんの次ぎに、山本美保さんが拉致被害者救出国民運動の象徴になって世論が盛り上がっていくことを阻止することを狙ったとしか考えられない。

しかも山梨県警は、その鑑定書を未だに専門家に公表せず、鑑定資料も第一回目の鑑定で使い切っており、二度目の鑑定は不可能にしてしまっている。何故、このような杜撰なことを勝手にして、鑑定書を公表せずに山本美保さん失踪と拉致とは無関係と公表するのか。この一連の経過を観れば、前述の通り、やはり、内閣（首相官邸）は、山本美保さんが横田めぐみさんの次ぎに、拉致被害者救出国民運動の象徴になって世論がさらに盛り上がっていくことを阻止する狙いがあったと観るのが合理的である。この不可解な動き、これ、日本社会の大きな深い闇ではないか。

現在、政府が拉致被害者と認定した者は十七名（うち五名帰国）、政府認定はないが警察が拉致と断定した者二名（幼児）。また、確実に拉致されているが政府が認定しない者は寺越昭二、外雄、武志他五名で合計八名。他に、特定失踪者約四百七十名、内、拉致濃厚な者七十七名。そして、警察庁が「拉致の可能性を排除できない事案」として公表した者八百七十七名である。拉致は、これほど広汎な犯罪、またテロなのだ。

従って、警察は一部ではあるが、その犯人を突き止め、海外にいる八人の逮捕状を得てＩＣＰＯを通じて国際指名手配している。また北朝鮮にいる十人については外務省を通じて北朝鮮に身柄の引き渡しを要求している。しかし、警察は、我が国内にいる実行犯五名（一人死亡）については逮捕状を得て逮捕する気配はない。

何故、警察は逮捕できない海外にいる犯人だけ逮捕状を得て、逮捕できる国内にいる犯人は逮捕しないのか。

また、我が国内にある朝鮮総連は、日本人拉致を指令する北朝鮮当局の出先機関である。その朝鮮総連の家宅捜索を警察は常に手控える。平成二年の金丸訪朝のときも手控えた。平成二十七年の朝鮮総連議長の息子のマツタケ不正輸入に関して朝鮮総連議長の家を家宅捜索したときも警察は朝鮮総連を捜索しなかった。

朝鮮総連は拉致の解明と北朝鮮へのテロ資金ルート解明の宝の山ではないか。我が国に巣くう闇の力が朝鮮総連の捜索を阻止している。また東京の朝鮮総連本部は債務返済不能のために、現在の建物から退去しなければならないはずである。何故、政府は、法治国家の中でこの理不尽なことを許しているのか。

文世光事件の闇

昭和四十九年（一九七四年）八月十五日の文世光事件に顕れた疑念は、そのまま北朝鮮による日本人拉致と繋がっている。つまり文世光事件のなかの、国内にある朝鮮総連と在日韓国朝鮮人への工作組織、そして入港する萬景峰号さらに日本政府の不可解な不作為は、そのまま拉致問題の闇に繋がっているのだ。

この事件は、在日韓国人の文世光が、朝鮮総連の指令を受けて、日本人になりすまして韓国に入国し、昭和四十九年八月十五日、日本からの解放記念日である復光節の祝賀記念行事が行われるソウルの国立劇場に日本政府高官として入場し、朴正熙大統領が演壇に立って祝辞を読み上げている時、日本の大阪府警察の高津派出所から奪った拳銃で同大統領を狙って狙撃したが、大統領の陸英修夫人に当たって同人を死亡させ、同時に、文世光に向かって応戦した大統領警護室の警察官が撃った銃弾が、合唱団の一員であった女子高生（十七歳）に当たって死亡させた事件である。

文世光は、その会場内で逮捕され、犯行を大筋で認めた上で裁判に臨み、十月十九日の一審で死刑判決を受け、十一月二十日控訴審、十二月十七日の大法院において死刑が宣告され死刑が確定した。そして十二月二十日、ソウル拘置所で死刑が執行された。その前に、文世光は、「私が愚かでした。韓国で生まれたらこんな犯罪は犯していないでしょう……朝鮮総連に騙されて、おおきな過ちを犯した私は愚かであり、死刑に処せられて然るべきです」と涙ながらに語り、その言葉は録音で残されている。

文世光は、在日韓国人であり朝鮮の赤化統一を目指していたところ、昭和四十八年五月、大阪湾に停泊中の北朝鮮の萬景峰号の船内で、朝鮮労働党対外連絡部の工作指導員から韓国の朴大統領を射殺するよう指令を受けた。文世光は、四十九年七月十八日、大阪府警の高津派出所から拳銃二丁を盗む。そして、射撃訓練を行いながら、高校時代の知り合いである日本女性を利用して彼女の夫名義の偽造パスポートを作成し、八月六日に、日本人になりすまし、拳銃をトランジスタラジオの中身を抜いたケースにしのばせて韓国に入国した。

文世光に朴大統領狙撃を指令し、資金を供給し、偽造パスポートの作成と射撃訓練を指示したのは、在日本朝鮮人総連合会（朝鮮総連）大阪生野支部政治部長の金浩龍である。

韓国捜査当局は、文世光の自白をとり、事件は朝鮮総連の指令と資金によって実行されたものであり、文世光に夫名義のパスポートを作らせた日本人女性と、朝鮮総連大阪生野支部政治部長の金浩龍が共犯であるとして日本政府に捜査協力を要請した。

しかし、日本の大阪府警は、その女性を旅券法違反の容疑で逮捕し、文世光の自宅を捜索して盗まれた拳銃二丁の内の一丁と弾丸を発見し押収したが、朝鮮総連の捜索もせず、金浩龍も逮捕しなかった。

日本政府は、朝鮮総連に手を触れなかったのである。韓国としてはたまったものではない。自国の大統領が、日本国内の朝鮮総連によって準備され韓国内に送り込まれたテロリストによって狙撃されたのである。従って、日韓関係は国交樹立後、最悪の状態に陥った。その理由は、日本のパスポートを所持した日本人になりすました者が、日本の警察の拳銃を使ったことと、朝鮮総連の関与が明白であるにも拘わらず、日本側がそれを認めず捜査に協力しなかったことである。即ち、韓国では、日本は、日本政府によって保護されている朝鮮総連が活動する韓国赤化工作基地だという反日感情が湧き上がったのだ。

平成十四年（二〇〇二年）、朴正熙大統領の娘である朴槿恵が北朝鮮を訪問した。この時、北朝鮮の金正日は文世光事件に北朝鮮が関与していたことを認めて謝罪した。もっとも、「部下がやって、自分は何も知らなかった」と付け加えたが。しかし、金正日は、昭和四十五年（一九七〇年）から北朝鮮のナンバー2の地位にあり対南工作の指揮をとっていた。

では、この事件を起こした北朝鮮（金正日）は、事件後の日韓対立という事態を見て、何を教訓として得たであろうか。それは、韓国に対するテロを日本人がしたことにすれば、一石二鳥の効果を得られるということである。朴大統領の狙撃に対して、韓国内では、狙撃を指令した北朝鮮に対する非難よりも日本に対する非難が激しかったからである。日韓関係に亀裂が入れば北朝鮮は有利になる。

従って、工作員の日本人化教育のために、北朝鮮は日本人が必要になる。文世光事件から十三年後の大韓航空機爆破事件（一九八七年）の犯人は、日本人のパスポートを所持し、日本人になりすましていた。仮に蜂谷真由美こと金賢姫が、共犯者蜂谷真一こと金勝一と同様に、服毒自殺に成功しておれば、北朝鮮ではなく日本人二人が大韓航空機を爆破したと認定されていても不思議ではない。そして、この金賢姫の、北朝鮮における日本人化教育の教官は、昭和五十三年（一九七八年）六月に北朝鮮に拉致された田口八重子（当時二十二歳、朝鮮名李恩恵）である。

このように、文世光事件は、対南工作の総指揮官である北朝鮮金正日に対して日本人拉致を決定的に促した。それと同時に、日本政府の朝鮮総連に対する現在に至るまで続く宿痾の不作為は、あたかも日本国民を北朝鮮に提供するように作用して、拉致被害者を生み出し続けるという惨害を国民にもたらしてきた。

文世光事件に遭遇したのは、田中角栄内閣である。何故、この時、朝鮮総連を徹底的に強制捜査して、その機能と実態を暴かなかったのであろうか。以後、日本政府は現在に至るも朝鮮総連をアンタッチャブルの聖域にしている。

田中内閣が、文世光事件に関して朝鮮総連を強制捜査しなかったことは、北朝鮮の独裁者金日成との友好関係を維持したいという思惑からであることは確かである。しからば、その目的は、日朝国交樹立の戦後処理を達成したという歴史に名を残したい功名心からだったのか。それとも、そこに加えて国交樹立に伴って日朝間を動く巨額の金・賠償プロジェクトを握りたかったからか。この疑問は現在まで消えない。国民に拉致被害者救出を主目的と思わせて北朝鮮を訪問し、被害者家族にニセの死亡宣告を厳かにしながら、国交樹立と巨額資金提供を宣言の冒頭で約束していた小泉訪朝の動機もここにある可能性が大である。

いずれにせよ、戦後政治の暗い底には、賠償プロジェクトのうま味にありつこうとする群れがある。北朝鮮がその最終の賠償プロジェクトなのだ。

ここで再度確認すべきは、文世光事件のこの時、徹底的に朝鮮総連を捜索しておれば、現在、拉致されて北朝鮮に抑留されているあの人々の悲劇は生まれなかったということである。

嗚呼、文世光よ、君が短い人生の最後に残した「朝鮮総連に騙された」という悔しさは、日本では無視され生かされていない。痛恨の思いである。

ミュンヘン事件とフォークランド

拉致問題が、戦後体制を打ち砕こうとしているなかで、ミュンヘン事件は、テロとの対決は如何にあるべきかを示すリーディングケースである。これに対してダッカハイジャック事件と同時期の宇出津事件は、その対決を回避した事件で、回避したが故に、さらにテロ（拉致）を呼び込むという結果をもたらした。

まず二人の尊敬すべき女性宰相の決断を見たい。イスラエル首相のゴルダ・メイア（一八九八年～一九七八年）とイギリス首相のマーガレット・サッチャー（一九二五年～二〇一三年）である。

一九七二年（昭和四十七年）九月、ミュンヘンオリンピックが開かれていた。九月五日未明、パレスチナ武装組織ブラック・セプテンバー（黒い九月）のメンバー八名は、オリンピック選手村のイスラエル選手団居住区に忍び込み選手とコーチ二名を射殺して九名の選手を人質にとって宿舎に立て籠り、イスラエルに収監されている二百三十四人のパレスチナ人と岡本公三を解放するよう要求した。

西ドイツ政府は、犯人の要求をイスラエルに伝えるが、イスラエル首相のゴルダ・メイヤは、その要求を拒絶すると共にイスラエル軍部隊による事態解決を西ドイツに打診した。

これにより、西ドイツは犯人との交渉による事態解決を断念して犯人射殺による人質解放を目指す。しかし、ボン基本法の制約により平時において西ドイツ軍のドイツ国内での軍事行動が認められていなかったので、警察に対処させた。しかし、警察官達はテロ対策などの専門訓練を受けた経験がなく、また暗視装置もない状態で夜の銃撃戦になったために、犯人を五名射殺したものの、人質九名全員と警察官一名が死亡した。

この事態に対して、イスラエルは直ちに報復を開始した。まず、空軍にシリア内のＰＬＯの基地十カ所を空爆させ二百名を死亡させた。次ぎに、ブラック・セプテンバーのメンバーでミュンヘン事件に関与した者を特定し、ゴルダ・メイヤ首相をトップとする秘密委員会を設置してコードネーム「神の怒り作戦」を発動した。それはモサド（イスラエル諜報特務庁）の特殊部隊に関与者全員を殺害させる作戦である。その部隊の指揮官には、後にイスラエルの首相になるエフード・バラクもいた。

その特殊部隊は、ローマ、パリ、マドリードそしてベイルートなどで事件関与者の暗殺を続け、事件から七年後の一九七九年一月、ベイルートでブラック・セプテンバーの黒幕とされるアリ・ハッサン・サラメを殺害して作戦を終えた。この作戦で殺害を免れたのはブラック・セプテンバーでただ一人だけであった。イスラエルもモサドも、この作戦について何も発表していないが、人違いで殺された人も含めて、モサドによって二十名以上が殺害されたと思われる。

以上、イスラエル建国の闘士、ゴルダ・メイヤ首相が残した教訓は、テロには断固として報復を以て応える、つまり、目には目を歯には歯を、ということである。事実、これ以降、イスラエル人・ユダヤ人を対象にしたテロはない。イスラエルは、犯人を地の果てまで追いかけて殺害（報復）することが分かったからである。また、西ドイツは、この事件の教訓から、西ドイツ軍に対テロ特殊部隊（国境警備隊第9グループ、GSG-9）を創設した。

なお、平成二十七年一月、IS（イスラム国）が、日本人二人を殺すと脅迫したうえで殺害したが、この脅迫が始まった時、安倍総理はイスラエルにいた。それで私は、安倍総理がゴルダ・メイヤ首相の残した教訓を持って帰ってくれるように願った。しかし、報復したのは、同じ時に自軍のパイロットを焼き殺されたヨルダンだけで、日本政府は「報復」という言葉も出さなかった。

次ぎに、ミュンヘン事件から十年後の一九八二年（昭和五十七年）四月、アルゼンチン軍がイギリス領フォークランド島に上陸し領有を宣言した。イギリスのマーガレット・サッチャー首相は、フォークランド奪還の為に、直ちにイギリス海軍を出航させた。そして、イギリス国内で「マレー沖海戦以来の失態」と言われる損害を蒙りながら戦い、特殊部隊を逆上陸させてアルゼンチン軍を降伏させ領土を守った。

その時、サッチャー首相は、次のように語った。

「人命にかえても、我がイギリス領土を守らねばならない。何故なら、国際法が力の行使に打ち勝たねばならないからだ」

これを他人事と思ってはならない。我々が今突き付けられているのは、まさに、「人命にかえても我が同胞を救出しなければならない」「人命にかえても竹島と北方領土を奪還しなければならない」「人命にかえても尖閣諸島を守らねばならない」「何故なら、国際法が力の行使に勝たねばならないからだ」ではないのだろうか。

日航機ダッカハイジャック事件とルフトハンザ機ハイジャック事件とＳＳ20

一九七七年（昭和五十二年）九月の日航機ダッカハイジャック事件と翌十月のルフトハンザ機ハイ

ジャック事件は、テロに遭遇した際の最高指揮官（総理大臣）の決断の在り方について重要な教訓を現在に残している。

そして、同じ九月に起こった能登半島から久米裕さんが北朝鮮工作員によって拉致された宇出津事件は、明らかに多くの拉致被害者の運命を分けた。この拉致事件に日本政府が適切に対処しておれば、横田めぐみさんらは拉致されなかったのだ。

さらにこの九月、ヨーロッパでは、ソビエトのＮＡＴＯ（西ドイツ）に向けて実戦配備された中距離核弾頭ミサイルＳＳ２０に対抗して、ＮＡＴＯが同じく中距離核弾頭ミサイルパーシングⅡをソビエトに向けて実戦配備して「相互確証破壊」の態勢をつくり、ソビエトからの核の脅威を抑止したうえで強力な軍縮交渉を開始し、ＳＳ20をＮＡＴＯ方面から撤去させた。しかし、我が国の政治は、このＮＡＴＯの決断を他人事のように眺めていた。そして、無関心でうち過ごした果てに気がつけば、現在、我が国に対して周辺国が核弾頭ミサイルを実戦配備している。その結果、我が国は地球上で核の脅威に最も曝されている国になった。

このように振り返ると、一九七七年（昭和五十二年）九月から十月にかけては、明らかに戦後日本のターニングポイントであった。この時、我が国は、ハイジャックと拉致の二つのテロと核ミサイルの抑止力確保という三つの課題に迫られたのである。しかしながら、我が国は総ての課題に「不作為（なにもしない）」でやり過ごした。その結果、総てにおいて、未だ無防備のままだ。

九月二十八日、パリのシャルル・ド・ゴール空港を離陸して成田空港に向かう日航機（乗員乗客百五十六名）を武装した五名の日本赤軍グループがハイジャックし、バングラデッシュのダッカ空港に強制着陸させた。そして、六百万ドル（当時のレートで約十六億円）の身代金を要求するとともに、日本で服役中及び拘留中の九名の釈放と引渡を要求して、拒否された場合は人質の乗客を順次殺害すると警告した。十月一日、福田赳夫総理大臣は、人命は地球より重いと述べ、「超法規的措置」として日本赤軍の要求を受諾した。

十月十三日、スペインのマヨルカ島からフランクフルトに向かうルフトハンザ機（乗員乗客九十一人）がドイツ赤軍とパレスチナ解放人民戦線の四名のグループにハイジャックされ、各地の空港を転々と移動して、十月十七日、ソマリアのモガジシオ空港に着陸した。犯人は西ドイツの刑務所に収監されている西ドイツ赤軍の幹部十一人の釈放を要求した。

西ドイツ首相ヘルムート・シュミットは、犯人の要求を拒絶して、同日深夜、五年前のミュンヘン事件を機に創設された西ドイツ軍の対テロ特殊部隊（GSG－9）をルフトハンザ機内に突入させてハイジャック犯三人を射殺し一人を逮捕して人質全員を解放した。

この二つのハイジャック事件で、まず注目すべきは、日本の福田赳夫総理と西ドイツのヘルムート・シュミット首相の決断である。それは、日本は犯人の要求受諾、西ドイツは拒絶と違うが、共に「法律に書かれていない分野」において為されている。つまり「超法律的」である。しかし、福田総理が言うように「超法規的」ではなく「法規的」である。

西ドイツ政府は、次のように明確に説明している。「GSG－9をモガジシオに派遣してはならないという法律はないので派遣して突入させた」と。これが正解だ。我が福田赳夫総理も、「日本赤軍に服役囚と六百万ドルを渡してはならないという法律はないので渡した」のである。

アメリカ合衆国憲法第二条第一節は、「行政権は大統領に属する」とあり、第二節に「大統領は合衆国陸海軍及び合衆国の軍務に服する各州の民兵の最高指揮官（Commander in Chief）である」とある。

普通の民主主義国家の総理および大統領は、等しくこの権限を持つ。西ドイツのシュミット首相は、この第二節即ち「西ドイツ軍の最高指揮官」としてGSG－9を使う決断をし、我が国の福田総理は第一節の権限に基づいて犯人の要求を呑んだ。我が国では、憲法第六十五条「行政権は内閣に属する」である。また、我が国では第二節に相当する規定は憲法には書かれていないが、自衛隊法七条において明確にされている。

つまり、我が国の福田赳夫総理も、西ドイツのシュミット首相と同様に、「法律に書かれていないこと」を決断し実行する権限を持っておりそれを行使したのである。

何故このことを強調するのかというと、総理大臣は、ハイジャックに限らず、国民の命を守る為に、領土を守るために、この権限を行使する責務を持っているからである。即ち、拉致被害者の救出や尖閣諸島の防衛は、総理大臣のこの権限に基づく決断によって実現されるのだ。

なお、西ドイツ政府が明確にした「法律に規定が無いから為した」というのは軍隊を動かす「ネガリスト」の原則を述べたものである。これに対し、警察は「ポジリスト」で動く。つまり、軍隊は、法律に明確な禁止規定が無ければ何でもできる。しかし、警察は、法律に明確に規定されたことしかできない。軍隊を規制するのは国内法ではなく国際の法規及び慣例である。これに対し警察は、国内法で動く。これが原則だ。

ところが、現在の我が国の法制においては、この原則が貫かれていない。即ち、我が国では、自衛隊を警察を動かす原則で動かすようになっている。それ故、我が国の国会における安全保障法制に関する議論が混乱し訳の分からないことになる。この訳が分からなくなる原因は、議論の出発点において、自衛隊を「軍隊」と認めないことにある。これが戦後体制というものである。

とはいえ、危機とは法律にあらかじめ書かれていないことが起こることである。その時、総理大臣は、国民の命を救うために領土を守る為に決断し実行しなければならない。日航機のハイジャックに直面した福田赳夫総理は、「超法規的措置」として、それを為したのである。その決断内容の当否は別にして、この時、福田赳夫総理は、戦後体制から抜け出す権限を行使したことになる。従って、我が国にも、この実績があるということを記憶しなければならない。この記憶が、いつ何時訪れるか分からない拉致被害者救出や国民救助の緊急事態に適切に対処して国民の命を救うことにつながるからである。

日本政府の不作為が露呈した宇出津事件

日航機ハイジャック事件が起きた同じ九月の十九日夜、能登半島の宇出津の海岸から三鷹市役所の警備員であった久米裕さんが北朝鮮工作員によって北朝鮮に拉致された。

この時、沖合に不審な船がいるという情報があり、当時北朝鮮からの密入国事件が相次いでいた。それで、地元の警察官が総出で海岸付近の警戒に当たっていた。すると、宇出津海岸の上にある旅館から海岸に出た二人の客のうち一人が帰ってこないという通報があった。旅館に駆けつけた警官が、灯りを消した暗い部屋に一人の男が居り、外国人登録証の提示を求めると拒否したので逮捕した。

この男は石川県警に対して、「北朝鮮の工作員の指示で、三鷹市役所の警備員であった久米裕さんを、ウソの儲け話を持ちかけて騙し、宇出津海岸に連れ出して北朝鮮工作員に引き渡して拉致した」と供述した。警察は、その供述を裏付けるために男の自宅を捜索して暗号表と乱数表を押収した。これは北朝鮮から男にラジオ放送で送られてくる暗号を解読する為のもので、その後、警察は暗号の解読に成功し、北朝鮮による日本人拉致指令の全容を具体的に知る。

ここにおいて重要なことは、男の十日間の勾留が満了する昭和五十二年九月末日までには、不審な船の目撃情報と男の供述そして押収した北朝鮮の暗号表と乱数表によって、石川県警が、北朝鮮が組織的に我が国の主権を侵犯して日本人を拉致しているという、驚くべき重大な事実を把握していたことである。そして当然、日本国政府もその事実を知りうる状態にあったのである。しかし、極めて不可解なことに、検察は、その男を久米裕拉致の容疑で起訴せず、事件は蓋をされ忘れ去られてしまった。

ここにおいて重要なことは、この九月末の時点で日本国政府が為すべきことを為しておれば、四十五日後の十一月十五日の横田めぐみさんの拉致を防ぎ得たということだ。為すべきこととは警察及び自衛隊に、日本人拉致を防止するために厳戒態勢を指令することだ。しかし、政府は何もしなかった。その結果、四十五日後に横田めぐみさんが拉致され、それから昭和五十八年にかけて、現在明らかになっている拉致が次々と実行されたのである。

日本政府が、北朝鮮による日本人拉致を公式に認めるのは平成九年二月三日である。この昭和五十二年から平成九年までの二十年間、我が国政府は、北朝鮮による日本人拉致を知っていたにもかかわらず、国民を守るために何もしていない。これは、痛恨の不作為であり、我が国政府は、北朝鮮に自国民が拉致されるのを見て見ぬ振りをしていたのである。法的に保護すべき関係にある者が、横で暴行されているのを助けることなく傍観する者には、不作為の暴行罪が成立する。従って我が国政府は、日本国民を拉致する北朝鮮と共犯関係にあったといっても過言ではない。

今となっては、拉致現場の能登の海岸付近で拉致犯人を逮捕して犯行を供述させ、さらに日本人拉致を工作員に指令する北朝鮮から送られる暗号を解読することによって、最初に北朝鮮による日本人拉致の全容を解明した石川県警の刑事達の努力に敬意を表すしかない。彼ら刑事達の努力は、その時、報われなかった。だが、我が国の国家の主権と国民を守る戦後体制から脱却する歴史に確実に刻まれている。

以上の通り、日航機ダッカハイジャック事件とルフトハンザ機ハイジャック事件、北朝鮮による日本人拉致の宇出津事件そしてＮＡＴＯとソビエトの核弾頭ミサイルによるせめぎ合いを概観すれば、昭和五十二年の秋に起こったこれら総ての出来事は、我が国が本来の国家に復元することを促していたのが分かる。

ところが、無為に過ぎて現在に至った。しかし、振り返れば現在、我が国が抱えている重大問題の全てがここに顕れた。やはり、昭和五十二年は我が国の運命のターニングポイントだったのだ。

第四章

国家覚醒への道――我が国の「星の時間」を顧みる

天変地異

かくしてその無為の果てに、我が国は、遂に天変地異によって覚醒を迫られることになる。平成七年（一九九五年）一月十七日の阪神淡路大震災は、社会党の村山富市内閣の時に神戸を中心とした阪神地区を襲った。平成二十三年（二〇一一年）三月十一日の東日本大震災と巨大津波は、民主党の菅直人内閣の時に東日本を襲った。その後、四年半が過ぎた現在（平成二十七年九月）に至るあいだにも、各地における今まで経験したことのない豪雨と土砂崩れと、御嶽山の突如とした噴火をはじめとした火山の噴火が続いている。

阪神淡路と東日本の二つの巨大地震と、村山富市と菅直人の特異な二つの内閣の巡り合わせを見るとき、七世紀の大化の改新の際の「大槻の木の下の誓い」の言葉を思い起こす。この時、天皇は明日香の大槻の木が茂る広場に群臣を集め、君に二つの政なく臣下は朝に二心なきことを誓った。その誓いのなかに、この誓いに反して君臣の秩序が乱れれば天変地異が襲うとある。この君臣の秩序を現代風に言い換えれば、国体の秩序ということであろう。

村山富市、菅直人の両人は、我が国の国体を否定する思想を持ち国際共産主義運動であるコミンテルンに共鳴する人生を歩んできた。その彼らの内閣の時に二つの天変地異が起こったのである。昔の人ならば、七世紀の大槻の木の下の誓いにある警告が的中したのだと言うに違いない。現代の私も、あの誓いとの符合を感じる。

そこで、秩序乱れれば、天変地異が襲ってくるとするならば、あの阪神淡路と東日本の天変地異は、我が国の秩序を正し本来の日本に戻れとの天からの警告ではないのか。特に、東日本大震災と巨大津波は、本来の日本でなければ克服できない千年に一度の大災害であり、それから平成二十六年晩秋の御嶽山の噴火が我らを驚かせ、さらに年が明けて各地で火山が噴火し始めている。警告としての天変と地異は続いているのだ。我が国を取り巻く内外の情勢も、のっぴきならない段階にきている。

平成七年一月十七日の直後、私は被災地を見て回る為に、徒歩で西宮から海側の高速道路が倒壊している43号線に沿って神戸市役所まで歩き、そして新神戸駅から山手の道を通って西宮に帰った。警察車両が進入できない瓦礫の山のなかで自衛隊が救助活動を展開しているのを見た。この被災地を見てまわる中で、「国防は最大の福祉である」という言葉が心に浮かんだ。

真の福祉国家とは、このような場合に、国民の命を救える国家のことである。国民にとって、この惨状に於ける最大の福祉とは救助されることである。そして、この惨状の中で、それができるのは国防を任務とする軍隊、即ち、自己完結的組織である自衛隊であった。自己完結的とは自分たちで食料をつくり、怪我人を治療し、落ちた橋を架け直して河を渡り道路を修理して前進し、建物が無くともテントを張って宿泊することができる能力を備えた組織のことである。

この時の首相である村山富市は、自分がこの自衛隊に出動を命じる最高指揮官であることを自覚していなかった。そして、一月十七日の朝、のんびりと予定通りの朝食会に出席して朝飯を食べていた。その間、自衛隊は被災者救出のために被災地に出動することができなかった。また自衛隊に出動を要請する立場の兵庫県知事も所在不明だった。姫路から自衛隊が兵庫県庁に電話を入れると、幸い県の職員が電話に出た。知事に繋いでくれというと、知事はどこにいるか分からないという答えが返ってきた。自衛隊が、自衛隊に対して知事の出動要請があったとみなしていいか、と聞くと、その職員が「そうしてくれ」と答えた。これでやっと、待ちに待った自衛隊が被災地に入って救助活動を展開することができたのだ。村山総理が出動を命じて出動したのではない。

その後の国会で、「何故、直ちに自衛隊に出動を命じなかったのか」と質問された村山総理は、「何分初めてのことで、朝も早かったものですから」と答えた。この自衛隊の出動の遅れで、どれほど多くの救助を待つ人々が放置されて亡くなっていっただろうか。この答弁を聞いていて、別の言葉が頭に浮かんだ。それは、「馬鹿な大将、敵より恐い」。我が国にとって、これほど適切な言葉があろうか。

なお、地震直後に陸上自衛隊の偵察ヘリが大阪の八尾基地から神戸に飛んで被災地の映像による第一報を東京に送った。またマスコミ各社もすぐさまヘリを飛ばして神戸の各所から煙があがっている情景や阪神高速道路が倒壊している映像をテレビで流し始めた。村山富市が、この映像を見て、のんびりと朝飯を食べていたとするならば、万死に値する。

この時、伊丹に駐屯する陸上自衛隊中部方面総監の松島悠佐陸将は、煙を上げる神戸を伊丹から目の当たりにして、出動できない無念さに耐えていた。そして、退官の記者会見で助けられた人々を助けることができなかった痛恨の思いが込み上げてきて男泣きした。

その後、村山富市総理は、アメリカ軍が空母インディペンデンスを神戸沖に出動させて海からの救援基地として機能させようと申し入れたのを断っている。また、神戸港を管理する神戸市も呉から救援のために駆けつけた自衛艦の入港を断っている。いったい、戦後体制とは何なのか。いざとなれば人を見殺しにする体制なのか。

神戸は六甲山系を背景にした海に面した街であり、陸路の幹線は海岸部を走っている。そして、地震はその陸路を切断したのだ。従って、救援部隊や大量の物資は海から被災地に運ぶのが最も効率がよく、空母は絶好の救援・補給基地であり病院ともなりうる。その空母を提供しようとしたアメリカ軍の申し出を断った総理大臣、海上自衛隊護衛艦入港を断った神戸市首脳、彼らの頭の回路は、一体どうなっていたのか。

なお、私が地震直後、徒歩で被災地を見て回ったときに感銘を受けたのは、生田川の橋の上で屈強な男達が、被災者に水を配っていた光景だった。彼らは、明らかに素人ではなく、任侠の徒だと思われた。そして、想い出した。神戸の彼らは、敗戦直後の警察も治安を維持できないほど荒廃した港神戸において、狼藉をはたらく国籍不明の暴徒を抑えて治安を維持し、堅気の人々を守った伝統をもっている。危機において、彼らにその伝統が甦ったのだ。

東日本大震災巨大地震のなかの国民

十六年後の平成二十三年の東日本大震災と巨大津波において、この阪神淡路の教訓が生かされたと思う。但し、菅直人内閣によって生かされたのではなく、苦難に遭遇した人々によって、生かされたのだ。

この大災害のなかで顕れたのが、天皇と民の絆のもとにある我が国の有り様すなわち國體であった。そして我が国は、この國體のもとに、国民は秩序を保って助け合って苦難を乗り越える底力をたたえていることが示されたのだった。

多賀城に駐屯する陸上自衛隊歩兵第二十二聯隊（九百人）は、駐屯地を津波に襲われ隊員も家族も被災者であった。しかし、全隊員は自宅に戻らず、発災直後から被災者救出に全力を尽くした。多賀城二十二聯隊の連隊長は、初動四、五日が被災者の生死を分けるとみて、隊員を家族のもとに帰さず救助に没頭させたのだ。彼は、もし、隊員の家族のなかに救助されず亡くなった方がおられたら、制服を脱ぐ覚悟だったという。

聯隊は、地震から五か月後の八月一日をもって災害派遣を終了したが、連隊長はその終了まで一人の隊員の手記を胸にいれてもっていたという。その隊員の妻は、幼い子どもを助けに行って、車ごと津波に流されていた。隊員が、三十分後に携帯で妻と連絡が取れたとき、妻は恐怖の入り交じった震えた声で「助けて……」と叫んだ。

その妻の叫びを聞いた隊員は「このまま部隊を出て、一分、一秒でも早く妻の所に飛んでいきたい」と思い苦悩した。その時、妻から再度電話があって、妻は、「大丈夫だから、他の人を助けてあげて」と言った。彼は、「その妻の言葉に我に返りました、そこからもう迷いはありませんでした、いままで支えてくれた妻と息子にお礼を言いたいとおもいます。ほんとうにありがとう」と手記に書いていた。

自衛隊は最終的には被災地に十万七千人が集結して救出・救援行動を展開し、総数二万人を救助した。そのうち、二十二聯隊は九百人で四千七百七十五人を救助したのだ。この数字は、災害時の人命救助において、初動七十二時間が如何に被災者の生死を分けるかを如実に示している。改めて、神戸の遅れが悔やまれる。

また、救援と輸送については、神戸と違い、海からの被災者救出活動が迅速に行われた。海上自衛隊は直ちにほとんどの艦船を速やかに三陸沖に集結させた。アメリカ海軍も空母機動部隊を三陸沖に送り込ませ、海兵隊も強襲揚陸艦に乗って直ちに三陸沖に来た。

さて、この千年に一度の大災害を見た世界は、何に驚いたのか。もちろん巨大な津波の凄まじさに驚いた。しかし、それ以上に驚いたのは被災地の日本人の姿であった。アメリカ海軍の救援ヘリの女性機長は次のように述べている（瀧野隆浩著「ドキュメント、自衛隊と東日本大震災」より）。

「ある学校の屋上にSOSの文字を発見した。そしておそるおそるヘリを屋上に着陸させた。何故なら米国を含む世界の諸国では、救援物資を運ぶヘリに被災者が群がって収拾がつかなくなるからだ。

しかし、着陸してみると、年配の男性が一人静かにヘリに近づいてきて、被災者数百人がいるという。救援物資を渡すというと、皆、静かに列をつくってバケツリレーで受け取った。他の国にある物資の奪い合いなど全くなかった。そして、もうここまででよいという。まだあるといって渡そうとすると、男性はきっぱりと断って、他の場所にいる被災者に渡してあげて欲しいと言ってどうしても受け取らなかった。

さらに怪我人を運ぶというと、足を骨折した老人がいるので彼を運んでくれと言った。そして、老人が申し訳なさそうに乗せられた。

この日本人の優秀さと精神性の高さは、米軍の公式記録に載せられる」

このアメリカ海軍救援ヘリの女性機長の驚きは、世界の驚きであった。世界は、初めて見るあの凄まじい巨大津波が襲ってくる真っ只中で、思いやりと助け合いの心を忘れない静かな日本人の姿に驚いたのである。機長は、それを「精神性の高さ」と言っている。そして、被災地に、他の諸国では常に起こる略奪や暴動はなかった。

この被災者の「精神性の高さ」とともに、我々は被災地に於ける無名の英雄と勇者を忘れてはならない。多くの人が、津波に向かって走ってゆくパトカーを見ている。水門を閉めに行ったのだ。また、一人の警官が津波の方に向かって走っていった。警察官、消防隊員そして無名の市民が、あの凄まじい天変地異のなかで、人を助けに行ったのだ。そして、彼らの多くは帰ってきていない。

そして、自衛隊十万七千の隊員達、彼らも不眠不休で救助救援にあたった。住む家が全て津波で流された湿地帯の泥のなかを一日中捜索活動していて、彼らは何処で仮眠をとっていたのだろうか。次は、出動命令を待つ自衛隊の駐屯地から私に来たメールである。

「お願いがあります。全自衛隊に出動を命じてください。道路の泥一つでも、おにぎりの一つでも、トイレの掃除でも、毛布一枚でも、コップ一杯の水でも、何か一つでも、協力したいです。今は駐屯地で待機しています。ただの穀潰しです。今まで養ってもらった恩返しがしたいです」

出動した自衛隊員だけではなく、全自衛隊員が彼と同じ気持ちで出動命令を待っていた。それで、その自衛隊員の気持ちと行動を肌で感じる被災地の子ども達が、自衛隊の献身に感謝の気持ちを伝えたいと居ても立ってもいられなくなった。

地震後の五月、全村民の退去を迫られていた福島県の飯舘村を訪問して放射能測定をしてから、伊達市を抜けて福島市に戻る山の中の道で、隊員を乗せて前を走行していた自衛隊の大型車両が急に速度を落としほとんど停止した。なんだろうと思って窓の外を見ると、段々畑の土手に、数人の子ども達が立って「自衛隊の皆様、ありがとうございます」と幼い字で大きく書いたボール紙を掲げていたのだ。自衛隊員は立ち上がって子ども達に敬礼をしていた。目に涙がにじんだ。

福島第一原発

さて、東京電力福島第一原子力発電所（第一原発）である。この第一原発は、津波に襲われて全交流電源を喪失した。そして、冷却できなくなった原子炉が暴走し始め、十二日に一号機、十四日には二号機の原子炉建屋が水素爆発を起こして上部が吹き飛んだ。その内部がどうなっているのか、炉心溶融（メルトダウン）が始まったのか、誰にも分からなかった（実は、メルトダウンが始まっていた）。

原子炉には放射能が強すぎて近づけなかった。自衛隊の偵察ヘリからの測定や専門家の意見では、放射能は爆発で吹き飛んだ原子炉建屋の上空に「割り箸を立てたように」出ていた。第一原発に、いや、日本に、まさに未曾有の危機が迫っていた。

そのような時、現場から陸上自衛隊の放射線兵器や生物・化学兵器に精通した専門家集団である中央特殊武器防御隊（隊員二百名）に、三号機の給水ポンプへ給水して欲しいとの出動要請があった。

直ちに、岩熊隊長ら六名は、放射線量が片道10ミリシーベルトを越えたら引き返すという方針で第一原発に入り、三号機まで二十メートルの地点で車両を停止させ、給水を開始しようとした。その時、三号機が水素爆発を起こし高さ五十メートルの三号機建屋の上半分が吹き飛んだ。そして、隊長ら六人が瓦礫に埋まりうち四名が負傷した。爆発で子どもの頭ほどのコンクリートの塊が雨のように降ってきて彼らの車両が潰れるなかで、死者がでなかったのは奇跡的と言う他ない。彼らは、被爆量を最小限にするためにボコボコになった車両を現場に放棄し、爆発した二号機と三号機の間を抜けて第一原発の正門に向けて脱出した。このように、地上から原子炉建屋に接近することは極めて困難となっていた。

この時、国際社会は、日本が第一原発からの放射能物質の放出を止められるのか疑念を表明し、日本にいる自国民と大使館員を日本から避難させ始めた。十六日の観測では、線量は毎時２４７ミリシーベルトで原子炉に近づける状況ではなかった。

しかし、このまま放置すれば、日本は、北の人の住める日本と、真ん中の人の住めない日本と、そして、南の人の住める日本に三分断されてしまう。日本という国の存亡が、まさに第一原発にかかってきていたのだ。

私にはその時、第一原発が、日露戦争の旅順の要塞に見えてきた。思えば、あの日露戦争の時、旅順の要塞が陥落しなければ我が国は滅ぼされた。従って、乃木希典の第三軍は、白襷隊を突入させた。決死隊員三千名は夜間識別のために白襷をかけて要塞に突撃して全滅した。いずれ、この第一原発にも決死隊を突入させて国を救わねばならないのか。この痛切なる思いが湧き上がったのだ。

後で分かったが、陸上自衛隊の火箱芳文陸幕長も同じ思いにかられていたのではなかろうか。火箱陸幕長は、習志野空挺団の団長を経験していた。そして火箱陸幕長は、自衛隊最精鋭の習志野空挺団を後方の地図作成に使って温存し、救命救助活動の前線に出していなかった。

その火箱陸幕長が、被災地を視察しているとき、空挺団の隊員がいて、かつての団長に言った。「団長ぉー、何かに使ってくださいよー！」、それに対して火箱陸幕長は、応じた。「おぉー、お

203高地第3回攻撃に参加した白襷隊

前ら元気か、分かっている、お前らにはいざとなったら、原子炉に突入させるからなぁ、そんときは、俺も行くからなー！」

後に、火箱陸幕長は、「あいつらだけを死なせるわけにはいかないと思っていました」と語った。

このように、日本という国が第一原発に追いつめられてきているせっぱ詰まったなかで、自衛隊の第一原発対処を指揮していた宮島俊信中央即応集団（ＣＲＦ）司令官は、十六日の日付けの変わる直前の午後十一時三十分、陸上自衛隊の第一ヘリコプター団の金丸章彦団長に「あしたは、撒け」と命じた。命令はそれだけである。そのうえで金丸に尋ねた。「人選をどうする」と。金丸は答えた。「そのまま、いきます」。宮島は嬉しかった。金丸の自信が伝わってきたからだ。

では、金丸は、俺の部下の練度は高いので人選の必要はない、と言ったのだろうか。それとも、俺の部下は、皆、死ぬ覚悟はできているから人選の必要はない、と言ったのだろうか。私は、後者だと思う。

上部が爆発で吹き飛び煙を上げる巨大な灼熱の原子炉に、真上から何十トンの水を落とせばどうなるのか誰にも分からなかったからだ。数十トンの水が一瞬に気化したら、とてつもなく巨大で強力な「気化爆弾」になる。

ヘリコプター団の隊員達は、皆、自分こそ原子炉の上に行きたいと思っていた。それで、お前は結婚もしていないが、俺には子どもがある、だからお前より俺が行くとか言い合ったようだ。そして、翌三月十七日午前八時五十六分、仙台市の陸上自衛隊霞目駐屯地から二機編隊の大型ヘリ、ＣＨ47チヌークが飛び立ち第一原発に向かった。二機は午前九時四十分から十時までの間に四回、上空に割り箸を立てたように放射能をだしている原子炉のまさに上空にホバリングして狙いを定め、合計約三十トンの水を、原子炉に注いだ。

このチヌークによる放水の情景は世界に流れた。すると東京市場の株価が下げ止まり、二十分後にアメリカのオバマ大統領は電話で菅総理に「テレビで見てたよ、素晴らしい」と言った。

それ以降、自衛隊、警察、消防が一段となって放水を続けた。さらに、アメリカ軍の目の色が変わり本気モードに入っていった。CH47での放水を命令した宮島俊信CRF司令官は言った。「自分の国を命がけで守ろうとする姿勢に、彼らは感動し、それまで以上に支援を約束してきた。明らかにスイッチが入った。軍人とはそういうものですよ」（以上、瀧野隆浩著、前掲書）。

この放水作戦実施前に、アメリカ軍の将校がそれを知り、人の命を何とも思わないような作戦はするな、と言ったという。金丸章彦団長と親しい自衛隊の将校が私に言った。

「あの作戦を見た各国からきていた将校は、驚いていました。そして言いました、日本には、巡航ミサイルはないけれども、日本に核弾頭ミサイルの照準を当てて発射準備をすれば、日本人は飛行機に爆弾を積んで確実にミサイルに突っ込んでくる」。

そのとおり、日本に救援に来ていた各国の部隊は、あの作戦を「特攻」だと思ったのだ。救援と称して自衛隊とアメリカ軍の連携と練度を観察にきていた中共の将校は、明らかに「特攻」だと思い、「日本人は、簡単に命を捨てる。日本人は昔も今も変わらない」と思ったのだ。

同時に、三月十一日の大地震と巨大津波によって全電源喪失という危機に直面して、東京電力福島第一原発の吉田昌郎所長とその部下達は、放射能の危険性を知り尽くしていたからこそ、身の危険を顧みずに第一原発内に留まり続けて絶望的な戦いを続けた。この吉田昌郎所長とその部下達を忘れてはならない。

彼らは、マスコミの非難のなかで右往左往する現場を知らない菅内閣や東電本社と闘いながら、「所長の吉田さんとなら一緒に死ねる」という信頼感によって結束し、プラントエンジニア達は原子炉建屋へ突入を繰り返した。これも明らかな「特攻」であった。この、彼らの人知れない壮絶な闘いがなければ、第一原発事故は「チェルノブイリ事故の十倍」(吉田所長)になっていたのだ。

私は、地震から三か月後に、猪苗代のホテルで第一原発事故で避難させられた九百名の忘れえぬ人々に会った。第一原発近くの双葉町の方々だった。私は、その双葉町の方々を含む猪苗代周辺の人々に国政の報告をせよとの依頼を受けて話に訪れたのだ。

そこで私は、原子力による発電は日本に必要であると言った。話を終えると、会場から一人の初老の方が手を挙げて、双葉町避難民の会長をしていると自己紹介されてから次のように発言された。

「我々は、福島第一原発の放射能故に双葉町から退避させられて猪苗代で避難生活をしている。その我々の前で、原子力発電は、日本に必要だと言い切ってくれたことに敬意を表する。世上、原発の地元は、金をもらったから原発が造られるのを承知したかのように言われている。マスコミも同じように報道する。しかし、これは心外である。我々も、原子力発電が日本に必要だと思ったから、双葉町に原発が造られるのを承知したのだ」

この方の発言に感動した。深く私の心に残っている。

会が終わった後に、私は、この方に、避難してきた皆さんの健康状態を尋ねた。お年寄りが多かったし、放射能による健康障害があるのではないかと思ったからだ。その方は、「みんな、かえって元気になっているように思う、私の女房は私が元気になって驚いていますよ」と答えられた。

ホテル内での双葉町の皆さんの生活態度は、静かで控えめだった。まるで自分が先にエレベーターに乗るのが失礼に当たると思い込んでおられるようで、恐縮した。双葉町の皆さんのご健勝を祈った。

東日本大震災の苦難のなかで、騒がず静かに団結して底力をみせる日本人の姿、そして自衛隊の果敢な行動が、そこから二千キロ南西方向にある東シナ海の海域と空域において、中共に対するどれほど強い抑止力として作用しているか計り知れない。

東日本大震災のなかの天皇

大災害のなかのこれら国民の姿を思い浮かべながら、この国難のなかの天皇について深思しなければならない。

天皇は、この国難のなかの最大の危機管理者であられた。初代内閣安全保障室長を務めた佐々淳行氏は、天皇は、歴史上、百年に一度の割合で襲ってくる国難に於ける最大の危機管理者であると書かれていた。その通りである。

平成五年（一九八三年）七月十二日、北海道南西沖地震（マグニチュード7・8、震度6烈震）が起こり大津波が奥尻島を襲って、約三千名の島民の全員が被災者となり、島民の一割近い二百二名が死亡し二十八名が行方不明となった。

地震後、島民は呆然として気力を失って被災地にへたり込むような状態から抜け出せずに日々を過ごしていた。そのような折、八月十九日に、天皇皇后両陛下が、島民を励ますために奥尻島に行幸啓されるとの知らせが島に届いた。すると、座り込んでいた島民が、いそいそと立ち上がり、両陛下をお迎えする準備を始めて活気が戻り、島は一挙に復興モードに入っていったという。

三月十一日の発災から、天皇皇后両陛下は、お住まいの皇居の灯りと暖房を切られて日々を過ごし始められた。両陛下は、被災地の人々と、労苦をともにされようとされたのだ。その御日常のなかで、被災地の人々を励まし、亡くなった人々を慰霊するために、度々被災地に行幸啓されて親しく被災者に言葉をかけられ励まされた。両陛下は、各地の避難場所を訪れられ、被災者の前で親しく膝を床に付けられて話しかけられた。そして、被災の現場、また、多くの人々を呑み込んでいった東日本の海に向かって頭を垂れられ、津波で亡くなった多くの方々の慰霊をされた。

その頃、私の若い知人が、若者達で皇居の清掃奉仕に出かけ、皇居内で天皇陛下の御会釈を受けた。その中に宮城県出身者が一人いた。すると、天皇陛下は、その若者に歩み寄られ被災地の復興について優しく尋ねられ励まされた。その若者は泣き崩れ、まわりの者も全員が泣いた。

天皇陛下は、何処におられても、毎日、常に被災地の人々のことを祈っておられた。日本に、「祈る存在としての天皇」がおられるのだ。そして、天皇陛下が、皇后とともに、宮中の灯りと暖房を切って日常を送られていたことを、仁徳天皇からの皇室の伝統を践まれたものと理解しなければならない。仁徳天皇は、民が貧しいと知れば、税収がなくなるのを承知のうえで租税を免除され、着物がぼろぼろになってもそれを着られ、宮殿が雨が漏り風が入る廃屋のようになってもそこに住まわれた。民と労苦をともにされたのだ。明治天皇も昭和天皇も民と労苦をともにされた。

天皇陛下は、三月十六日、直接、国民にテレビを通じて「おことば」を発せられた。この「おことば」に込められた天皇陛下の、祈りと切なる願い、そして、全国民を「私たち皆が」と表現された呼びかけは、深く国民の心に沁みた。

そのなかで、天皇陛下は、

「何にも増して、この大災害を生き抜き、被災者としての自らを励ましつつ、これからの日々を生きようとしている人々の雄々しさに深く胸を打たれています」と言われている。

この「雄々しさ」というおことばは、明治天皇も昭和天皇も次の御製のなかで国民のあるべき様を示されるためにお使いになった「ををしさ」をそのまま現在の被災者の様を表すために用いられたものである。

しきしまの大和心のををしさはことある時ぞあらはれにける

ふりつもるみ雪にたへていろかへぬ松ぞををしき人もかくあれ

天皇皇后両陛下に敬礼する君塚栄治陸将

ここにおいて明らかなことは、天皇陛下は、明治以来の日本人の連続性を深く感じられておられるということである。被災地の人々は、歴代天皇の御世の人々と同じだと。

また天皇陛下は、自衛隊を筆頭において、「余震の続く危険な状況の中で、日夜救援活動を進めている努力に感謝し、その労を深くねぎらいたく思います」と話された。

これは天皇陛下が、自衛隊の存在と活動を何よりも重視されている証である。従って、天皇皇后両陛下は、被災地の人々をお励ましになるために宮城県にある航空自衛隊松島基地に到着された際、災害救援活動に邁進中の十万七千の自衛官からなる統合任務部隊の指揮官である君塚栄治陸将の、敬礼を受けられた。印象深い象徴的なその写真を見ると、天皇皇后両陛下に正対して、お迎えするヘルメットに戦闘服姿の君塚陸将が敬礼し、宮城県知事が直立している。

さらに、天皇陛下は、おことばを続けられ、「今回、世界各国の元首から相次いでお見舞いの電報が届き、その多くに各国国民の気持ちが被災者と共にあるとの言葉が添えられていました。これを被災地の人々にお伝えします」と言われたのだ。

このおことばに現れた事実は、何を意味しているのか。それは、天皇陛下が日本の元首であるという事実である。世界各国の元首は、我が国の元首である天皇陛下に、お見舞いの電報を届けたのだ。

昭和天皇は、戦前戦後の連続性を、御自ら体現されて生き抜かれた。今上陛下もそれを引き継がれている。従って、このおことばは、戦後体制から発せられたのではない。

佐々淳行氏が書かれたように、歴史上、国難において天皇は最大の危機管理者であられた。従って、今上陛下も東日本大震災において我が国の最大の危機管理者であられた。即ち、天皇陛下は、祈る存在として、つまり、権威による我が国の統治者であり元首であられたのだ。

天壌無窮の神勅

では、その天皇の権威の淵源は何か。次ぎに再び、皇室の祖である天照大御神の「天壌無窮の神勅」と吉田松陰と三島由紀夫の言葉を記す。

葦原の千五百秋《ちいほあき》の瑞穂《みづほ》の国は、
是《これ》、吾が子孫《うみのこ》の王《きみ》たるべき地《くに》なり。
爾皇孫《いましすめみま》、就《い》でまして治《しら》せ。行矣《さきくませ》。
宝祚《あまのひつぎ》の隆《さか》えまさんこと、
当《まさ》に天壌《あめつち》と窮《きはま》り無《な》けむ

（『日本書紀（一）岩波文庫』）

吉田松陰

天祖の神勅に日嗣之隆興天壌無窮と之有候ところ、神勅相違なければ日本未だ亡びず、日本未だ亡びざれば正気重ねて発生の時は必ずある也、只今の時勢に頓着するは、神勅にを疑うの罪軽からざる也。

三島由紀夫

日本に命にかえて守らねばならないものが二つある。一つは天壌無窮の神勅であり、一つは三種の神器である。

天皇の権威は、この天壌無窮の神勅に淵源する。これは神秘であり神話である。ここに我が日本が日本である由縁がある。

そして、東日本大震災から二年後の平成二十五年の秋、天壌無窮の神勅を発した皇室の祖である天照大御神を祀る伊勢神宮の式年遷宮が行われ、天照大御神は、深夜の神秘な空間となった内宮のなかで、生きているが如く新しい宮に遷られた。

この天皇と神秘そして神話のことをフランス人に語ってもらおう（竹本忠雄著『大和心の鏡像』、勉誠出版より）。

ポール・クローデル（詩人、関東大震災の時の駐日大使、一八六八年～一九五五年）

「日本においては、超自然は、自然と何ら異なるものではない。日本の天皇は、魂のごとく現存している。根源の時と、歴史の有為転変とを貫いて、国民に恒久不滅を印象づける存在なのだ」

クロード・レヴィストロース（社会人類学者、一九〇八年〜二〇〇九年）

「われわれ西洋人にとっては、神話と歴史の間に、ぽっかりと深淵が開いている。日本の最大の魅力の一つは、これとは反対に、そこでは誰もが歴史とも神話とも密接な絆をむすんでいると言う点にあるのだ」

オリビエ・ジェルマントマ（ド・ゴール研究所初代所長、一九四三年〜）

（伊勢神宮の式年遷宮を見て）

「闇と沈黙のなか、女神アマテラスを聖櫃に奉じ、これに生絹を掛けて神官の群れが粛々と運んでいく。

生きとし生けるものの起源そのもののシンボルが、いま、眼前を通りすぎていく……この景観に、われらの小我の殻など、微塵に吹っ飛んでしまう。

一月以来、すでに伊勢参詣者は一千万人に達したという。さらに増加の一途をたどるとか。東日本大震災により、抑えがたき自然の猛威にさらされて、どこから己を取り戻すか、日本人が自覚していることの何よりの証拠である。

森羅万象の諸力を崇敬するという伝統維持であり、そこに、日本的ジェニー（天才）はあるのだ」

東日本大震災と巨大津波で明らかになったことは、フランス人達が指摘しているように、日本は神秘の権威をもつ天皇を戴く国家であり、天皇と民の絆の力によってあらゆる危機を乗り越えてきた万邦無比の国家だということである。

既に触れたように、我が国の秩序が歪んだときに、天変地異が襲う。確かにそうである。しかし、吉田松陰が書いたように、天壌無窮の神勅に相違がない限り日本は滅びない。従って、東日本を襲った千年に一度の天変地異は、無惨な大災害の真っ只中において、我が国のあるべき姿を指し示してくれたのだと思う。

時の総理大臣は何だったのか

次ぎに、我が国のあるべき姿と比べてあまりにも次元が違うので触れたくないが、内閣総理大臣だったのだから触れざるをえない。菅直人は確かに内閣総理大臣だった。では、彼は国を統治していたのだろうか?

答え。統治していなかった。彼菅直人、第一原発所長の吉田昌郎さんの調書にある表現で言えば、「あのおっさん」は、被災地への自衛隊の結集にタッチせず、もちろん、CH47チヌークによる原子炉建屋上空からの放水にも関与していない。ただ東京の官邸内や東電本社でわめいていた。これ、臆病な犬ほどよく吠えるの類である。

何より許せないのは、第一号機の水素爆発寸前の危機的状況の時に、福島原発に偉そうな顔をしてヘリを乗り付けて入り込み、現場の吉田所長らの原子炉との闘いの邪魔をしたことであった。

ここにおいて、阪神淡路大震災の時と同じ教訓、「馬鹿な大将、敵より恐い」が再び国民に突き付けられたのである。この場合の恐さは、原子炉の暴走、つまり日本分断であった。しかし、恐ろしさは、これに尽きない。

確か菅直人は、その時、「何しに来た」と被災者から言われた。居心地が悪いので避難所から出ようとすると、「何故すぐに帰る」と別の被災者から言われ立ち往生していた。彼は、内閣総理大臣ではあった。しかし、廃人であった。何の統治もしていない。これは、統治者ではない。

地震から二十日後の四月に入った頃、札幌医科大学の放射能の専門家である高田純教授が、第一原発の正門の前に、普段着のまま立って、テレビカメラに向かって各所で放射能測定の結果、ここは安全だ、と発言しているのを見た。

菅直人内閣は、放射能で騒ぎすぎだと思っていた私は、我が意を得たりと、荒木和博氏をはじめ民社党以来の仲間（そのなかには電力総連の者もいた）と放射線医学専門のドクターとともに福島県の飯舘村に調査に入った。菅直人内閣は、飯舘村に全村民退避を迫っていたからだ。

ドクターの精密な測定器で飯舘村の各所を測定した結果、飯舘村も安全だった。従って我々は、この豊かで風光明媚な飯舘村を守らねばならないと思った。そして、村役場で飯舘村の菅野典雄村長と会って測定結果を告げ、村民約六千人を村から退去させる必要はないと申し入れた。

その時たまたま、飯舘村の菅野村長に送られてきた非難のファックスと、私に来た非難のメールが同じ文章であることが分かった。それは「安全だというのは無責任だ。放射能が百%安全だと言えるのか。人体実験をするな。放射能が安全だというのなら、自分の子や孫を三十年間そこに住まわせてから言え」という非難で、明らかに反対運動組織のマニュアル通り作られたものである。

しかし、残念ながら予想通り、菅直人内閣は、飯舘村に退去の圧力をますます強め、結局、全村民を村から退去させた。現在、飯舘村の全田畑と山林は荒れ放題で、猪と鹿が肥え太っている。人は、飯舘村の郷社である綿津見神社の宮司さん一人だけが神社の社務所に住み続けていて、あとは空き巣の群れとそれを取り締まる警官だけがいる。菅直人によって、すばらしい貴重な村が荒廃し廃村となりつつある。

さらに、菅直人は、あらゆる機会を捕らえて、放射能の危険性を強調し、遂には原子力発電所そのものを敵視してみせて、放射能の危険性と闘う正義の味方のごとく振る舞った。すると、五か月後の八月ころ、支持率が一時少しだけ上昇した。左翼活動家上がり（いや、崩れ）の彼は、放射能に対する国民のアレルギーを煽り利用するうま味を知っていたのである。

その結果は、日本の全ての原子力発電所が稼働を停止し、電力の不足分は火力発電でまかなうことになり、電気代が上昇して世界に公表した二酸化炭素排出抑制約束など吹っ飛んだ。

さらに、故意に蓋をしているが極めて悲惨な事がある。菅直人内閣は、第一原発周辺に人の入ることを禁じた。従って、その地域では、十分な救助救援活動ができなかった。しかし、犬や猫というペットを救うためには人の進入を認めた。その犬や猫を救うためにその地域に入った人の手記が「文藝春秋」に載っていた。それを読んで愕然とし寒気がした。

その手記には、海岸沿いに人々の遺体が転々と横たわっていたが、自分たちはペットを救うために入ったので何もできなかったと書いてあった。

菅直人は犬と猫を救助しても人を救助しようとはしなかったのだ。その遺体を収容しようともしなかった。これを思い出す度に、断じて許せないと思う。菅直人は山口県つまり長州出身で、民主党を幕末の長州で編成された奇兵隊のような組織にしたいと言っていた。その奇兵隊は、百五十年前の幕末、会津地方で何をしたのか思い出して欲しい。彼らは数千の会津藩士やその家族の遺体を埋葬することを禁じて、夏から冬にかけて約半年間も市街地や山野に放置させ腐るに任せたのである。これと同じことを、奇しくも長州出身という菅直人がしたのである。

これで、戦後体制が生み出したおぞましい悪夢のような「民主党内閣の菅直人という惨害」の話を終えるが、この総理大臣を生み出したのは、国民である。この教訓を忘れては、明るい未来は開けない。

歴史の中の「星の時間」

我が国の歴史は宝の山である。我が国においては、遙か神話と神秘の世界から始まり現在まで続いてきた歴史そのものが宝である。戦後、ＧＨＱは我が国からその歴史を奪おうとした。しかし、奪えなかった。彼らＧＨＱの、一つの民族を滅ぼすにはその歴史を奪えばよいという考えは、日本では通用しなかったのだ。

何故か。日本に、万世一系の天皇がおられ全国津々浦々に神社がある限り、我が国から歴史を奪うことができないのである。伊勢神宮と二十年ごとに千四百年間にわたって繰り返されてきた式年遷宮をみただけでも、このこと明らかであろう。

オーストリアのユダヤ人作家ツヴァイクは、ゲーテが、「神の神秘に満ちた仕事場」と呼んだ歴史において、「時間を超えてつづく決定が、或る一定の日付の中に、或るひとときの中に、しばしばただ一分間の中に圧縮される、そんな劇的な緊密の時間、運命を孕むそんな時間」を「星の時間」と呼んだ。

その「星の時間」には、「避雷針の尖端に大気全体の電気が集中するように、多くの事象の、測り知れない充満が、きわめて短い瞬時の中に集積される」。

そこで、このツヴァイクの言葉に触発されて、我が国の「星の時間」を探求してみたい。この我が国の「星の時間」が、二十世紀を「日本の世紀」にしたのだ。従って、この探求も、戦後体制からの脱却の尊い指針である。但し、学のない私の知識は限られたものであるから、諸兄姉も自ら探求されんことを。

（二）弟橘姫

弟橘姫は、第十二代天皇である景行天皇の皇子である古代の英雄、日本武尊《ヤマトタケルノミコト》の后《きさき》で、天皇から東征を命じられた日本武尊に従って、野に火を放たれて焼き殺されそうになった駿河を抜けて相模の水走から船に乗って上総に渡ろうとする。

しかし、その海峡の神が怒り、突如、黒雲が空を覆って強風が起こり波は大蛇がのたうつように逆巻いて日本武尊の船は航行不能になり、このままでは、船団が全滅することが明らかになった。

この時、弟橘姫は、翻弄される船の上で日本武尊に言う。

「私は、貴方に代わって海にはいります。貴方は、天皇に命じられた使命を果たしてください」と。

そして、一首を絶唱し、黒髪をなびかせて海に飛び込んでいった。弟橘姫の姿は瞬く間に怒濤に呑まれた。すると、「是に其の暴浪、おのづから凪て、御船え進みき」（古事記）。日本武尊は、上総に上陸できたのである。

后が強風のなかで歌われた歌は、

「さねさし相模《さがむ》の小野《をの》に燃ゆる火の火中《ほ》に立ちて問ひし君はも」

（『新訂古事記』角川文庫ソフィア）

駿河の野のなかで、草に火を放たれて焼き殺されようとしたとき、貴方は、私を救うために、草薙の剣で草を薙ぎ払って延焼を防ぎながら、その炎のなかで私を振り返り、姫、大丈夫かと、叫ばれましたね。

「オトタチバナヒメ」、その名をつぶやくだけで、暴風怒濤の中で自分を身代わりにして夫の日本武尊を助けようとする女性の純真な最も美しい姿が目蓋に浮かんでくる。古事記が伝えるこの物語を持つ民族は幸せである。

この咄嗟の時に顕れてくる愛と感謝の発露する姿のイメージは、古代から現在まで伝わってきて、大東亜戦争においても阪神淡路から東日本の天変地異においても、顕れてきた。

十歳代後半から二十歳代の特攻隊員の出撃直前の写真を見ると、澄み渡った微笑みをたたえている。弟橘姫も、入水寸前、日本武尊に向かって微笑んだと思う。まさに、「星の時間」である。

特攻出撃前

皇后陛下は、幼い頃に知ったこの物語について次のように語られている。

「いけにえという酷い運命を進んで自ら受け入れながら、おそらくは、これまでの人生で最も感謝に満たされた瞬間の思い出を歌っていることに、感銘という以上に、強い衝撃を受けました。はっきりした言葉にならないまでも、愛と犠牲という二つのものが、私のなかで、最も近いものとして、むしろ一つのものとして感じられた、不思議な経験であったと思います」

（二）仁徳天皇の民の竈

これは、「古代の仁政」の伝承であると同時に現在の我が皇室の伝統である。

第十六代天皇仁徳天皇は、応神天皇の皇子であるが皇太子ではなかった。皇太子は弟であった。しかし、応神天皇の死後、弟は兄が皇位を継ぐべきであると言って即位しない。兄も父君が決めた皇太子は弟だといって即死しない。そこで、弟は、自分が生きていたら天下の禍になるとして自決した。弟である皇太子に死なれて即位したのが兄の仁徳天皇である。

その仁徳天皇四年のある日、天皇は高殿に登られて国見をされ、下に広がる民の住いを眺められた。すると、民の竈から炊事をする煙が上がっていない。これは、民が貧しく食べる物が乏しいということである。そこで天皇は深く憂い、「百姓の窮乏を察し群臣に下し給える詔」を渙発せられ、三年間、年貢の徴収を免除され自分の住む宮殿の屋根の葺き替えを禁じられた。

すると、民は今まで納めていた租税分だけ蓄えが増え、つまり可処分所得が増え、それに対して皇室は収入が途絶える。従って、民にゆとりができて豊になったが、天皇は衣服を新調し皇居を修理することもできない。

しかし、天皇は再び高殿に登られて民の竈から多くの炊煙が立ちの昇っているのを眺められて喜ばれ、我は豊になったと言われた。側にいた后が、ボロボロの着物を着て、屋根が壊れて雨が漏れ、壁が壊れて風が吹き抜ける廃屋になった皇居に住んでいるのに、何故、豊になったのですか、と尋ねられた。すると、天皇は、答えられた。「天皇は民のためにいる、民が豊になれば、天皇も豊なのだ」と。

天皇は、このように年貢を免除して民を豊にすると同時に、「難波の堀江を開鑿《かいさく》し給うの詔」を渙発され、大阪平野に「溢れた水は海に流し逆流は防いで田や家を犯さないようにせよ」と命じられ、日本最初の大土木工事を推進された。大阪平野は、この土木工事によって大勢の人々が住み耕すことができる肥沃な大地になり我が古代の国力は大いに増大したのだ。現在の大阪市の「堀江」という地名や市の東に今もある「徳庵堤」そして心斎橋付近を東西に通る「長堀」は、仁徳天皇の御世に於ける大土木工事の結果である。

つまり、天皇は、現在にいうケインズ政策を断行されたのだ。即ち、天皇は、減税によって民の可処分所得を増大させ、同時に大土木工事を開始することによって総需要を増やし、国を豊にしたのである。

これが仁徳天皇の為された世界史に特筆すべき「古代の仁政」である。なるほど、世界には大土木工事を為した皇帝は何人もいる。しかし、皇帝は民のためにあり、民が豊になれば皇帝も豊なのだ、という思想をもってそれを断行した皇帝が、仁徳天皇以外、何処にあろうか。

この仁徳天皇の仁政は、平安期には広く歌に謳われて国民的伝承となる。その平安末期の源平の騒乱期に生きた鴨長明は、方丈記に次のように書く。

「伝え聞く、古の賢き御世には、憐れみを以て国を治め給ふ。すなはち、殿に茅ふきて、その軒をだにとゝのへず、煙の乏しきを見給ふ時は、限りある貢ぎ物さへゆるされき。これ、民を恵み、世を助け給ふによりてなり。今の世のありさま、昔になぞらへて知りぬべし」

江戸中期の米沢藩の藩主上杉鷹山は、藩主を退き隠居する際に、次の藩主に「伝国の辞」を授け、「民が国の為にあるのではなく、国が民の為にある」と教えた。これは、フランスやアメリカで人権宣言や独立宣言が発布される以前である。しかし、「伝国の辞」は、上杉鷹山になって現れた思想ではなく、遙か太古の仁徳天皇の仁政にある思想だ。西洋では、この思想は近代のコペルニクス的転換とされる。

幕末維新期の西郷隆盛は、遺訓で、「租税を薄くして民を裕《ゆたか》にするは、即ち国力を養成する也」と述べている。また同じ時期の藩政改革者である備中松山藩の山田方谷は、民の可処分所得を増やし土木工事によって藩を豊にした。

西郷隆盛と山田方谷は、仁徳天皇の仁政に学んだと思う。学んだというよりも、これが我が国の治世、仁政の伝統であろう。

また、皇室は、現在まで贅沢はされない。御所も皇居も質素である。歴代天皇の中で、金銀を用いた豪華絢爛たる皇居を造ろうとされた方は一人もいない。そして、仁徳天皇と同じように、天皇は今も民と労苦を共にされようとされる。この伝統は、東日本大震災に際して、天皇皇后が、宮殿の暖房と灯りを切られたことに示されている。これが我が皇室の遙か仁徳天皇の仁政に発する一貫した伝統である。世界の何処の国に、君主が二千年間にわたって民のために質素な生活を続けるという伝統を保持している国家があろうか。

このように眺めてくれれば、仁徳天皇が難波の高殿に登られて民の竈から炊煙が昇るのを眺めて、「豊になった」と喜ばれたのは、やはり世界史の「星の時間」である。

なお、仁徳天皇の御陵は、南に向いた世界最大の前方後円墳で、堺市堺区大仙町にある。この巨大な墳墓は奴隷によって築造されたのではなく民の自主的な参加によって造営された。これは、大仏造営の詔書に現れている造営方法である。この民を参加させる方法は、今も伊勢神宮の式年遷宮に於ける建築用材や拝殿のお白石を大勢の神領民が運ぶ民の参加の方式にみられる。

この方式こそ、我が国が天皇を中心とする家族のような国として太古から現在に至っていることを示す無形の証である。この仁徳天皇の御陵から北に約十五キロの地点の大阪市中央区に、天皇の宮殿であった難波高津宮と国見をされた高殿がある。

(三) 万葉集そして祭り

頭に浮かんでくる「星の時間」を書き留めようとして困ってしまった。次から次と浮かんでくる。思えば、あの万葉集の歌、一つ一つが「星の時間」ではないか。

さらに我が国の全国津々浦々の神社の神事として行われている祭りに参加する一人一人にとって、祭りは昔からの「星の時間」の共有である。こう思えば、日本は「星の時間」から成り立っている。もはや、とうてい、その全てを挙げることはできない。

万葉集の冒頭の歌は、第二十一代雄略天皇の御製で、最後の歌は天平宝字三年(七五九年)の大伴家持の歌である。収められたのは天皇や皇族から庶民までのあらゆる身分の人々の歌で四千五百首余である。もちろん、世界にこのような歌集はない。

この万葉集四千五百余首は、言葉には霊があるので、よい言葉を使えばよいことが起こり、わるい言葉を使えばわるいことが起こるという「ことだまの幸はふ世界」に生きる古代の人々の、願いの歌であり、おおらかな愛の歌であり、真情を謳った歌である。そして、その歌を口ずさむ現在の我々の心情を、おおらかに、愛に満ちたものにする。何故なら、我々自身も、「ことだまの幸はふ世界」に生きているからだ。

ここでは、天皇の求愛の歌とそれに応じる娘（読み人知らず）の歌、そして哀惜の歌や防人の歌などを挙げて時空を越えて通じ合う心情を語ろう。

万葉集第一巻冒頭の歌は雄略天皇、「泊瀬の朝倉の宮に天の下知らしめす天皇」の、春の岡で菜を摘む美しい娘に対する求愛の御製である。そして、その求愛に応じたであろう娘の歌が、第十三巻にある。

籠《こ》もよ　み籠持ち　ふくしもよ　みぶくし持ち　この丘に　菜摘ます児　家聞かな　名告らさね　そ
らみつ　やまとの國は　おしなべて　吾こそをれ　しきなべて　吾こそませ　我こそは　告らめ　家
をも名をも

隠國《こもりく》の　長瀬小國に　結婚《よばひ》せす　わがすめろきよ　奥床《おくどこ》に　母は睡《ね》たり　外床《とどこ》に　父は寝たり　起
き立たば　母知りぬべし　出で行かば　父知りぬべし　ぬばたまの　夜は明け行きぬ　ここだくも
思ふごとならぬ　こもり妻かも

（『新訓万葉集下巻』岩波文庫）

この万葉集第一巻冒頭の御製を見れば、天皇が人間であることなど日本人は万葉集の昔から当然だと思っていることが分かる。なにしろこれは、天皇が「よばひ」する歌なのである。

また、娘の歌であるが、この歌で明らかなのは、万葉時代は、家の中では絶対に女性優位であるということだ。奥床に寝ているのは母で、父は外床に寝ているではないか。

さらに、求愛において、相手が天皇であっても、女性が優位である。この情景を想像してみられよ。泊（長）瀬は今も昔も山の中である。天皇が、山のなかの泊瀬の娘の家の前に佇んで、娘が応じてくれるのを明け方まで、待っているのである。天皇といえども、娘の母や父を起こして家に入ることはできないのだ。

さて、肝心なことであるが、この天皇の求愛（よばひ）で生まれた子供はどうなるのか。男子であれば、皇位継承権をもつ。つまり、皇太子になり天皇になる。これが皇位の男系継承の原則である。

万葉集は、第一巻冒頭に、天皇のおおらかな求愛の御製を載せて、男系による皇位継承のほほえましい在り方を明るく表現している。

男系とは、「この丘に菜摘ます子」が、天皇の母になる体制である。つまり男系とは、我が日の本の全ての女性が、天皇の母になることができる体制なのだ。ここが女系と決定的に違う。

万葉集第一巻冒頭の御製。天皇が春の日の丘で菜を摘む娘を見初め、「吾こそは告らめ家をも名をも」と呼びかけたその時こそ、我が国の「星の時間」であろう。

万葉集に歌われる哀惜の情の波動は、そのまま我々の魂に響いてくる。その万葉の星の時間の歌を数種を記しておく。

信濃なる筑摩《ちぐま》の川の細石《さざれし》も君しふみてば玉と拾《ひろ》はむ　（巻十四）

この歌を歌った女性にとっては、愛する男の踏んだ石はただの石ではない。その男の魂が宿っていると思う。そして、彼女は宝石だと思って千曲川の小さな石を拾って大切に持っていた。

この心情は、我々も持っている。父母が子の、娘が父の戦死した地を訪れるとき、その父母や娘は、子や父が踏んだであろう石や砂を拾い形見のように大切に持って帰るではないか。

朝寝髪吾はけづらじ愛《うるは》しき君が手枕《たまくら》触れてしものを　（巻十一）

この歌も同じである。愛する人が触れたものには何か（魂）が、宿ると思っている。朝寝髪とは男の去った朝寝のままの髪のことである。この女性は、その髪を梳らない。愛する彼が手枕してくれた髪だから。

次は防人の歌である。防人は、主に東国の男達が家族から離れて遙か九州に渡り、さらに壱岐・対馬の海の防御に当たった兵士達だった。万葉集に約百首納められている。

あられ降り鹿島の神を祈りつつ皇御軍《すめらみくさ》に吾は来にしを

今日よりは顧《かへり》みなくて大君の醜《しこ》の御楯と出で立つ吾は　（巻二十）

これらの歌は有名である。防人の時代から天皇の軍という意識つまり皇軍の観念があり、その兵士となって任務に赴くことは「公」に尽くすことだとする意識もあった。しかし、防人に出発するとは、愛する家族と別れ、想像もつかない遠方に向かうことだ。防人達は、その惜別を多く歌っている。「皇御軍に吾は来にしを」と歌った防人が、次のように妻との別れを悲しんでいる。

筑波嶺のさ百合の花の夜床にも愛《かな》しけ妹ぞ昼もかなしけ　（巻二十）

この防人は筑波の人だ。嶺の百合の花のように綺麗な愛しい奥さんを夜も昼も思いつづけて壱岐・対馬で兵役に就いているのだ。

次の二首も、分かれた妻や父母への恋しい思いそのものが歌われている。

わが妻も絵にかきとらむ暇《いつま》もか旅行く吾は見つつしのはむ　（巻二十）

大君の命畏み磯に触り海原渡る父母をおきて　（巻二十）

このように、防人達には、確かに公の意識はあった。しかし、家族と別れて任務に就いている彼らは、やはりその愛惜、淋しさを正直に謳っている。千三百年後の近代日本における戦に赴いた兵士達も同じだった。彼らも妻や家族の写真を胸に入れて戦場に赴いていった。

さて、二上山を眺めれば思い出すのは、大津皇子《おおつのみこ》である。

大和の明日香から真西を見れば二上山があり、彼岸にはその雄岳と雌岳の間に日が沈む。明日香から二上山に向かう西の道、これが古代の葬送の道である。それ故、二上山の西の河内（大阪府）に入った麓には聖徳太子や推古天皇や小野妹子らの御陵、墳墓など多くの古墳がある。

二上山

反対に、和泉（大阪府）の堺から真東を見れば二上山があり、彼岸には雄岳と雌岳の間から日が昇る。その堺の仁徳天皇陵の正面から東に行くと応神天皇の御陵と伝えられたこともある御廟山古墳がある。その堤から東を眺めれば二上山が見える（昭和四十年頃までは仁徳天皇の御陵からも見えた）。その二上山の雄岳に葬られたのが大津皇子だ。

大津皇子は、天武天皇の皇子で天智天皇の孫である。堂々たる体格で、弁舌に長じ、教養高く、文武に優れ　度量も大きく人望を集めた（犬養孝著『万葉の旅』）。

しかし、天武十五年（六八六年）九月九日の天武帝崩御の十月二日、謀反を企てた嫌疑を受け、翌三日の夕方、死罪に処せられその屍は二上山に葬られた。時に、二十四歳であった。

大津皇子は、死罪に処せられるとき磐余の池の畔で歌を詠み漢詩も残している。

ももづたふ磐余《いはれ》の池に鳴く鴨を今日のみ見てや雲隠《がく》りなむ　（巻三）

金烏臨西舎　鼓声催短命　泉路無賓主　此夕離家向

この漢詩の大意は、次の通りであろう。金烏（太陽）は西に傾き、死刑執行を告げる太鼓の声は私の若い死を促している、死後の道には賓客などいない、この夕べ家を離れてそこへ向かう。

大津皇子は、短い生涯のなかで、恋をした。その恋人を山のなかでじっと辛抱強く待った時の歌と、その恋の相手を津守連通という者の占いによって暴露された時に詠んだ歌が万葉集にある。

あしひきの山のしづくに妹待つと吾立ちぬれぬ山のしづくに　（巻二）

大舟の津守の占《うら》に告《の》らむとは正しに知りてわが二人宿《ね》し　（巻二）

このように言い放てる男は立派である。とはいえ、この恋人は草壁皇子の愛人であった。そして、この草壁皇子と大津皇子の母親は、二人とも天智天皇の皇女で姉妹同士であって、ともに天武天皇の妻である。この妹が後の持統天皇となる。即ち、天武天皇は兄貴（天智天皇）の娘二人を妻として、草壁皇子と大津皇子を生ませたのだ。

なお、この古代最大の内乱である壬申の乱を勝ち抜き、古代国家を確固たるものとした天皇は、あの万葉の絶世の歌人、額田王《ぬかたのおおきみ》を含めて十人の妻をもっていた。なんと、万葉の時代はおおらかだ。

しかし、おおらかで、また酷い。この天武崩御後に天皇となるのが草壁皇子の母つまり持統天皇であり、以後皇統は持統天皇から、天皇の子である草壁皇子の夭折で、孫の文武天皇に続いてゆく。大津皇子は、排除された。その大津皇子は、父である天武崩御の二十四日後に自分を抹殺する叔母（持統天皇）が生んだ異母兄弟の恋人と「我が二人宿し」と言い放ったのだ。

若々しい熱情一途で恋に突き進んだ大津皇子としては、その時、知るよしもないとはいえ、この複雑極まりない親族関係と、それからもたらされる皇子の酷い運命を念頭に置いて歌を読めば、はかなく散ったが故に輝く、青春の大津皇子の、何をも怖れない情熱と恋と竹を割ったような清冽な気性が伝わってくる。

その大津皇子に二つ年上の姉、大来皇女《おおくのひめみこ》がいた。彼女は、伊勢神宮の齋宮となって伊勢にいたが、天武崩御の後、齋宮を解任され弟の処刑された後に都に帰ってくる。その時の歌三首と弟の屍を二上山に葬った時の歌一首。

磯の上に生《お》ふるあしびを手折《たを》らめど見すべき君がありといはなくに
神風の伊勢の國にもあらましをいかにか来けむ君もあらなくに
見まく欲《ほ》りわがする君もあらなくにいかにか来けむ馬疲るるに
うつそみの人なる吾や明日よりは二上山を兄弟《いろせ》とわが見む
（以上巻二）

この万葉集の大来皇女の歌によって、人々は今も二上山を見る度に、大来皇女の思いと同じように、若き大津皇子を思い出す。二上山は、古代の青春と愛惜の情の星の時間を伝え続ける山となった。

さて、祭りであるが、これも万葉の歌と同じだ。ひたぶるに素直な心のほとばしりであり太古からの星の時間の甦りだ。

我が国の祭りは、各地域の神社の神事として行われる。その神社は、全国津々浦々にある。つまり全国津々浦々で、年に一度、昔から地域に根ざしたさまざまな個性のある祭りが神事として行われる。その神事を行う神社の祀る神さんは、皆、天照大神とつながりがある。従って、全国津々浦々の祭りは、天皇の国である日本の祭りである。そして、その祭りに参加する人々は、皆、溌剌たる命の甦りを実感して熱中する。

例えば、泉州地方では、地域々々で違うが、地車《だんじり》かふとん太鼓で三日間ほど地域を練り歩く。だんじりは、数トンの重量で綱をかけて大勢で引き回す。ふとん太鼓は二トンほどの重量で、四、五十名の男が肩に担いで体力が尽きるまで担ぎ廻る。これらは、必死で引き回し必死で担がなければ動かない。何で、こんなしんどいことをするんやろ、と思うこともある。しかし、一年に一回、これをしなければ納まらない。私は、祭りの初めに、ふとん太鼓を担ぐ青年団に、「ふとん太鼓は、日本そのものじゃ、日本を担ぐつもりで担げ」と挨拶しはっぱをかける。やはり、年々の祭りそれ自体が、星の時間の甦りなのだ。

（四）東大寺の大仏造像と千三百年後の恩返し

奈良東大寺の巨大な大仏は、聖武天皇の「盧舎那佛金銅の大像を造り給ふの詔」（天平十五年）の発願によって、天平十七年（七四五年）造像が開始され天平勝宝四年（七五二年）開眼した。

それより前の天平十三年（七四一年）、天皇は、全国に国分寺と国分尼寺を建設することを命じられ東大寺を総国分寺とされた。そのうえで、その総国分寺に大仏の造像を命じられたのである。その目的は、国家の安泰を計ることで「動植ことごとく栄えむこと」にあった。

この詔のなかで、天皇は「夫れ天下の富を有つ者は朕なり、天下の勢を有つ者も朕なり、此の富と勢とを以て、此の尊像を造る」とおっしゃっている。しかし、我が国の天皇は、そんな巨額の富を持ってはおられない。

そこで、次ぎに天皇は民に呼びかけられている。「如し更に人の一枝の草一杷の土を持ちて、造像を助けむと情願する者有らば、恣に之を聴せ。国郡等の司、この事によりて百姓を侵し擾し、強いて収斂せしむること莫れ」と。

この民に参加を呼びかけ、民一人々々の参加の積み重なりによって大土木事業を為し遂げてゆく手法こそ、古来から我が国に伝わる手法であり、これは天皇を中心とした家族のような国家であるから可能になるものである。先に触れたが、仁徳天皇による大阪平野の治水という大土木工事や世界最大の前方後円墳である仁徳天皇御陵も、この民一人々々の参加による手法で出来上がっている。そして、現在においては、伊勢神宮の式年遷宮における、大勢の人力による建築用大木の神宮への運び込みや、一人が一つのお白石を運びながら、無数のお白石を新しい拝殿のまわりに積み上げる方式がそれである。

さて、ここで千三百年の時空を越えて特筆すべきことがある。如何に聖武天皇が、自らの富を誇ろうとも、当時の我が国には、巨大な大仏に鍍金するだけの金が無かったのである。さらにそもそも建設費が足りなかった。このままでは、造像は中断するしかなかった。

しかしその時、「鶏が鳴く東の國の陸奥の小田なる山に黄金あり」と申し出があり、「天皇の御代栄えむと東なる陸奥山に黄金花咲く」（万葉集、大伴家持）となった。陸奥の山に金鉱が発見され、そこから出た黄金が供出されたのだ。そして、この黄金によって盧舎那佛金銅が完成した。

そして、千三百年の歳月が流れた千年に一度の東日本大震災の約一ヶ月後、奈良の東大寺は、銀行から一億円の借金をして東北の被災地に寄付をすると発表した。

東大寺の大仏は、千三百年前に東北で発見された黄金を贈られて鍍金され完成した。そのご縁で東大寺は、ご恩返しに東北の被災地に一億円を贈ることを決めたという。東大寺の別当は言った。「動植物すべての幸せを願った聖武天皇と光明皇后の精神は、今も東大寺に生きている」と。

天皇の呼びかけに応じて東北からもたらされた千三百年昔の恩を、同じ天皇の名において、千三百年の後に東北に返す例が日本以外にあろうか。やはり、東大寺の盧舍那佛造像の瞬間は、国民全てが参加した日本の「星の時間」だった。

（五）蒙古来たる

蒙古襲来は、我が国の最大の国難だった。その時、蒙古に負けておれば、我が国は「日本」でなくなっていた。その蒙古の軍勢に最初に突撃した武士団の将、宗助国ら八十騎の奮戦を末永く伝えねばならない。

ジンギスカンに率いられてモンゴル草原の一角から台頭した蒙古帝国は、十三世紀のフビライの時代にユーラシア大陸の東西にまたがる大帝国となった。東で蒙古を防ぎえたのは日本とベトナムだけである。

時の鎌倉幕府の執権は、頼山陽に「胆甕《かめ》の如し」と謳われた相模太郎北条時宗であった。彼は十八歳で執権になり、二十三歳の時に文永の役を迎え三十歳で弘安の役を乗り切り、その三年後に三十三歳で亡くなった。我が国が、蒙古を撃退するために生まれてきたような男であった。

蒙古は、襲来の八年前から、日本を恭順させようと度々使者を送ってきた。日本を偵察するためでもあった。危機を感じた鎌倉幕府は、蒙古の襲来に備えるために、十八歳の北条時宗を執権にする。執権になった北条時宗は、大蒙古帝国のフビライの使者を切り捨てたのだ。まさに、胆甕の如しである。

遂に文永十一年（一二七四年）十月五日、フビライの命令により元帥忻都《ヒンドゥ》に率いられた三万の日本討伐軍を乗せた蒙古・高麗の軍船九百隻が対馬の西海岸沖の海上に姿を現し、小茂田浜に上陸を開始した。

その報に接した対馬守護代の宗助国は、八十騎を率いて直ちに東海岸の厳原を出発し山を越えて西の小茂田浜に向かう。助国その時、六十八歳である。現在の年齢で言えば、八十歳以上であろうか。古戦場の小茂田浜に建つ小茂田浜神社境内の説明によれば、宗助国ら八十騎は、十月六日の寅の刻（午前四時）から上陸した雲霞の如き蒙古軍と戦端を開き、辰の下刻（午前九時）に全員玉砕して戦闘が終わった。八十騎で実に五時間にわたって奮闘したことになる。

対馬は、山岳の頂上付近が海の上に出ているよう地形で、西海岸には現在も大人数の上陸適地は砂浜のある小茂田浜しかない。しかし、現在の小茂田浜も、左右に山が扇型に開いて海に突き出して浜を囲んでおり、扇の中心から川が海に流れ込んでいる。つまり、浜から東の内陸部に進めば、左右から山が迫ってきて、すぐに山の中に入る地形だ。さらに、七百年前は、浜は二キロほど東で海は現在の金田小学校付近まできていた。そうであれば、敵の蒙古軍は、今よりも遥かに狭い山が迫った浜に、人と馬がひしめき合って上陸してきたと思われる。

この地形を見ていて咄嗟に思った。千早赤坂に似ていると。小茂田浜の戦いから五十七年後の元弘元年（一三三一年）十月、楠木正成は、千早赤坂の地形を利用して三十万の鎌倉幕府軍を迎撃した。この時は、楠木正成らは戦死を偽装して背後の金剛山中に姿をくらます。以後、千早赤坂の根城から出没して大阪中を荒らし回って幕府軍を攪乱し、二年後の元弘三年には、八十万の幕府軍を千早赤坂に迎撃して持久戦・膠着戦に持ち込むことに成功している。

ここで、宗助国ら八十騎が万を超える蒙古軍あいてに、五時間にわたって勇戦奮闘できた訳が分かっ

金剛山（右）と葛城山（左）

赤坂城址

赤坂城址の棚田

た。彼らは、平原での戦いに慣れた蒙古軍を山岳戦に誘い込んで重大な痛手をあたえることができたのだ。

扇形の浜に軍馬と共に上陸した大勢の蒙古軍は、山に囲まれて急に狭くなった川沿いの道をひしめきながら進んできたと思われる。それを宗助国らは上から射殺した。矢を放てば誰かに当たったであろう。敵は何処から攻撃されているのか分からなかったはずだ。十月の午前四時は、まだ暗い。さらに有利なのは、我が国の弓は、蒙古の弓より射程が長いことだ。初めての異国の山が迫る暗い海岸で蒙古軍は軍馬ともどもパニック状態になったのではないか。

しかし、明るくなり、また、矢も尽きた。その時、蒙古軍は、逆に今まで遭遇したことのない敵を知ることになる。宗助国らは微笑みながら蒙古軍に突撃してきたのだ。そして、鬼神も退く勇戦敢闘の末に、全員壮絶な戦死を遂げた。宗助国の首塚と胴塚は、別々に離れたところにある。五体裂かれて戦死したことを示している。

日本から帰った蒙古の使者は、フビライに、日本への遠征は不可であるとして、次のように報告していた。

「私がしばらく日本にいて観察したところによりますと、日本人はまず狼の如く勇ましく人を殺すことが好きです。礼儀がありません。山や川ばかり多く、農地や桑畑がありません。こういう人間どもを支配しても使いものにならず、こういう土地を獲得しても富がましたことになりませんん」（渡部昇一著、『中世史入門』より）。

対馬の小茂田浜で、蒙古軍が始めて遭遇した宗助国らは、この使者の報告通り、まさに勇敢な狼に見えたであろう。蒙古軍の元帥忻都は、私はいろいろな国の敵と戦ってきたが、このような恐ろしい敵に出会ったのは初めてであると言った。

文永十一年十月六日寅の刻から辰の下刻、宗助国ら八十騎が微笑みながら突撃したこの時、我が国の星の時間である。そして、この一報が鎌倉に到達した。まさに、いざ鎌倉。その時、日本は、執権北条時宗の下で一丸となった。

(六) 湊川に遺された魂

宗助国らの玉砕から六十二年後の建武三年(一三三六年)五月二十五日、楠木正成主従七百騎は、神戸の湊川で西から攻め上る二十万の足利軍を迎撃して全員戦死した。遺したものは、魂、即ち、七生報国。

この魂は、蒙古との戦いと共に現代に至る日本人の歴史を決定した。さらに、日本が二十世紀を決定したことを思うと、湊川の戦いは、まさに人類の星の時間である。

明治十年の西南の役に臨んだ西郷隆盛の心も、確かに湊川にあった。大東亜戦争において、最も危険な戦闘に赴くように命じる軍司令官に対して、部隊の指揮官は、「つまり、私に、湊川をしろといわれるのですな」と言って納得した。

楠木正成は、永仁二年(一二九四年)、修験道の開祖である役行者が修行した大和と河内の境に聳える金剛山（標高千百二十五メートル）の水の豊富な麓、今の大阪府南河内郡千早赤坂村の水分で生まれ、四十二歳にして湊川で自決した。歴史の舞台に登場するのは、後醍醐天皇の笠置山での反鎌倉挙兵に呼応して、五百人の部下を率いて郷里の下赤坂城で挙兵した元弘元年（一三三一年）十月十五日から湊川までの四年十か月である。

挙兵に先立って楠木正成は、笠置で後醍醐天皇に、「正成一人、いまだ生きてありと聞こしめし候はば、聖運つひに開かるべしと、おぼしめされ候らへ」（天下に楠木正成が、まだ生きていると聞かれたならば、必ず御運が開かれ、御望みのことが実現できましょう）と述べた。そして郷里に戻り挙兵し、五百人で三十万の鎌倉軍を相手に一週間戦い、敵に大きな損害を与えてから自決したと見せかけて背後の金剛山中に消えていった。

それから半年後の翌元弘二年、後醍醐天皇が隠岐に流されてから、死んだと思われていた楠木正成主従が、突如現れて河内・和泉を制圧し天王寺から淀川辺まで進出する。そして、驚いた鎌倉方が京都から差し向けた五千の兵を殲滅した。以後、再び山深い千早赤坂に戻り、度々平野に出没して六波羅の兵を破った。

そこで、鎌倉方は、元弘三年正月、八十万というとほうもない大軍を千早赤坂に差し向けた。ところが、正成は、山裾の下赤坂、上赤坂そして千早に城を築いて待ちかまえていた。千早赤坂は、前に触れたように、蒙古を迎撃した対馬の小茂田浜とよく似た地形だ。八十万の大軍とはいえ、一番奥の千早城を攻めるには山に挟まれた川が流れる曲がりくねったせまい道を細い列になって通ることになる。地形を知り尽くした正成が、ゲリラ戦を仕掛けて鎌倉方に重大な出血を強い続け、戦線は膠着状態に陥った。

この千早赤坂の僻地で鎌倉の大軍が苦戦しているとの情報が全国に流れ、勢い付いた各地の悪党と呼ばれる武士団が反鎌倉で決起し始め、京都の六波羅探題が倒され、元弘三年（一三三三年）五月二十一日、新田義貞が鎌倉に攻め込み、執権の北条高時ら一族家臣団ら千名あまりが自害して鎌倉幕府が滅亡し、後醍醐天皇を中心に建武の新政が成る。正成は、鎌倉幕府を滅亡に導いた最大の功労者である。

しかし、足利尊氏は、再び武士による政治を実現せんと、九州から大軍を以て京都に攻め上ってくる。その大軍を如何にして迎撃するか、楠木正成の献策は入れられず、後醍醐天皇は、公家達の京都を出て闘えという意見を採用され、正成に出撃を命ぜられた。

その命により正成は死を覚悟して迎撃に向かう。そして途中、西に行けば湊川、南に行けば千早赤坂という地点の櫻井において、長男正行と兵の大半を郷里の千早赤坂に帰し、七百騎で西に向かった。

建武三年（一三三六年）五月二十五日、湊川において幾度かの突撃を繰り返して生き残った者七十名となったとき、正成は、弟の正季に向かって問う。以下、太平記の記述。

「正成座上に居つつ、舎弟の正季に向かって『そもそも最後の一念に依って、善悪の生を引くといへり。九界の間に何か御辺の願いなる』と問ひければ、正季、からからとうち笑うて、『七生まで、ただ人間に生まれて、朝敵を滅ぼさばやとこそ存じ候へ』と申しければ、正成、よに嬉しげなる気色にて、『罪業深き悪念なれども、われもかやうに思ふなり。いざさらば、同じく生を替えて、この本懐を達せん』と契って、兄弟ともに刺し違へて、同じ枕に臥しにけり」

これが、日本人が日本人であるかぎり、生き続ける楠公の精神、即ち、七生報国である。

楠公は、死んでも死なないと思っている。よく死ぬことがよく生きることだと確信している。それ故、弟はからからと笑い、兄は嬉しげなる気色つまり微笑んで、刺し違えた。

楠公像

では、正成は、櫻井で嫡男正行に何を言い残したのか。それは命ある限り朝敵と戦えということであろう。その時、正行は十一歳であった。長じて大阪の住吉浜で足利軍を打ち破るが、正平三年（一三四八年）二月四日、四条畷の戦いで敗れ、弟の正時と共に自害して果てる。享年二十二歳。

この戦いの前に、死を覚悟した正行は、吉野山に登り後醍醐天皇の御廟に参拝し、そこの如意輪堂の壁板に共に死ぬ覚悟の一族郎党百四十三名の名と、辞世「かへらじとかねて思へば梓弓なき数にいる名をぞとどむる」を鏃《やじり》で刻んだ。

以後、楠木一族の「挙族殉皇」が開始され正成没後百二十四年に至るまで続く。正成の子孫達は、足利幕府に反旗を翻して兵を挙げ、加茂の河原で首を打たれ続けた。そして、戦国時代に入った足利幕府の最末期の永禄二年（一五五九年）、勅許により楠木正成の朝敵の汚名が返上された。

明治維新後、明治政府によって、南朝の忠臣の子孫達が探し出されて政府から顕彰された。しかし、楠木正成の確かな子孫だけは、どうしても探し出せなかったという。楠木一族は、正成の遺志にしたがい最後になるまで朝敵足利に抗戦を継続して全滅したと思われる。これが、楠木一族の「挙族殉皇」である（松浦光修著『日本の心に目覚める五つの話』明成社）。

天下太平となった元禄五年（一六九二年）、徳川光圀は、湊川の正成戦没地に自ら書いた字を刻ませて「嗚呼忠臣楠子之墓」を建てる（湊川建碑）。

徳川光圀の業績は、大日本史の編纂などの修史事業が有名であるが、私は、この湊川建碑は特筆されるべき業であると思う。何故なら、西国街道を行き交う人が、「嗚呼忠臣楠子之墓」を仰ぐからである。これによって、全国の庶民に至るまで楠公の名と物語が知れ渡ってゆく。また、徳川の家は、足利系である。その足利系の光圀が、足

嗚呼忠臣楠子之墓（湊川神社内の墓碑）

楠木正成肖像画

利を朝敵として戦った正成の碑を建てたところに、光圀の尊皇の志と人物の大きさを感じる。

元禄十五年（一七〇二年）、参勤交代の途上、その碑を見ていた大石内蔵助率いる赤穂浪士が吉良邸に討ち入る。その時、人々は、「楠木のいま大石となりにけりなほも朽ちせぬ忠孝をなす」と詠んだ。楠木正成が、大石内蔵助となって忠孝を果たしたと歌ったのだ。

吉良家は名家で足利家の本家筋である。その足利本家筋の当主の首を打った大石内蔵助は、楠木正成の生まれかわりと人々は思った。この歌は、この頃には正成の七生報国の精神が広く国民に知れ渡っていたことを示すものである。

黒船の来る二年前の嘉永四年（一八五一年）、吉田松陰は湊川の「嗚呼忠臣楠子之墓」に参って泣き、楠公兄弟は、ただ七生のみならず、はじめより、未だ嘗て死せざるなりと書いた。そして、多くの幕末の志士たちは、今楠公となった。

さらに、維新が成った明治元年（一八六八年）四月二十一日、明治天皇は、湊川に湊川神社を創建するよう命じられる。

明治三十七年、広瀬武夫中佐、「七生報国」と書き残して旅順港の閉塞に向かう（三月二十七日戦死）。

大東亜戦争において、多くの将兵は「七生報国」の思いをもって出征した。特攻隊は正成が後醍醐天皇から贈られた家紋の「菊水」を部隊名とした。

空母飛龍に乗ってミッドウェーで戦死した第二航空戦隊司令長官山口多聞少将の名は、楠木正成の幼名である。彼は、味方の駆逐艦から発射される魚雷によって自沈される大破した飛龍からの退艦を断って艦長と共に飛龍に留まり、二人で月を見ながらニコニコとして微笑み亡くなっていった。
なお、正成がゲリラ戦を展開した金剛山の標高六百七十四メートルの支脈にある千早城が見下ろすところに多聞小学校がある。村の子ども達は、楠木正成の幼名をもらった小学校で学んでいたのだ。今は廃校になったのが残念である。
その多聞小学校址には碑があり「学校沿革史」が刻まれている。
一八七四年、明治七、十一、二五　千早分校として開校
一九〇一年、明治三四、一、一〇　多聞尋常小学校と改称
一九四七年、昭和二二、四、一　千早村多聞小学校と改称
二〇〇七年、平成一九、三、一八　創立一三三周年をもって閉校
卒業生　一六一七名
言い尽くすことはできないが、やはり、楠木正成は、日本人が日本人であるかぎり、生きているし、いつでも甦ってくる。

（七）江戸無血開城

十六世紀の戦国時代を集結させて近代日本への道を開いたのは、まず先鋒の開拓者尾張の織田信長であり、豊臣秀吉がそれに続き、完成者は三河の徳川家康である。

最終的に、徳川家康が天下を掌握して江戸に幕府を開き約二百六十年間の江戸時代を迎える。その

大勢が決したのは、文字通り天下分け目の関ヶ原の戦いだった。これは、豊臣方の西軍と徳川方の東軍の双方それぞれ約十万の合計二十万の軍勢が、伊吹山の南側に東西に長く広がる関ヶ原で慶長五年（一六〇〇年）九月十五日、激突して東軍が勝利した戦いだった。この時、狭い関ヶ原で使用された鉄砲の数は、当時の全ヨーロッパが保有する鉄砲の数を遙かに凌いでいた。

大阪の人間は、昔から秀吉の太閤贔屓で徳川家康を狸親父として扱いがちだが、現実に関ヶ原を歩き、その地形と東西両軍の布陣をみれば、家康の胆力に舌を巻く。

西軍は東軍よりも早く関ヶ原に到着し、東西に長く広がる関ヶ原の北の笹尾山と南の南宮山、松尾山そして天満山という高地に布陣して東から山に挟まれた平地に入って来る東軍を待ち構えていた。西軍の布陣を鶴が羽を広げたような鶴翼の陣というが、現地でこの様を眺めれば、このような詩的な表現など思いつかないほど露骨な戦闘姿勢である。つまり、西軍は虎が口を拡げたように感じる布陣をして東軍を待っていた。

そして、家康は、最終的には西軍の大将である石田三成が陣を敷く笹尾山の七、八百メートルほど下の地点まで進出してきて布陣したのである。つまり、家康は、虎の口の中に自分で入ってきたのだ。如何に事前の工作活動で松尾山の小早川が徳川方に裏切ることになっていたとはいえ、まだ裏切ってはいないのである。並みの胆力でできることではない。

石田三成が、知性よりも野戦における本能が優る男で、自分の斜め下の七、八百メートルの地点に出てきた家康に、直ちに総攻撃を下命して総軍土石流のように、家康目がけて駆け下りて行ったならば、勝敗はどうなったか分からない。

　事実、東軍勝利が明らかになった頃、それまで笹尾山の西で動かなかった島津義弘率いる薩摩勢千五百人は、家康本陣の背後にある伊勢街道を目指して退却を開始する。つまり、島津勢千五百は、家康本陣目掛けて退却したのである。そして、義弘は、家康の五十メートルほど近くを雪崩降りて行った。家康と義弘は、お互い顔を見合ったであろう。その時、義弘が、全員玉砕覚悟で家康目がけて総攻撃を下命したら、家康の命はどうなったか分からない。多分、関ヶ原で落命した。

　ともあれ、このような危険を冒して虎の拡げた口のなかに入ってきた徳川家康は、戦の度胸において三成に優り、やはり野戦で天下を握った男である。このようにして彼が造った徳川幕府は、将軍十五代、二百六十年続く。そして、島津がこの時、家康に与えた恐怖が、徳川幕藩期における島津藩の存続を守り二百六十年後の幕末につながってゆく。


　この二百六十年の江戸時代は、人口は三千五百万人ほどで推移して平和が続いた。そのなかで、秩序が定まり教育が普及し農林水産業をはじめ各種産業が発達し、地方色豊かな文化が各地で興った。現在、日本的な文化と言われる芸能や生活様式はこの江戸時代に発達し洗練されたものである。これほど長期間にわたって国内が平和で文化が興り騒乱がない時代が続いたことは世界に例がなく、江戸時代は世界史上における特異な時代だったと言える。

　その江戸時代の終わりの始まりを象徴的に告げるのが、関ヶ原から二百五十三年を経た嘉永六年

（一八五三年）七月の黒船来航だ。アメリカ東洋艦隊のマッシュー・ペリー提督が旗艦サスケハナ以下四隻の黒い蒸気船の砲窓から砲を突き出しながら浦賀に来航し、幕府にアメリカ大統領の国書を示して我が国に開国を迫ったのである。

そして、これから十五年後、この人類史上まことに珍しい江戸時代の、かけがえのない「逝きし世」は、天皇の国でしか為しえない終わり方で終わっていった。それは、大政奉還と江戸無血開城である。

武力倒幕の動きが高まる中で、第十五代将軍徳川慶喜は、大政奉還を申し出て勅許される（慶応三年十月十四日）。大政奉還とは、読んで字の如しである。「政」を天皇に奉還すること。従って慶喜は、大政を奉還した後は、天皇の下で、徳川宗家つまり慶喜を首班とする諸侯会議体制によって従来通りの国家運営を継続していこうとしていた。

しかし、幕藩体制それ自体を打倒しようとする薩摩長州の倒幕路線は、この慶喜の徳川体制温存路線を一掃する為に、王政復古の大号令（同十二月九日）を発し、慶喜に「辞官納地」を求める。即ち、全ての官職と領地を朝廷に明け渡せと迫った。つまり、徳川だけに後に行われる廃藩置県（明治四年）を迫ったのだ。とうてい慶喜の受け入れられる要求ではない。この時点では、当の薩摩や長州の藩主も、受け入れなかったであろう。

しかし、真に明治維新を為し遂げて早急に近代中央集権国家を建設するためには、どうしても、幕藩体制を克服しなければならない。その為に、王政復古の大号令は必要であった。では、王政復古とは何か。それは、平安朝の摂関政治の如き慶喜や諸侯の現状維持の希望を、遙かに飛び越えて、神武創業の昔に戻ることである。

つまり、天皇の国に戻ることだ。即ち、我が国においては、近代中央集権国家の建設とは、王政復古であり、神武創業の昔に戻ることである。この肇国の精神は、単に古に還ることだけではなく、さらに新たな時代に踏み出すことである。我が国においては、真の改革とは復古なのだ。

よって、王政復古の大号令発出を主導した薩摩と長州の、西郷や木戸には、何れ自分たちの薩摩藩も長州藩も、さらに全国全ての藩も、廃藩にする覚悟があったはずだ。そうでなければ、江戸の無血開城は為しえない。無血開城は、勝海舟が言う大共有の思想、大天下の思想がなければ為しえないからだ。

慶応三年暮れ、徳川慶喜は、京都を離れて大阪城に入る。明けて慶応四年（明治元年）一月三日、大阪に集結した幕府諸藩連合軍一万五千が淀川上流の伏見に向かい陣を敷き、城南宮を拠点とする薩長軍（以下、官軍という）五千と対峙する。夕刻、両軍衝突し、戊辰戦争が始まり、鳥羽伏見での激戦の末、幕府軍が敗退し、一月九日、官軍、大阪城に入る。その前々日、徳川慶喜、大阪を脱出し江戸に向けて出航する。新政府、徳川慶喜追討令を出す。

二月十二日、徳川慶喜、江戸城を出て上野寛永寺に移り謹慎。

二月十四日、西郷隆盛、東征大総督府参謀となり、江戸に向かう。

江戸は、人口百五十万を超える当時世界最大の都である。この江戸の無血開城が、官軍の総攻撃予定日である十五日の前日である三月十四日に決定され、西郷隆盛は総攻撃中止を宣言した。この日、若き十六歳の天皇は京都で「五箇条の御誓文」と「国威宣布の宸翰」を渙発された。

この大政奉還から江戸無血開城まで、世界史上、これを為しえた国家は、ただ日本である。これを為しえた人物は、西郷隆盛（南洲）、勝海舟そして山岡鉄太郎（鉄舟）の三人である。これは、人類の星の時間だ。

西郷隆盛、薩摩藩士、文政十年（一八二八年）に生まれる。三十歳代のほぼ六年間、奄美大島と沖永良部で牢獄にある。明治十年（一八七七年）九月二十四日、薩摩の城山にて天子のおられる東方を拝して自決。

勝海舟、旗本、文政六年（一八二三年）に生まれる。少年時代、赤貧のなかで剣と禅を修行し、オランダ語を習得して佐久間象山について西洋兵学を学び、後に幕閣となって幕末維新の動乱を乗り切る。そして、徳川慶喜が天皇に謁を賜ったことを見届けて明治三十二年（一八九九年）没する。

山岡鉄太郎、旗本、天保七年（一八三六年）に生まれる。生涯を剣の修行で貫く。明治五年、天皇の侍従となって忠節を尽くし「明治の和気清麿」と呼ばれるようになる。明治二十一年七月十九日、午前七時半、死期を悟り、浴室にゆき身を清めて白衣に着替え、九時、

山岡鉄舟

勝海舟

西郷隆盛像

皇居に向かって結跏趺坐《けっかふざ》の形をとり、九時十五分に瞑目して帰天。

以下、門人が勝海舟や山岡鉄太郎から口述筆記して製本した『氷川清話』と『山岡鉄舟の武士道』（共に勝部真長編）を元に、江戸無血開城をみる。

この時、幕府は滅びたが日本は近代国民国家として前進し始めたのである。勝海舟は、後に往時を回想して次の漢詩を作った。

「官兵城に迫るの日　我を知るは一人南洲　一朝　機事を誤らば　百万髑髏と化す」


さて、慶喜が、海路、ほうほうの体で大阪から江戸に帰ってきた明治元年一月十一日からの幕府内は、フランスの援助によって官軍と断固一戦を交えようとする主戦派と勝海舟や大久保一蔵らの恭順論が激しく対立した。しかし、慶喜は恭順を決意し、勝を陸軍総裁に大久保を会計総裁に任じて主戦派を退けた。

陸軍総裁になった勝に、フランス陸軍教官が数名の士官を連れて会いに来て、「我々がこれまで教え育てた優秀な士官兵隊数百名を率いて戦えば必ず勝つ。我々もこれまで教育した所を実戦で試してみる。実に愉快ではないか。ご返事を承りたい」と迫ってきた。

勝は、「明日返事する」と彼らを帰して、直ちにフランス公使ロセスを訪れ、幕府の方針は恭順であると告げる。フランス側は、不思議な面持ちで、どうしてこのような優勢な兵力があるのに戦わないのか、戦えば必ず勝つと説得してきたが、勝は自分の身がどうなろうと天のみが知ると言って別れた。

そして、勝はイギリスの公使パークスと書記官のサトーに接触し、西郷隆盛との談判が決裂して江戸で戦争になった時に、慶喜をイギリスに亡命させる為に横浜にあるイギリス海軍の軍艦アイロンディック号を品川に回航して留めておいてくれるように頼んだ。

次ぎに勝は、西郷との談判決裂の際の二つの準備をした。

その一つは、ナポレオンに侵攻されたロシアがモスクワを焼土として対抗した戦例に学ぶ江戸の焦土作戦である。

この為に、勝は、あらかじめ無頼の徒、火消し、鳶職　博徒、運送のそれぞれの主立った頭や親分衆三十五、六名を集めて莫大な金を握らせて組織化し、いざとなったら大焦土作戦を展開する準備をした。勝は座して組織化したのではなく、いちいち親分衆を廻ったのである。各々の家で、幕府の陸軍総裁から挨拶をされて大枚な金を戴いた頭達は、感激し勝に忠誠を誓ったのである。これほど強い戦力はない。フランス軍将校に訓練された幕府軍より強かっただろう。大東亜戦争直後の警察が治安を維持できなくなった神戸で治安を守ったのが任侠の徒であったことを振り返れば、勝海舟の着想力は抜群である。生まれた家柄だけで幕閣にある者が、決してなし得る事ではなく、赤貧のなかで市井の機微をしる勝にして初めて為せることである。

次ぎに、勝海舟が、準備したのは、江戸町民の生命財産をできるだけ守るための脱出作戦である。そのために房総の船をことごとく借り上げて江戸に集結させ、江戸市民が速やかに千葉や神奈川方面に退去できるようにした。もちろん、この二つの準備をするためには膨大な金がいる。その為に、幕府の会計総裁に大久保一蔵が就任していた訳だ。

以上の、慶喜のイギリスへの亡命と江戸の大焦土作戦と江戸市民の退避の準備万端を済ませたうえで、勝海舟は、官軍のなかにいる西郷隆盛一人を待っていたのである。これ、勝は官軍に対して、背水の陣を敷いたということである。仮にこの策が断行されていたら、江戸は日本は、如何になり至ったかを思うと寒気がする。

この時を振り返る勝海舟の談は次の通りである。

「戊辰の変のことは、おれは幕閣より一日早く承知した……このとき幕閣では、ことの起こりが少々の行き違いだから、たいしたことにもなるまいとの説だったけれども、おれはひとりで、西郷めがこの機に乗じて、天兵を差し向けはしないかと心配していたところが、やはりやってきたわい。西郷は実にえらいやつだ。当時人心きょうきょうとして、おれは常に一身を死生一髪というきわにおいていた……。

自分の功績を述べるようでおかしいが、おれが政権を奉還して、江戸を引き払うように主張したのは、いわゆる国家主義から割り出したものさ。三百年来の根底があるからといったところで、時勢が許さなかったらどうなるものか。

かつまた都府というものは、天下の共有物であって、けっして一個人の私物ではない。江戸城引き払いのことについては、おれにこの論拠があるものだから、だれがなんといったて少しもかまわなかったのさ……

維新のころには、妻子までもおれに不平だったよ。広い天下におれに賛成するものは一人もなかったけれども、おれは常に世の中には道というものがあると思って楽しんでいた」

勝海舟は、西郷隆盛が近づくのをじっと待った。そして、三月九日、駿府に至った西郷に対して山岡鉄舟に書状をもたせて差し向ける。その結果、三月十三日と十四日に江戸薩摩藩邸で西郷と会見し、官軍の江戸総攻撃中止と江戸無血開城を決める。

その山岡鉄舟が駿府の西郷と会うために出発してゆく状況を勝は次のように談じた。

「戊辰の際、将軍慶喜公は上野に引きこもられて、恭順謹慎されてござった当時、江戸市中は目も当てられぬ大騒動で、官軍はずんずん近寄りきて、大総督ご本営はすでに駿府にまでご来着ということである。

この際、君公の恭順謹慎の誠意を朝廷に訴えるものがない。悲嘆至極の境地にたちいたっていたそのときだよ。忠勇金鉄のごとき至誠鬼神を泣かしめる愛国無二の傑士山岡鉄太郎が出た。

（このとき勝先生の声音、やや大にして、うたた古人を思い昔日を追念するの情にたえられなく、話は中絶して、先生の双眼涙の溢れんとするのをみる。編者（安部正人）覚えずその感にたたかれ、嗚咽の情、禁じ得なかった。しばらく頭を垂れて後、先生発言して言うには……）

そこで身命を顧みるものではない。直ちに官軍の大総督府にいたり、天下の迷いを説いて、主君の誠意を詳訴いたさんと、盤石のごとき大決心で、ひたすら思うところは前途愛国にあり、目前には江戸百万の生霊に代わって、一命を差しだそうというのだから、その至誠に出たところは、盤石をも貫く勢いで、かれこれ枢要のものどもに協議したふうだ。

ところが、俗物輩が相手になるものではない。そこで山岡は『ばかをいうな、この際猶予がなるものか』と言い捨てて、おれのところにやってきた」

勝は、そのやってきた山岡の決死の覚悟を見て取って人物を知り、以後、莫逆の交わりを結ぶことになる。そして、勝が山岡に西郷宛手紙を渡すと、山岡が「勝さん、これで事は達した」と言って、決然と江戸を発した。三月九日である。

そして、品川、大森をへて六郷の渡し場近くに行くと、はや官軍の先鋒が縦隊を為しているのが見えた。そこで山岡は、平気でその縦隊の真ん中を進行し本陣の前で大声を上げた。

「われこそは、朝敵の名を蒙りたる、源の朝臣徳川慶喜の家臣、山岡鉄太郎なり。このたび、総督府の宮に嘆願を対し奉るの節ありて、往来するものなり。このだんわざわざ申し上げおく」と。

こう言い終えて歩み去る山岡を、先鋒隊長の篠原国幹は、はるかに山岡の影が見えなくなるまで見送ったという。篠原国幹とは、薩摩の西郷墓地において、西郷隆盛の墓を桐野利秋とともに左右から囲んで葬られている屈指の剛勇の士である。篠原は、西郷墓

南洲神社内にある西郷隆盛（中）、桐野利秋（左）、篠原国幹（右）のお墓（撮影・永野聖）

の右、桐野は左である。

駿府に到着した山岡は、直ちに参謀西郷隆盛の陣屋にいたり、勝の書状を差しだして面会を求めると、西郷も異議なく面会に応じ両者は相対した。

そこで、山岡は、西郷に対して、主君慶喜恭順謹慎のことを告げ、謹んで朝命に背反いたさずと申す忠臣に対して進軍をやめられないならば、拙者はここで死するのみ、暗雲四方をおおって天下大乱となり日本の未来がなくなる。願わくば、先生、御推量くだされよと諄々と説いた。その様子、勝、談じて曰く。

「すると至誠金鉄の西郷だもの、なに悟るまいか。たちまちかたちを正し、心を開いて言うには、さきごろ静寛院の宮ならびに天璋院殿の使者が来たが、足下はそれらの輩とは天地の違いで、初めて共に語るべきものである。お話のほどは委細承知いたした。よって、おいどんは直ちに足下のご誠意を大総督の宮に言上して、ご命令を仰ぐから、ご苦労ながら暫時、休息されよ」となった。

しばらくして西郷は、大総督府の宮の御前会議によるご命令であるとして山岡に次の五箇条を示した。

第一、城を明け渡すこと。

第二、戎器をいだすべきこと。

第三、軍艦をいだすべきこと。

第四、城兵を外に移すべきこと。

第五、主帥徳川慶喜は備前に幽すべきこと。

山岡、直ちに答えた。第五条は、どうしてもお受けできない。

西郷、この議は朝旨より出たこと、我々は口出しできぬ。

山岡、もっともなことであるが、徳川慶喜を備前に幽閉すると聞けば、譜代の士は承知せず必ず兵を挙げ、敵味方、同胞国民、幾万の生霊を失うや。

そもそも日本に生を受けたわれわれが、各自主君に尽くすところは同じである。もし先生がご主人島津公が不運にしてこのような立場に立ち至り、朝敵の名をこうむり、討伐を受けるものと仮定したならば、先生は微臣鉄太郎の立場に立たれたらならば、先生はだまって島津公を他人の手に任せ、異境の地にお移しされますか。

不肖鉄太郎のごときは死んでも主人を他人の手に渡しません。

と、山岡は、至誠の涙を流して畳を叩いた。

西郷も押さえきれず、足下の言われること至極道理である。それがしいかようにも徳川公のおんためを計るであろう。ご心配なきよう、と山岡に言った。

そして、西郷も、感に堪えず、立って山岡の肩をなで、懇々と至情をもらして言った。

「ああ、足下は希有の勇士である。足下は得難い謀士である。真の武士である。実に虎穴に入って虎児を探るとは、すなわち足下のことである。

それがしは足下の大決心が生きて帰らざるを察しておる。

ああ、真に勇士で知徳兼備のもののふと言わなければならない。

実に一国の存亡は足下の肩背にかかっている。足下幸いに自重されよ」

その後、西郷は山岡に大総督府陣営通行の割符を渡し、営門まで山岡を見送った。

山岡は、江戸に帰り、勝や大久保に報告した。

勝は言う。「おれはそのときの山岡こそ真の日本人と思うて今なお感謝する」。

その西郷と山岡の会談に基づいて、いよいよ高輪の薩摩屋敷において、三月十三日と十四日の両日、西郷隆盛と勝海舟の官軍と幕府陸軍の両首脳会談が開かれた。その様子を勝は次のように語っている。

「さて、いよいよ談判になると、西郷はおれのいうことを一々信用してくれ、その間一点の疑念もはさまなかった。

『いろいろむつかしい議論もありますが、私が一身にかけてお引き受け致します』

西郷のこの一言で、江戸百万の生霊も、その生命と財産を保つことができ、また徳川氏もその滅亡を免れたのだ。……

おれが門をでると近傍の街々に屯集していた兵隊は、どっと一時に押し寄せてきたが、おれが西郷に送られて立っているのを見て、一同ようやく捧げ銃の敬礼を行った。

おれは自分の胸をさして兵隊に向かい、『いずれ今明日中にはなんとか決着いたすべし。結果次第にて、あるいは足下らの銃さきにかかって死ぬこともあろうから、よくよくこの胸を見覚えておかれよ』と、言い捨てて、西郷にいとまごいをして帰った。

このとき、おれがことに感心したのは、西郷がおれに対して、幕府の重臣たるだけの敬礼を失わず、談判のときにも、終始座を正して手を膝の上にのせ、少しも戦勝の威光でもって敗軍の将を軽べつするというようなふうがみえなかったことだ。その胆量の大きいことは、いわゆる天空開豁《かつ》で、見識ぶるなどということは、もとより少しもなかった」

そして、江戸城は、四月十一日に官軍に明け渡されてゆく。またこの日、徳川慶喜は水戸へ移り謹慎する。そして、四月二十一日、大総督府が、江戸城に入城した。

以上が、江戸無血開城の経緯である。この開城は、我が国が、天皇の国であるという敵味方の両者がともに持つ日本人共通の確信に支えられた相互信頼から実現されたものである。その結果、内乱としての戊辰の役の犠牲者は、世界的にみて最小限の約八千二百人に止まったのだ。同時期のアメリカの南北戦争での犠牲者は八十二万人であり、フランス革命と内乱の犠牲者は百万人を超えている。

仮に、この無血開城が成らなければ、百五十万の世界最大の人口を抱えた江戸は焼土と化して我が国は苛酷な内乱の渦中にのたうちまわることになる。その時、西洋列強の介入は必死で、我が国は自力での内乱を停止すること不能の状態に陥ったであろう。そして、犠牲者の数は計り知れない。勝海舟の言う、「百万髑髏と化す」は誇張ではない。さらに我が国は、独立自尊の国家たり得ず、最も悲惨なる血で血を洗う近代の幕開けとなった。

なお、フランス陸軍士官達の勝海舟陸軍総裁への官軍との開戦の申し入れであるが、彼らのうち騎士道精神に溢れる者達は本気であり、自分たちの教育した幕府軍を見捨てることができず、皇帝ナポレオン三世に統帥を離れることの許しを請う手紙を提出し、会津の陥落を確認したうえで、つまり幕府軍の敗北必至を承知のうえで、なおも榎本武揚に従って北海道の函館に赴き、新撰組の土方歳三らとともに、最後まで官軍と戦っている。この騎士道精神、武士道精神は、それから三十八年後の二十世紀に入った日露戦争の頃まで、フランスやロシアにも残っていた。

山岡鉄太郎が、この江戸無血開城前後の状況を思い起こせばどうなったかを知っておきたい。次は、山岡の談である。

「維新前は攘夷だの、尊皇だの、開国だの、倒幕、佐幕と、かれこれ主義が形而上に変名してきたけれども、勤皇憂国の誠意より発したものだから、つまり発源本所にたち帰り、開国進取、尊皇愛国に帰した王政復古して、皇祖皇宗の神宣にのっとる明治の御世とはなったのである。

いよいよ維新鴻業は成就した。思えばさきに至誠殉国せられた志士の精神も初めて貫徹せられ、海洋は波動をとめ、万物緑色として幽魂静かに地下に眠ることができるであろう。ああ、深く感謝しなければならない。

（談ここにいたるや、先生の双眼は血涙溢れるものあり。なおかつ、当時先生病気を耐えての謹慎正座であるが、少しも形を崩されない。）」

この当時を思い起こせば、勝海舟も山岡鉄太郎も泣いた。そして、西郷隆盛も泣いたのである。

この維新の三傑のうち、一番若い山岡鉄太郎は、明治二十一年七月十九日、死期を悟り皇居に向かって結跏趺坐の姿勢をとったまま午前九時十五分瞑目する。胃ガンであった。

その二日前に見舞いに来た勝海舟が、「おれを残して、先にゆくのか」と言うと、「もう用事もすんだ。お先にごめん蒙る」と応えた。その一日前の夜、見舞いに来た落語家の三遊亭円朝に、「みんな退屈で困るだろう。おれも聞きたいから何か面白い話を一席語ってくれ」と頼んだ。そして、十九日の明け方、カラスが鳴いたので、「腹張りて　苦しきなかに　明烏」と辞世の句を吟じた。

勝海舟は、「三十年おれが突っ張ってきた」ことの結果（甲斐）を見て安心し、明治三十二年一月二十一日、脳溢血で死ぬ。

その前年の明治三十一年三月二日、徳川慶喜は、幕末以来初めて参内して天皇皇后両陛下に拝謁した。和室において皇后がお酌をしてくださったという。維新の逆賊徳川慶喜が、三十一年経って復権されたのだ。そして、後に公爵を授けられる。これらは勝海舟の影の斡旋によるものである。

ここにおいて、勝海舟は、江戸無血開城において幕府から受けた「大奸物」「徳川を売る犬」「逆臣」の汚名をそそぎ、その政治的決断の正当性を三十一年後に天下に見せることができた。

両陛下に拝謁した翌日、慶喜が勝を訪れ拝謁の模様を勝に報告してくれた。勝は涙を流して喜び、「鎌倉に　もとゐ開きし　その末を　まろかにむすぶ　今日にもあるかな」と詠んだ。そして、こう語った。

「おれも生きている甲斐があったと思って、覚えずうれし涙がこぼれた。……（慶喜公が）ついてはこの布に『楽天理』と書いてくれよ、と頼まれたから、おれはあまりのうれしさに、涙の落ちるのを押さえて快く承諾したが、さすがは水戸家で養育せられたお方だけあると思って、おれはいまさら感心したよ。……おれの役目も、もうこれで終わったのだから、明日よりのことは、若い人に頼むよ」

では、残る一人、西郷隆盛は、如何なる終焉を迎えたのか。

（八）西南の役と西郷の死

西郷隆盛は、江戸開城の十年後に郷里の城山で賊軍として戦死してゆく。西郷とは何であろうか。「日本人の心情を深く揺り動かして止まない『西郷南洲』という思想」（江藤淳）なのであろうか。賊軍、思想、何れであろうとも、確かなことは、明治維新の功業によって我が国近代の政財界閥また軍閥を握った維新の多くの元勲たちが忘れられても、西郷隆盛だけは、忘れられることなく日本人の心に残り続け、また甦るということだ。この「日本人の心情を深く揺り動かして止まない」ことが起こった時こそ星の時間であろう。

西郷隆盛、江戸無血開城の時は満四十歳、維新が成り、明治元年十月、天皇が江戸城に入られると、後を大久保らに託して郷里薩摩に帰る。

しかしそれからの東京は、突然転がり込んだ権勢に溺れて驕慢になる者多く、私利私欲にかられて天下を我がものにする風潮が急速に蔓延した。西郷は、この様子を弟の西郷従道から聞き、「おいどんは、こんな世の中にするつもりで、幕府を倒したのではない。これでは、中途で死んだ同志諸君に全く申し訳がない」と涙をこぼした。

そして、岩倉が勅使として鹿児島に来て上京を促したのを機に、明治四年二月、上京し、参議筆頭に任じられ明治政府の第一人者の地位に就いた。それから明治六年十月、参議の職を辞して郷里の薩摩に帰るまで、新政府を担った。

担うというより革命的変革である明治四年の廃藩置県や徴兵告諭と国民皆兵の徴兵令発布（明治六年）などを断行したのは西郷隆盛であった。

何故なら、明治四年十一月十二日、岩倉具視、大久保利通、木戸孝允、伊藤博文ら新政府首脳と幹部連中は留学生を連れて、総勢百七人で日本を出発し、明治六年九月十三日に帰国するまでの約二年間、欧米を視察して廻って、日本にいなかったからである。岩倉らの帰国後、庶民は次のように歌った。「条約は　結び損ない　金は捨て　世間に対し（大使）　なんと言わくら（岩倉）」

廃藩置県は、彼らがまだ日本にいる明治四年七月十四日に詔書が出されるが、現実に全国の藩を廃して近代中央集権国家体制を構築する為に府県を設置していく困難な作業は西郷が担ったのである。

西郷にとって、廃藩置県の最大の障害は、薩摩藩の旧藩公の島津久光の抵抗であった。久光は、藩祖以来の封土を奪うとは不義不忠であると西郷に怒りをぶつけた。その時、大久保も木戸も伊藤も欧米視察中であった。西郷が外国にいる大久保に送った廃藩置県における島津公の妨害に往生していることを伝える手紙が残っている。

また、国民皆兵による国軍の建設は、身分制度の廃止、つまり武士階級の廃止と武士としての収入（秩禄）が無くなることを意味する。何れにしても、廃藩置県と国民皆兵による軍制の改革は、幕藩体制から近代国民国家体制に移行する為の不可欠の前提であるが、全国の藩から封土を取り上げ、今までの支配階級である大名から武士までの収入源を召し上げる苛烈な大改革であった。

明治維新とは、維新を担った者がその支配階級としての自らの特権を失う改革であった。ここにおいて、明治維新は、支配階級の特権を剥奪してそれを自らのものにしようとするフランス革命やロシア革命などとは、発想と動機において正逆である。従って、明治維新を為しうる根底にあるものは、無私と祖国への至誠そして限りなき忠誠である。

そして、西郷隆盛は、我が国の歴史において、その無私と至誠と忠誠を体現する富岳の如き存在である。

従って、以前言われていたように、この改革に不満を持つ士族達が西郷の下に結集して反政府武装蜂起となったのが西南の役であると理解することはできない。当然ではないか、武士の特権を剥奪して路頭に迷わす改革を断行したのは、西郷その人であったからだ。従って、西郷は、不平士族に憎悪されて殺されても不思議ではないのだ。しかし、西郷と共に戦うなら死んでもいいという士族が、全国から三万人も西郷の下に集まってきて、西郷と共に六千八百人が討ち死にした。

これは、楠木正成の湊川と同じなのか。これを如何に理解したらいいのか。一体、西郷という人は、どんな人だったのか。これを考え始めると焦点を定めることができないまま、星を眺めているような呆然とした気分になってくる。

そこで、東京で新政府を担って大改革を断行している時期の西郷さんはどんな生活をしていたのか、鹿児島の南洲墓地の横にある西郷神社で戴いた「大西郷の逸話」（西田実著）にある描写と山岡鉄太郎の子どもが突然来宅した西郷を語った話から西郷さんの姿を思い浮かべたい。

西郷さんは、普段は木綿の薩摩絣と兵児帯姿で木杖を持って老書生のような風体で東京を歩き、時々上野公園にある銅像のような格好をしていたようだ。住居も食事も質素そのもので、十四、五人の書生と七人の下男と生活していて、女の人は一人もいなかった。

岩倉具視が西郷の住居を訪ねて、あまりにもひどい家であるので、「参議という地位にふさわしい邸宅を新築されよ」と勧めると、西郷は、「いや、これで結構、郷里の鹿児島の家はもっとひどく、馬糞のなかに埋もれているのですから」と言ったという。

昼食はこぶし大の握り飯だけで、他の参議がいろいろな料亭からご馳走を取り寄せている中で、一人握り飯を食べていた。

木戸孝允宅で参議の会議が開かれたとき、いくら待っても西郷が来ないので催促の使いを出したところ、西郷は素っ裸で、「ああ今着物がない。あの縁先に干した浴衣が乾くまで待ってもらいたい」と言ったという。

雨の日に太政官から退出する際、雨の中を濡れながら歩いて門を出ようとすると、門衛に怪しまれて「待て」と呼び止められ、いくら「西郷だ」と言っても聞いてくれない。だれか知っている人が来るだろうと思って待っていると、岩倉具視が馬車に乗って通りかかって驚き、「それは西郷大将だ」と言うので、門衛が驚きあわてて謝ると、西郷は門衛の職務に忠実なのを誉めて、岩倉の馬車に同乗させてもらった。

後に内務大臣や外務大臣そして東京市長などを歴任する後藤新平が少年時代、一度だけ西郷を見た。その頃仕えていた主人のお供をして霞ヶ関を歩いていると、向こうから薩摩絣を来た大男が近づいてきて道を開けて平頭する主人に「お暑うがすなあ」と言って歩き去っていった。主人に「あれはどなたです」と聞くと、「あれが西郷南洲」と教えられた。ハッと思って振り返ると、その巨人は、もう小一町も先を歩いていた。後年、後藤新平は、次のように語っている。

「英雄とか偉人とかいうものは、ちょうど名画の傑作のようなもので、たった一瞬ハッと見ただけでも、それが終生忘れられないものだ。俺もあのときの『お暑うがすなあ』と、あの粗い薩摩絣とが、いまも頭にこびりついているところを見ると西郷さんという人も、偉い人であったに違いない」

次は、安部正人が勝海舟に語ったことである。明治六年春一月と記憶されているが、山岡鉄太郎の子息直記が子どもの頃、玄関の間で遊んでいると、「あたかも怪物に似て粗大な風体のものが門からやってくるから、ひそかに見ているると、右手に太い木杖を持ち、左手に徳利を持って竹の皮の笠をかむり、わらみのをつけ、みぞれの降る寒い中を素足で雪をふみわけて玄関までやってきた。みるとすねを長くあらわし、わらじをはき、面相はまゆげが太く目が大きく、これに従って全面粗大で、耳のごときは非常なもので、耳端が大きく垂れて、口の両側までもあるもので、ひそかにおそれがきたところに、その怪物と思っていたものがつぶやいて、『おとっさんは内にいるか、西郷がお伺いしたと言うてくれ』というから奥にはせ入り、『おとっさん。玄関に変な怪物のようなものが来て、西郷が来たと言えなどと言うております』と告げた」

ここで、江戸無血開城の両雄が再び相会する。山岡宅に上がった西郷は、徳利を出して、「日本の国もまだ寒い。少し熱をかけましょう」と言えば、山岡「お考えのとおり外部を温めんとするは、まず自らでござる」と言って、喜んで台所に行って大根の漬け物二本と二個の飯食い茶碗を持ってきて共に飲み始めた。その二人の様を山岡の未亡人英子から聞いた安部は勝海舟に次のように語った。

「二人の様は遠慮なく申せば、ばかのようでもあれば、また無邪気で幼年の子どものようにもあるし、これらの人物が維新の際、非常の働きをなしたとは一見うそのように疑われ、なおまた、両雄が談話の内に、しきりにシナとか、朝鮮とか、ロシアとか種々物語られ、そのうちもっとも奇態なことばは、西郷先生のことばに、

朝鮮、シナは今の機を延ばしてはわるい。

拙者が行って一戦争しなければならぬ。

と言われるや、山岡先生答えて、

さようでござる、兵などは容易に動かすものではない。

と答え、また西郷先生がさらに申すには、

雉子が声を出すから猟師が来る。

など、前後理屈の合わぬ事を語り、その話に実が入って、共に飲んでいる徳利を倒しても平気でおりました云々とて、英子女子および直記君等の直話で聞き覚えております」

そして、安部は勝海舟に、この西郷と山岡の会話の意味を教えてくれと頼んでいる。これは、「明治六年の政変」において、西郷が参議を辞して郷里の鹿児島に帰る前のいわゆる征韓論における西郷と山岡の考えを語り合ったものである。

ことの発端は、明治二年、日本政府が朝鮮国に対馬藩を通じて明治維新と国交を望む外交文書を送ったところ、朝鮮がその文書に「皇」や「勅」の字が使われているのを見て受領を拒否したことにある。清国に朝貢の礼をとって臣従していた朝鮮は、「皇」や「勅」の文字は、清国の皇帝しか使ってはならないと言うのである。その後、度々我が国は朝鮮に使いを出すが事態は進展せず、却って朝鮮は反日気運を煽り、大院君は、日本は明治維新によって夷狄と化し禽獣と同じだから、朝鮮人が日本人と交われば死刑に処すとの布令を出し、明治五年五月、朝鮮の日本公館の門前に「日本は無法の国」という侮辱的な表示を立てた。現在、韓国の日本大使館の門前に従軍慰安婦の像が建てられているが、朝鮮人は百五十年前の昔も同じ事をしたのである。

これに対し、我が政府内では、まず邦人保護の為に軍隊を朝鮮に出して軍事力を背景に外交を展開しようとする動きが台頭する。これに対して、西郷は唯一人、軍隊の出動に反対し、まず、自分一人が朝鮮に行って交渉すると主張した。つまり、軍隊ではなく、西郷が朝鮮に行って礼服を着た戦闘（交渉）をすると主張したのだ。

この考えを明治六年一月、西郷は、山岡の家で「拙者が行って一戦争しなければならぬ」と言い、山岡が「さようでござる、兵などは容易に動かすものではない」と応じたのだ。これが事実だ。従来、ともすれば西郷が征韓論つまり出兵を要求したと流布されてきたが、それは反対で、西郷は出兵を主張する参議板垣退助らを押さえて出兵を止めたのである。

その結果、明治六年八月十七日、政府は、参議西郷隆盛の朝鮮派遣を決定する。ところが、九月十三日、例の岩倉欧米視察団が、何の成果もなく帰国する。すると彼らは、西郷の派遣に反対して大久保利通、木戸孝允、大隈重信、大木喬任らが参議の辞表を提出し、岩倉が動いて、十月二十四日に、天皇が、西郷の朝鮮派遣の中止を勅許する事態に発展する。一度決定されたものが中止されたのだから、西郷も西郷派遣の決定をした参議である板垣退助、江藤新平、後藤象二郎、副島種臣も辞表を提出する。ここにおいて、参議全員が辞表を提出したことになる。その結果、奇妙なことが起こる。西郷派遣に賛成した参議の辞表だけが受理され、反対した参議の辞表は受理されず差し戻された。

つまり、二年間の欧米視察から帰ってきた参議達によって、留守役の参議である西郷隆盛、板垣退助、江藤新平、後藤象二郎そして副島種臣らは政府から追放されたのである。そして、伊藤博文は参議に昇格し、政権内の私利私欲の妄動と腐敗を許さない西郷の下で、それまで司法卿江藤新平によって厳しく汚職を摘発されていた長州出身の汚職政治家どもは釈放され復権してくる。これを「明治六年の政変」と呼ぶのであるが、内実は、征韓論を口実にして、天皇をも利用した醜い汚い権力闘争、クーデターである。

後に、西郷隆盛が、主戦論者であったかのように伝えられてきたが、これは狡い手法で西郷を追い落として権勢の座についた者たちの事実を捏造した画策の結果である。

西郷隆盛、飄然として郷里の薩摩に去っていった。明治六年秋のこと、帰りなんいざ、田園まさに荒れんとす、と。その西郷、参議は辞しても日本で唯一人の陸軍大将であった。

郷里の薩摩にいる西郷に、遙か東北の庄内から旧庄内藩士達が一ヶ月をかけて薩摩まで話を聞きに来た。そして、西郷が語った言葉を書きとめて冊子を作った。それが今に伝わる「南洲遺訓」である。その序は、佐賀出身の副島種臣参議が書いている。この聞き取りは、明治三年で、冊子の頒布は西郷の朝敵の汚名が晴れた後の明治二十三年である。この冊子で述べられている西郷の志と心情は、明治四年に筆頭参議として東京に復帰した後の西郷を読み解く鍵である。遺訓には次のように述べられている。

「万民の上に位する者、己を慎み、品行を正しくし、驕奢を戒め、節倹を勤め、職事に勤労して人民の標準となり、下民其の勤労を気の毒に思ふ様ならでは、政令は行われ難し。然るに草創の始めに立ちながら、家屋を飾り、衣服を文り、美妾を抱へ、蓄財を謀りなば、維新の功業は遂げられまじく也。今となりては、戊辰の義戦も偏に私を営みたる姿に成りゆき、天下に対し戦死者に対して面目無きぞとて、頻りに涙を催されける」

西郷を突き動かしていたのは、西南の役での終焉に至るまで、維新の為に散っていった戦死者と、共に錦江湾に入水して死んだ僧月照に対する面目であろう。彼ら死者のことを思えば、西郷にとって、命を惜しむことは排除すべき「私ごと」と思えたのではないか。

「正道を踏み國を以て斃るゝの精神無くば、外国交際は全かるべからず。彼の強大に畏縮し、円滑を主として、曲げて彼の意に従順する時は、軽侮を招き、好親却って破れ、終に彼の制を受るに至らん」

この思いから、征韓論争において、単身朝鮮に乗り込んで、決死の交渉によって困難な課題を克服するために、「一戦争（たった一人の戦争）しなければならぬ」という尋常ならぬ発想が生まれるのだと思う。

さて、西南の役勃発について。驚くべき事に、西郷の下に三万人の武士が集まってくるのである。これに対して、政府軍は七万人である。そして両者は明治十年二月から九月二十四日まで激突を繰返し、戦死者は西郷軍六千七百六十五人、政府軍六千四百三人の合計一万三千百六十八名を出した。これは戊辰戦争（戦死八千二百人）を含め現在まで近代日本の最大の内戦である。

この西南の役に関して、軍事作戦の面から西郷軍の作戦や用兵の稚拙さを指摘し、西郷に軍事的な能力が欠けていたなどと指摘する本なども読んだことがある。しかし、こういう理論は西郷とは無関係である。二十万の足利軍を湊川において七百騎で迎撃した楠木正成をしたり顔に戦下手だと分析しても意味がないのと同じである。

西郷は、湊川で楠木正成が示したことを示したのである。それは、敗北してゆく人間が、死して後世に遺し伝えてゆく思想の凄まじさである。それは生きて栄達した人間が為しうることではない。それ故、西南の役に関しても、湊川と同様に、西郷の終焉の様だけを見ておきたい。

明治十年九月二十三日、城山に包囲された西郷軍は最後の時を迎えていた。政府軍は明日二十四日午前四時を期して総攻撃開始を決定した。そして、この夜、政府軍は海軍軍楽隊を大明神山に配備して軍楽を演奏させ、盛んに花火を打ち上げたという。また西郷軍も、西郷はじめ諸将が惜別の宴を開いた。薩摩琵琶の切々たる響きが夜が更けても続いていた。西郷の死から十年以上隔てた頃、勝海舟は薩摩琵琶歌「城山」を書き上げた。その冒頭は、この時の西郷の思いか。

それ達人は大観す。抜山蓋世の勇あるも、
栄枯は夢かまぼろしか、大隅山のかりくらに、
真如の月の影清く、無念無想を観ずらむ。
何をいかるやいかり猪の、俄に激する数千騎、
いさみにいさむはやり雄の、騎虎の勢ひ一徹に、
とどまり難きぞ是非もなき、唯身ひとつをうち捨てゝ若殿原に報いなむ。
明治ととせの秋の末……

二十四日午前四時、政府軍から三発の号砲が放たれた。これが総攻撃の合図であった。西郷等四十余の諸氏は、潜んでいた洞窟から岩崎山に向かって行軍を開始した。

何故、行軍するのか。西郷は、あくまで戦闘の中で死ぬつもりであったからだとしか思えない。維新の激動の中で斃れていった志士たちのことを思うたびに、涙を流す西郷であった。彼らは何時も西郷の心にあった。西郷は、自分だけ、安全な場所で綺麗に死ぬのは彼らに申し訳がたたないと思ったのか。

西郷は、別府晋介を介錯役にして近くにおるように指示していたので、負傷していた別府は輿に乗って西郷に追随した。政府軍の弾丸が霰のように西郷へ飛来した。別府とともに、西郷を守っていた辺見十郎太が言った。「もうよかとじゃごあはんか」、西郷は「まだ、まだ」と答えた。

しばらく行って、また辺見が、よかとじゃごあはんかと言った。西郷、まだまだ、と再び言った。そして、また進んだ。

遂に銃弾が、西郷の股と腹に当たった。その時、西郷は、別府に、「晋どん、晋どん、もうこのへんでよかあ」と言った。西郷の声を聞いた別府晋介は、「そうでごあすか」と直ちに輿から降りて西郷に近づいた。

西郷隆盛は、負傷の為に立つことができず、その場に座り、衣服を正して東を向き、手を合わせ東京の天子を拝した。別府晋介は、「御免なったもんせ」と声をかけ、西郷の首を斬り落とした。午前七時であった。

別府はその後、足を引きずって、岩崎山の堡塁まで行き、「先生は既に戦死されもした。先生と一緒に死んもんは、皆で死んもそ！」と叫び、乱戦のなかで戦死した。三十一歳だった。そして、午前九時、戦闘は全て終結した。

西郷の首と胴体は、二つとも発見された。首を実検したのは山県有朋であった。彼は首を受け取り言った。

「何という立派な死様だ。日頃の穏和な容貌と少しも変わっていない。これが二百余日のあいだ、一日として吾が輩の心を安んぜしめなかった人の顔だろうか」

江藤淳氏は書く。

「このとき実は山県は、自裁せず戦死した西郷南洲という強烈な思想と対決していたのである。陽明学でもない、『敬天愛人』ですらない、国粋主義でも、排外思想でもない、それらすべてを超えながら、日本人の心情を深く揺り動かして止まない『西郷南洲』という思想。マルクス主義もアナーキズムもそのあらゆる変種も、近代化論もポストモダニズムも、日本人はかつて『西郷南洲』以上に強力な思想を一度も持ったことがなかった」（以上、江藤淳著「南洲残影」より）。

西郷南洲は賊軍で朝敵である。我が国最初の様式軍歌である明治十五年に作詞された「抜刀隊」も西郷を朝敵としている。

しかし、その歌詞を見れば、これは西郷を古今無双の英雄でその兵を鬼神に恥じぬ勇ある剽悍決死の士と敬仰する歌と読める。

「我は官軍我が敵は、天地容れざる朝敵ぞ、敵の大将たる者は、古今無双の英雄で、これに従う兵は、ともに剽悍決死の士、鬼神に恥じぬ勇あるも、天の許さぬ反逆を、起こせし者は昔より、栄えし例あらざるぞ……」

現在、鹿児島市上竜雄町の錦江湾を隔てて桜島に面した高台に西郷を中心にして西郷軍の将兵ら二千二十三名が埋葬されている南洲墓地がある。この墓地には、まず岩崎谷で死んだ西郷ら四十名が埋葬され、明治十二年に、九州各地から戦死者の遺骨が集められて埋葬された。その様は、まるで西郷の軍団が西郷を中心にして桜島に向かって整然と隊列を組んで並んでいるようである。

朝敵であり、鹿児島市内を戦禍で壊滅させた西郷と西郷軍の墓地がこのように堂々と整備されて、現在に至るも参拝者が絶えない。このことは日本人が西郷と、西郷と共に亡くなっていった決死の士がいたことに、日本人として誇りを感じ忘れ得ぬ思いを抱いていることを示しているのではないか。栄達の中で生きながらえた者がとうてい伝え得ない誇りを、西郷らは後世に、今も強烈に伝え続けているように思える。


西南の役の戦場に、西郷軍に軍旗を奪われて自決しようとした小倉歩兵第十四連隊長乃木希典少佐（二十七歳）がいた。西郷と乃木は相会していないと思うが、仮に会ったとして西郷は二十歳以上年下の乃木をどう思っただろうか、と考えたことがある。そして、この時から二十七年後の日露戦争の時の大山巌満洲軍総司令官の乃木希典第三軍司令官に対する評価を思い出した。

大山巌は西郷の十五歳年下の従兄弟で、郷中で西郷に鍛えられて育った。そして、西郷を敬仰し、西郷の死後は、西郷のようになろうなろうとして西郷のようになった人である。

その大山が、第三軍が旅順要塞を速やかに陥落させえない焦燥のなかで、軍司令官の乃木更迭論が日に日に高まっていたとき、それを退けて言った。

「すべての将卒が、あの方の下でなら死ねると思える軍司令官は乃木しかいない」。

この大山の乃木への評価は、西郷の思いなのかも知れない。

西郷は岩崎谷で死ぬ直前、東方を向き明治天皇を拝したのだ。三十五年後にその明治天皇が崩御された時、その御大葬を告げる弔砲を聞きながら、乃木希典は明治天皇の後を追って殉死した。乃木は、西南の役で軍旗を奪われてから何時でも死ぬ覚悟をして生きてきた男だと言われている。

自ら死ぬことによって凄まじい思想を後世に残して日本人の心情を揺さぶり続ける江戸時代生まれの二人の男は、三十五年の歳月を隔て同じ天皇を拝して死んだ。

大山巌

乃木希典

この西郷と乃木に共通するものは、西郷は、維新動乱の戦死者達を、乃木は、自らの命令で死地に赴いていった旅順・奉天の戦死者達を、ともに片時も忘れなかったことだ。

従って、彼ら二人の死は、公に殉じた無名の戦死者達と結びついている。それゆえ、彼らの霊に手を合わせることは、国の為に命を献げた全ての無私の英霊に手を合わせることだ。

大山巌は、官職を辞して下野し、薩摩に帰った西郷のもとに行き、西郷と行動を共にしようとした。その時、西郷は烈火の如く怒って大山を追い返した。

大山巌はその後四十年間生きて西郷が彼に望んだ国家に対する務めを遂げ、大正五年十二月一日、七十四歳で亡くなる。死の前の昏睡状態になった大山は、頻りに、「兄さ、兄さ、」とつぶやいた。その時、妻の捨松が言った。「あなた、やっと西郷さんに会えたのですね」と。

西郷さんを知ってから、西郷さんという人が、今、生きておられたら何をされているだろうかと思うときがある。そういうとき、思い浮かぶのは、教え子のことを終生忘れない田舎の小学校の先生だ。都会の小学校ではない。高校でも大学でもない。西郷さんは、離島か田舎の小学校の先生をしているのではないか。そして、西郷さんが、いつも戦死者のことを思っていたように、いつも教え子達のことを思っている。その教え子達も、終生、先生のことを忘れない、そういう先生だ。

第五章　世界の地殻変動を前にいま為すべきこと

御前会議

明治十年秋の末、西郷隆盛が城山に没してより、我が国は、明治二十七、八年の日清戦争と三十七、八年の日露戦争を戦い明治の御世を終えた。そして、大正の第一次世界大戦を経て激動の昭和を迎える。一巻の叙事詩を眺めるようである。

昭和六年九月十八日に勃発した満洲事変で関東軍は五か月で全満洲を平定して、我が国は満洲国を建設した。満洲は、匪賊と共産パルチザンと軍閥の抗争という暴力と無秩序の状態から平穏を取り戻し繁栄に向かった。

昭和十二年七月七日の北京郊外の蘆溝橋における日華事変の勃発は、明らかにコミンテルンが仕組んだ。従って、翌八月の第二次上海事変から日中の全面衝突に発展した。この全面衝突はコミンテルンと中国共産党の「戦争から内戦へ、内戦から革命へ」の革命戦略に基づくものであり、如何に我が方が和平の努力を尽くしても、相手には和平の気はなく長期化し、遂に、昭和十六年十二月八日、昭和天皇は「米国及び英国に対する宣戦の詔書」を渙発された。ここにおいて我が国は、アメリカを相手に戦うことになった。

陛下は詔書の冒頭で次のように述べられた。

「朕カ陸海将兵ハ全力ヲ奮テ交戦ニ従事シ朕カ百僚有司ハ励精職務ヲ奉行シ朕カ衆庶ハ各々其ノ本分ヲ尽シ億兆一心国家ノ総力ヲ挙ケテ征戦ノ目的ヲ達成スルニ違算ナカラムコトヲ期セヨ」

国民は、この詔書のとおり総力を挙げて戦った。

そして、三年八か月後、遂に、天皇の聖断の時が来た。この戦を終えるためには、聖断しかなかった。天皇以外の、他の何者もこの戦を止めることはできなかったのだ。

それを知るものは、御前会議に出席した鈴木貫太郎内閣総理大臣と平沼騏一郎枢密院議長であった。阿南惟幾陸軍大臣も御聖断があったから安心して自決することができた。

鈴木首相は、ポツダム宣言受諾か否かに関し、昭和二十年八月九日午前十時半から最高戦争指導会議を皇居地下壕で開き三時間の激論の末に休憩し、引き続いて第一回閣議そして第二回閣議を午後十まで開いた。しかし、意見はまとまらなかった。

その間、陛下は陸軍の軍装をお召しのままお待ちになっていた。

午後十一時ころ鈴木首相が陛下に拝謁して御前会議開催と平沼騏一郎枢密院議長の出席をお許し願う旨を奏上した。平沼騏一郎枢密院議長の御前会議出席によって、ポツダム宣言受諾意見が多数となる。この時、陛下の側に持する藤田尚徳侍従長が、ひしひしと感じたのは「陛下の非常な御決意」であった。

鈴木貫太郎総理大臣は、この瞬間、すなわちこの国家と国民の運命を決する星の時間である御前会議のために、生きながらえてきた男である。海軍軍人であった鈴木は、日清日露の戦役において水雷艇艇長や駆逐艦隊司令として高速近距離射法を駆使して数隻の敵戦艦に魚雷を命中させる大戦果を挙げた。小さな水雷艇や駆逐艦で戦艦に魚雷の近距離射法を実施するということは、大砲と機関銃を持っている相手にナイフを持って肉薄して刺し違えるのと同じだ。しかし鈴木は死ななかった。

昭和十一年二月二十六日午前五時頃、歩兵大尉安藤輝三率いる部隊が侍従長官邸を襲い侍従長であった鈴木を銃撃した。鈴木は左脚付け根、左胸そして左頭部に銃弾を受け昏倒した。下士官が安藤に「中隊長殿、とどめを」と促すと、安藤は軍刀を抜いて血の海に横たわる鈴木に近づいた。

すると、部屋の隅に座っていた鈴木の妻たかが、「老人ですから、とどめはささないでください。どうしてもというなら私がします」と言った。

それを聞いた安藤は、軍刀を納め部隊に「侍従長殿に敬礼」と号令をかけて鈴木に敬礼し去っていった。安藤は、以前、鈴木と話し合ったことがあった。そして、鈴木のことを「西郷隆盛のような人だ。懐の深い人だ」と言っていたという。

その安藤の部隊が去った後、鈴木は、心肺停止の状態に陥る。妻のたかが鈴木の耳元で必至に鈴木に呼びかけた。「あなた、しっかりしなさい」と。すると、鈴木が目を開いた。そして一命を取り留めた。

鈴木重傷の知らせに、天皇皇后は鈴木に毎日スープを賜い、以後一日一回、鈴木の容体の報告を受けられた(『昭和天皇実録』)。

天皇は、昭和二十年四月七日、戦況悪化の責任をとって総辞職した小磯国昭内閣に代わって鈴木に大命を降下された。鈴木は軍人は政治に関与しませんと切に辞退した。しかし、天皇が言われた。「鈴木の心境はよくわかる。しかし、この重大なときにあたって、もうほかに人はいない。頼むから、どうか、曲げて承知してもらいたい」

天皇に、「頼む」と言われて鈴木は大命を受けた。慶応三年の江戸時代生まれの七十七歳であった。東京大空襲以来続く空襲で焼け野が原になった東京の皇居で、天皇から「もうほかに人はいない」と言われたのである。鈴木は覚悟を決めた。その覚悟が、御前会議につながった。そして務めを果たした。

昭和二十三年四月十七日、鈴木は亡くなる。鈴木の遺骸を火葬した後には、体内に残っていた二二六事件で受けた銃弾があった。

昭和二十年八月九日午後十一時五十分、この鈴木が天皇に願い出た御前会議が開始された。会議では、ポツダム宣言受諾説と非受諾説が三対三で拮抗した。残る鈴木総理が受諾か否かで結論が決まる。鈴木総理が立ち上がった。皆、固唾を飲んで鈴木を見守った。

しかし、鈴木は、己の意見を言わず、椅子を離れて陛下の御前に進み出た。

鈴木は、あくまで御聖断を以て結論としなければならないと確信していた。重臣どもの多数決の結果を以て収拾できる事態ではなかったからである。

鈴木貫太郎

鈴木貫太郎生誕の地

「議をつくすこと、すでに数時間に及びまするが議決せず、しかも事態は、もはや一刻の遷延をも許しませぬ。まことに異例で畏れ多いことながら、この際は聖断を拝して会議の結論といたしたく存じます」

天皇は、鈴木を席に着かせてから、口を開かれた。

「今は忍び難きを忍ばねばならぬ時と思う。明治天皇の三国干渉の際の御心持ちを偲び奉り、自分は涙をのんで原案に賛成する」

陛下は、「自分一身のことや皇室のことなど心配しなくともよい」とまで言われたという。嗚咽の声がもれる中、鈴木首相が立ち上がって言った。

「会議は終わりました。ただいまの思召しを拝しまして、会議の結論といたします」

玉座に向かって全員一礼した。時に、十日午前二時二十分であった。

鈴木首相は、官邸に引き返して第三回の閣議を開き、ポツダム宣言受諾案を決定し、十日午前四時、次の宣言受諾を各国に通告しその回答を待つに至った。

「七月二十六日付け三国共同宣言にあげられたる条件中には天皇の国家統治の大権を変更する要求を包含し居らざることの諒解の下に日本政府は共同宣言を受諾す」

十二日、連合国から回答があった。この回答を読んで、連合国は国体の変更を考えていると解釈した陸海軍の参謀総長と軍令部総長は、陛下の御翻意を願い出た。またもや受諾か否か激論となる。

十四日午前八時四十分、天皇は御前に出た鈴木首相に、非常に堅い決意をお示しになり再度の御前会議開会を申し渡された。

午前十時四十五分、閣僚全員と最高戦争指導会議構成員それに枢相の加わる前例のない御前会議が開会された。

鈴木首相が、開会を宣して、陛下の御前に進み出た。そして、連合国の回答の要点を説明し、次のように述べた。

「ここにかさねて、聖断をわずらわし奉るのは、罪軽からざると存じまするが、この席において反対の意見ある者より親しくお聞きとりのうえ、重ねて御聖断を仰ぎたく存じます」

陸海軍の参謀本部と軍令部の両総長は、それぞれ国体を護持する為に受諾に反対した。阿南陸軍大臣も受諾反対と述べたが、半ば慟哭していた。彼ら以外、だれも発言する者はなかった。

陛下は再び、聖断を下された。

「外に別段意見の発言がなければ私の考えを述べる。私の考えはこの前申したことに変わりはない」

続いて陛下が、わが一身はどうなろうとかまわぬ、国民を戦火から守りたいと言われたとき、人々は泣いていた。

かつて侍従武官として陛下に親しくお仕えし、その率直豪快な性格を陛下も好まれていた阿南惟幾陸相は、御前会議を終えてお立ちになる陛下に、取りすがるようにして慟哭した。その陸軍大臣に、陛下は優しく言われた。

「阿南、阿南、お前の気持ちはよくわかっている。しかし、私には国体を護れる確信がある」

この御聖断を受けて、鈴木首相は閣議を開き詔書案の審議にはいる（藤田尚徳著、前掲書より）。その詔書については既に述べた。

このようにして、明治維新以来、最大の危機が克服されていった。

天皇は、慟哭する阿南陸相に言われたように、国体を護持されたのである。

それは、終戦の詔書（玉音放送）において「確く神州の不滅を信じ」と言われ、それから四か月半後の昭和二十一年一月一日に発せられた「新日本建設に関する詔書」において、明治天皇の発せられた「五箇条の御誓文」の聖旨に戻ることによって輝かしい未来を開こうと国民を励まされたことからも明らかであろう。

また、天皇から直に、阿南、阿南と呼びかけられた阿南陸相は、安堵して御聖断の下に日本国の安泰と、その為に全陸軍が速やかに戦闘行動を停止する為に自決した。

重臣達の多数決でポツダム宣言受諾が決まったのならば、断固、その決定を拒絶して徹底抗戦に向かう軍司令官がいても不思議ではない。しかし、御聖断が発せられ、陸軍大臣がその御聖断を戴いて割腹した以上、全陸軍は聖旨に従い戦闘を止める。自決に向かう阿南陸相は、そのことを確信した。

もちろん、阿南陸相は軍人であるから、彼の自決には未曾有の敗北を喫したことの、責任をとる、「大罪を謝し奉る」ということもあった。それら万感の思いを込めた上で、阿南陸相は、御聖断のもとに自決したのだと思う。彼は陸軍大臣を辞任して鈴木内閣を瓦解させてポツダム宣言受諾を阻止することもできた。しかし、彼は辞任しなかった。辞任しなかったのは、鈴木内閣において御聖断を得て終戦を決定させる為であった。

この御前会議を経て、我が日本は「戦後」を迎え現在に至る。それ故、我が国の歩みの中に無数にある「星の時間」の筆をひとまず擱くが、実はここまで、我々の血のなかに流れている日本を書いてきたのだ。何故なら、過去は過ぎ去ったのではなく現在にあるからだ。我々は我が国の歴史のなかの「星の時間」とともに生きている。

そして今、我々は、目の前で展開されている激動の世界において、その危機を克服して明るい未来を開かねばならない。その力は、我々の血のなかを流れている日本から湧きだしてくる。我らは、昭和天皇が詔書で言われた、「神州の不滅」を確信する日本人だからである。

世界の大勢――地殻変動

戦後七十年を経過して、世界は今、大きな地殻変動期にある。我が国は今、その地殻変動の上に乗る船だ。船底に張られた一枚の板の下は、千仞の谷だ。

第二次世界大戦後の世界は、大東亜戦争における日本の強烈な衝撃によって、アジア、アフリカに多くの独立国家を生み出しつつ、大枠は米ソ両軍事超大国によって造られた自由主義陣営と共産主義陣営に二分された冷戦構造の中で安定していた。それを安定せしめた大きな要因は、両国が保有する核兵器である。

しかし、一九九一年（平成三年）十二月二十五日、共産主義陣営の総本山であるソビエト大統領ミハイル・ゴルバチョフが辞任してソビエト連邦が崩壊して、旧ソビエト領域内にロシア共和国をはじめウクライナやベラルーシーなどの主権をもった国々が誕生した。そして、世界の超大国はアメリカ一国になり、アメリカが「世界の警察官」となった。しかし、アメリカは巨額の財政負担にあえぐようになり、オバマ大統領は遂に「世界の警察官」を辞めると表明する。

とはいえ、第二次世界大戦後の世界の暗黙の秩序は、「一点」で守られていた。その「一点」とは、十九世紀の帝国主義の時代から第二次世界大戦までのように、国家が武力を行使して他国の領土を奪って領土を拡大させせないということであった。

ところが、二〇一四年三月十八日、ロシアのプーチン大統領は、ロシア軍をウクライナのクリミアに進駐させ、クリミア併合を宣言した。この時、明確にこの「一点」が崩れた。そして、世界は、第二次世界大戦後、初めて武力で領土が変動する時代に突入しているのを知った。その結果、ヨーロッパにおいては、ロシアがバルト三国に再び武力侵攻することも現実味をおびて語られるようになった。

だが改めて、振り返ってみれば、このことは、ロシアのプーチン大統領が、クリミアで白昼堂々とやったから我が国にもアメリカにもＮＡＴＯ諸国にもはっきり見えただけである。東アジア、特に我が国の南西海域では、武力で領域を拡大する行動は、既に中共が夜陰に乗じて、やってきたことである。現在も、南シナ海で実施している。夜陰に乗じているので、近くにいても眠っている者には分からないだけだった。近くの日本は眠っていた。しかも、南シナ海ではなく、もっと近くの東シナ海にあるわが固有の領土である尖閣諸島が中共に侵されつつある時にも眠っていたのだ。これが、戦後政治の亡国的欠落である。

しかし、目をつぶれば世界がなくなるわけではない。日本が眠っていても、地殻変動は続いている。海洋国家であるわが国にとって、遙かユーラシアの西のクリミアよりも南シナ海における中共の侵攻が死活的に重大事である。海にこそ我が国の存亡がかかっているからだ。ロシアのプーチン大統領がクリミアで見せてくれた武力で領土を拡張する地殻変動の動きは、既に中共によって、東アジアで開始されていた。

軍備増強を加速させている共産党独裁国家である中共こそ、武力によって領土と支配領域と覇権を拡大させようとする世界で最も危険な独裁政権なのだ。

我が国では、大東亜戦争後七十年が経過しても「戦後」と言っているが、世界はもはや「戦後」ではない。「戦前」である。従って、現在、二〇一五年、中共が行っている南シナ海のスプラトリー諸島の埋め立てによる軍用港湾と滑走路の建設の危険性を見抜かねばならない。その為に、第二次世界大戦勃発二年前の、ナチスドイツによる非武装地帯であるラインラント進駐（一九三六年）の前後を振り返りたい。

チャーチルの回顧

第二次世界大戦中のイギリスの首相ウィンストン・チャーチルは、第二次世界大戦を振り返って、「起こらなくてよい戦争だった」と言った。さらにチャーチルは、第二次世界大戦を「平和主義者が造った戦争だ」と言った。

つまり、チャーチルは、第二次世界大戦は、平和主義者に従わなければ阻止しえたと言う。では、どうすれば戦争を阻止しえたのか。第二次世界大戦勃発の経緯を、チャーチルの回顧録を参照しながら点検してみよう。

一九一八年（大正七年）十一月十日、ドイツ皇帝ウイルヘルム二世がオランダに亡命し、西部戦線と東部戦線で五年間戦ったドイツは敗北して第一次世界大戦が終結する。翌年一九一九年（大正八年）六月二十八日、連合国との間でベルサイユ講和条約が締結され、ドイツは、賠償金千三百二十億マルクの支払い、領土の一三％削減と全植民地を剥奪された。さらに、飛行機と戦車と重砲などの最新兵器と潜水艦の保有を禁止された。そして、徴兵制を禁止されて陸軍兵力十万人以下、海軍兵力一万五千人以下に制限された上で、陸軍省と参謀本部と陸軍大学は廃止されフランスとの国境ラインラントを非武装地帯にされた。

つまり、ドイツ軍は牙を抜かれて無力化されたのである。そして、同年十月一日、ワイマール共和国が誕生する。しかし、ドイツは、軍備の重要性を忘れることはなかった。ドイツ軍部は、ハンス・フォン・ゼークト大佐（五十四歳）にドイツ軍の再建を委ねる。

ゼークトは、志願兵をよく訓練して将校の能力をもつ下士官を育成する方針を立てる。その為に、フランス軍下士官の数倍の給料をドイツ軍下士官に支給する。将校の育成こそ軍再建の要である。つまり、ゼークトは、十万人の狼を造ろうとしたのだ。狼に指揮された羊の群れは、羊に指揮された狼の群れを打ち破ることができるからである。

これにより、ドイツ軍は総兵力十万人以下の制限が撤廃されれば、直ちに十万人の優秀な将校に指揮された膨大な兵力の大軍に変貌することができるようになった。

また、ゼークトは、ワイマール共和国の文民の国防大臣の下に、参謀本部の機能をもつ部局を造り上げドイツ参謀本部の伝統を維持した。そして、民間に航空会社ルフトハンザを設立してパイロット育成を続けるとともに、革命直後のソビエトが重工業の建設にドイツの協力を求めてきたことに目を付け、その建設を援助する見返りに、ベルサイユ条約で禁止されていた戦車、航空機そして重砲さらに化学兵器をソビエト領内で製造し、またドイツ軍将校が、ソビエト領内で飛行機や戦車の訓練を続けることができるようにした。

この敗戦の困難な状況の中で、ドイツ軍を維持し強化した卓越した軍人であるハンス・フォン・ゼークトは、我が国の運命にも深く関わってくる。ゼークトは、ドイツ軍を大将で退役してから国会議員になったが、昭和九年（一九三四年）四月、蔣介石軍のドイツ軍事顧問団の団長に就任する。そして、蔣介石軍をドイツ製の武器を持った近代的軍隊とするとともに、戦争指導において、対日敵視政策と対日強硬策を進言した。何故なら、蔣介石軍を強くするには、武器や航空機も必要ではあるが、最も必要なことは「敵を与えること」であるとゼークトは判断し、その為に蔣介石軍に「日本に対する敵愾心」を養うように進言したのである（阿羅健一著、『日中戦争はドイツが仕組んだ』）。

さて、このゼークト将軍のドイツ軍における努力とは別に、ドイツそれ自体は、ベルサイユ条約によって課せられた巨額の賠償と、襲ってきたハイパーインフレに苦しみ、大量の失業者が街にあふれ、国民は生活苦にあえぐことになる。それは「いまやドイツの国民大衆の上に絶えず覆いかぶさる恐怖は、失業だった」（チャーチル）という状況であった。

その中で、ベルサイユ体制打破を掲げるナチス党とアドルフ・ヒトラー（一八八九〜一九四五年四月三十日）が、国民の支持を急速に拡大して台頭する。そして、一九三三年（昭和八年）一月三十日、ヒトラーは、第一次世界大戦の英雄ヒンデンブルグ大統領の下で首相となる。

さらに、翌一九三四年（昭和九年）八月、ヒンデンブルグ大統領が死去すると、ヒトラーは、大統領職と首相を兼任するドイツ総統に就任して遂に独裁権力を手に入れた。

以後、ヒトラーに率いられたナチスドイツは、次の通り、電光石火であった。ヒトラーとは何か。憑かれた様に、第二次世界大戦を起こすために生まれてきた男であった。

一九三三年一月三十日、ヒトラー、ドイツ首相に就任。ドイツ、国際連盟脱退

一九三四年、ヒトラー、ドイツ総統に就任
一九三五年、再軍備宣言と徴兵制復活宣言
一九三六年、ラインラント進駐
一九三八年、オーストリー併合、チェコスロバキアのズデーテン地方割譲要求。九月、英・仏・伊首脳、ミュンヘンで会談しドイツに宥和しズデーデン地方を割譲
一九三九年八月二十三日、モロトフ・リッペントロップ協定（独ソ不可侵条約）。九月一日、ドイツとソビエト、ポーランドへ侵攻開始、第二次世界大戦勃発
一九四〇年六月十四日、ドイツ軍、パリ入城。九月七日、ドイツ軍、ロンドン空襲開始

以上である。

なお、独ソ不可侵条約の締結時、我が国は極東の草原でソビエト軍と戦っていた（ノモンハン事件、五月〜九月）。八月二十八日、平沼騏一郎内閣は、「欧州の天地は複雑怪奇」との声明を発して総辞職した。

チャーチルは、ドイツにおけるナチスとヒットラーの台頭を次のように書き、また演説した。

「ヒトラーはまず、政権への道は敗北の屈辱から生まれたワイマール共和国に対する、攻撃と暴力であることを明言していた」

「『我が闘争』の主要テーゼは簡単である。人間は闘う動物である。ゆえに闘う者の独立社会である国家は、戦闘単位である。生きる有機的組織体がその存在のために闘うことを中止するならば、それは滅亡する運命にある。闘うことを止める国家も民族も、同じ運命をたどる」

（権力を握ったヒトラーのレーム粛正に関して）ドイツの新しい主人は何事にも停止しないことを示したものであり、ドイツの実情はおよそ文明と似ても似つかぬことを示したのであった。恐怖と白煙の上に立った独裁制は世界と対決していたのだ」

「ドイツは今や急速に武装を進めております。我々には必要な手段を執る時間があります。ドイツは武装しようとしているのでありますが、何人もこれを阻止しようとはしません……ドイツが求めているのは手段であります。我々は均等を獲得する手段が欲しいのであります。世界中の如何なる国といえども、自らを脅迫される立場におく道理はありません（一九三四年三月、イギリスの空軍予算が僅か二千万ポンドであることの関する下院での演説）」

しかし、このチャーチルの警告にかかわらずイギリス政界は次の通り、ドイツ軍のポーランド侵攻まで何もしなかった。

「労働党と自由党の平和主義は、ドイツの国際連盟脱退という重大事件によってすら、影響を受けなかった。両党は相変わらず、平和の名において、イギリスの軍縮を推し進め、これに反対する者（チャーチル）は総て『戦争屋』、『人騒がせ』と呼んだ」

「このような重大な変化がドイツ国内で起こっているとき、マクドナルド・ボールドウィン内閣は、財政的危機から既に縮小していた軍備を、さらにしばらくのあいだ厳しく縮小し、制限しなければならないと感じ、ヨーロッパに起こっている不安な兆候には、目と耳を閉ざしていた」

「一九三三年なら、あるいは一九三四年でさえも、まだイギリスにとっては、ヒトラーの野心に、必要な抑制を加えるだけの空軍、あるいは恐らく、ドイツ軍部の指導者達に、ヒトラーの暴力行為を抑止させることができるだけの空軍を造ることは可能であったろう。しかし、我々が最大の試練に直面するまでには、さらに五年の歳月を経なければならなかった」

「この間を通じてアメリカ合衆国は、深刻な国内の諸事件と経済問題の処理で精一杯の状態であった。ヨーロッパと遙か遠方の日本は、好戦国ドイツの力が盛り上がるのをじっと見ていた」

そしてヒトラーは、再軍備宣言と徴兵制復活宣言をした翌年である一九三六年三月七日、ベルサイユ条約で非武装地帯とされていたラインラントにライン川を越えて軍隊を進駐させた。しかし、この時、ドイツ軍の装備はまだ貧弱で、参謀総長及び軍司令官は、ヒトラーにフランス軍が侵攻してきたらドイツ軍は敗北すると警告していた。

ヒトラー自身も、「ラインラントに兵を進めた四十八時間は、私の人生で最も不安なときであった。もしフランス軍が進軍してきたら、貧弱な軍備のドイツ軍は反撃できず、尻尾を巻いて逃げ出さねばならなかった」と後に告白している。ドイツの将軍も、戦後フランスに尋問され、「この時フランス軍がラインラントに侵攻していたらドイツは敗北し、ヒトラーは失脚していた」と語った。

しかし、フランス軍は、ラインラントに侵攻しなかった。フランスもイギリスと同様に、平和主義者が政権を握っていたのである。

このヒトラーのラインラント進駐が、戦争と平和の「ターニングポイント」であった。この何もしないフランスそしてイギリスの状態（平和主義者の支配）を観察して、ヒトラーは二年の十分な準備期間を経たうえで満を持してオーストリーを併合しチェコスロバキアのズデーテン地方の割譲を要求する。イギリスとフランスはミュンヘンでヒトラーと会談しこのヒトラーの要求を認める。これを「ミュンヘンの宥和」という。これが戦争への「トリガー」（引き金）であった。

このミュンヘン会談から帰ってきたイギリスの首相チェンバレンは、到着したヒースロー空港で出迎えた民衆にミュンヘンで署名した書面を振りかざし、「私は平和を持ち帰った」と挨拶した。しかし、チェンバレンがイギリスに持ち帰ったのは戦争だった。

ミュンヘンの宥和からちょうど一年後の九月一日、ドイツ軍がポーランドに侵攻して第二次世界大戦が勃発し、その一年後の九月七日、ドイツ軍のロンドン爆撃（バトル・オブ・ブリテン）が始まった。

以上、戦争と平和の分岐点ターニングポイントはドイツのラインラント進駐にフランスやイギリスが反撃しなかったことであり、戦争への引き金トリガーはミュンヘンの宥和である。「反撃せず」も「宥和」も平和主義者がした。よって、チャーチルは、第二次世界大戦は平和主義者がつくった戦争であると回顧したのだ。

イギリスやフランスが、ラインラントで反撃してヒトラーを止めて戦争への一歩を踏み出させず、ミュンヘンで宥和せずに引き金に指をかけさせなければ、戦争は起こらなかった。約八十年前のヨーロッパの情勢を振り返ったわけは、これが現在の東アジアの情勢と相似形であるからだ。

ナチスドイツのヒトラーは独裁者である。共産党独裁国家である中共の国家主席も独裁者である。

両者はともに力の信奉者であり、軍事力を以て領域の拡大と覇権の獲得を目指している。

では、現在の東アジアはどの段階にあるか。つまり、戦争と平和のターニングポイントは何処か。即ち、ヒトラーのラインラント進駐の段階に来ているのか、まだ来ていないのか。

思うに、ベルサイユ体制下において、ゼークト将軍によって、ひっそりと行われた巧妙なるドイツ軍の増強策と、これに続くヒトラーの再軍備宣言までの期間（一九一九年～一九三五年）は、天安門事件以降の中共の軍備増強期間（一九八九年～二〇一五年）に相当する。

では、中共の習近平主席は、ヒトラーの再軍備宣言から一年後のラインラント進駐に相当する行動に出ているのか否か。答えは既に行動に出ている。ラインラント進駐に相当するのが、現在、中共が行っている南シナ海の島嶼埋め立てによる軍港と滑走路の建設である。この中共の不法な傍若無人な領域拡張と軍事基地化の行動に対して、我が国の対応はかつてのナチスドイツのラインラント進駐に対するイギリスとフランスに似ている。つまり、我が国は見て見ぬ振りをしている。

従って、現在、南シナ海に、まさに七十九年前のヨーロッパと同様の戦争と平和のターニングポイントが来ているのだ。このたびも七十九年前と同様に、平和主義者の不作為が戦争への道を開く。歴史の教訓に学べば、我が国は如何に対応すべきか。

中共の南シナ海での軍事基地化工事に対して強烈な反対を表明し、率先してアメリカやアセアン諸国との連携を強化して軍事基地化工事放棄の圧力をかけるべきである。

同時に、古代ローマ以来の格言である「平和を望むなら、戦争に備えよ」を実践するべきである。

つまり、チャーチルが教えてくれているように、軍備を増強している相手に、軍縮で応じてはだめだ。我が国は海洋国家にふさわしい国防体制を整備し、軍備を増強するべきである。

中国共産党独裁国家とは何か

現在、中共は我が国の最大の脅威であり、覇権を確立するために従来の世界秩序を破壊して中共中心の秩序を創ろうとしている。その権力の本質は共産党独裁であり人民の自由と民主主義に基づくものではない。それは、既に紹介したチャーチルがヒトラーのドイツに対して下した次の判断が最も実態に即して適切である。

「ドイツ（中共）の実情はおよそ文明とは似ても似つかぬことを示したのであった。恐怖と白煙の上に立った独裁制は世界と対決していたのだ」

ところが、我が国の、中共への対処の歴史は、その本質を見据えたものではなく、卑屈な迎合と日中友好のムードに流されたものであった。我が国は、そのムードのなかで中共に巨額の援助を貢いで現在の最も危険な独裁国家に育て上げたと言える。我が国は、自分を飲み込もうとする邪悪な猛獣を育てたようなものだ。

これは、我が国の戦後外交最大の国策の誤りである。この我が国の国策の誤りは、我が国のみならず、共産党独裁の下で弾圧されている自由を求める中国人民に惨害をもたらしている。

しかし、このシナに対する国策の誤りは、戦前からのものであった。我が国には、福沢諭吉の「脱亜論」に代表されるようなシナの実態に即した対応を促す適切な意見の流れがあるのに、我が国は対中姿勢を誤った。その痛恨の事例が、既に指摘した幣原協調外交である。昭和初頭の南京の各国領事館と館員家族に対して、蔣介石の北伐軍が行った暴力と略奪に対して、我が国は武力を行使して自国民を断固守ろうとするイギリスやアメリカと共同歩調をとらず、「シナに対する理解と同情」を掲げる幣原協調外交に基づき無抵抗を貫いた。その結果、どうなったか。シナは「理解と同情」を掲げた無抵抗の日本を攻撃のターゲットに絞ってきたのだ。日本外交は、シナの攻撃を全く予想もしなかった。そうであるならば、我々は、このシナの驚くべき予想外の反応を忘れず噛みしめて貴重な教訓としなければならない。

大東亜戦争への道と我が国の最も重要な敗因は、この我が国の大陸政策の誤りに起因している。しかし、我が国は、この誤り（錯覚）を戦後も繰り返したのだ。そして、またもや取り返しのつかない結果を生み出した。戦後、我が国は、日中友好そして困っている中共を助けるという思慮なき無邪気なムードのなかで、世界最大の援助を中共に与え続けた。そして、気がつけば、その援助を受け取っていた中共が、その間に反日教育を続けていて、異常な反日国家に変貌している。

また、中共がしつこく戦争中の被害を持ち出して我が国を非難する事態に対して、謝れば済むだろうと思って謝れば、却って中共が対日非難を居丈高に強めてきたことは度々経験している。従って、ここにおいて、改めて中共つまりシナの民族の本質や特性を見極めることが死活的に重要である。

むつかしく考える必要はない。「嘘をつくことは悪いことである」とする文明と「騙されることが悪いことである」とする文明が確かにある。日本は前者でシナは後者である。従って、シナは堂々と嘘をつく。最近よくテレビに映される中国外務省の男女の報道官の面を思い出して欲しい。彼らは、何のためらいもなく堂々と嘘をつく見事なサイボーグである。

シナでは、歴史は権力者が都合がいいように書き換える。つまり、プロパガンダである。我が国は、嘘をつくのは悪いことだから真実を歴史に書く。ちなみに、朝鮮では、歴史はファンタジーである。歴史は、そうあって欲しい、という願望だ。あの豪華絢爛たる韓国の宮廷ドラマの通りだ。朝鮮では、あの豪華な宮廷をもつ豊かな朝鮮を日本が植民地支配で搾取し疲弊させたことにしたいのだ。つまりファンタジーだ。このように、文明が違うのだから、我が国は、彼らの文明に屈服する必要はない。簡単にそれは嘘だと言えばいい。「南京大虐殺、それは嘘だ。尖閣諸島がシナのもの、それは嘘だ。騙されたら悪いことだから騙されない」、これが最良の対処である。

次ぎに明治の人物のシナ報告を紹介する。これは、全く現在のシナの報告であり、現在の我々に対する警告である。一人は、嘉永五年（一八五二年）生まれの軍人で情報の分野で日清日露両戦役勝利に多大な貢献をした福島安正中尉（後に大将）の明治十二年の清国偵察報告「隣邦兵備略」で、もう一人は明治七年（一八七四年）生まれのアジア主義の活動家で、孫文を支援して中国革命同盟会結成に関与して辛亥革命の工作に携わりフィリピンやインドの独立運動を援助した内田良平の書いた「支那観」である（岡田幹彦著『日本を護った軍人の物語』祥伝社と内田良平研究会編『シナ人とは何か―内田良平の支那観を読む』展転社より）。

福島安正中尉の報告

清国の一大弱点は公然たる賄賂の流行であり、これが百害の根源をなしている。しかし清国人はそれを少しも反省していない。上は皇帝、大臣より、下は一兵卒まで官品の横領、横流しを平然と行い、贈収賄をやらない者は一人もいない。これは清国のみならず古来より一貫して変わらない歴代支那の不治の病である。このような国は日本がともに手を取ってゆける相手ではありえない。

内田良平の「支那観」

支那の社会は歴史上、ほぼ三つに分かれている。読書社会（政治社会）、遊民社会そして農工商社会（普通社会）である。

読書社会は、社会の上層を占めて政治問題を議論する。彼らは賄賂を使って科挙試験に合格するや、今度はせっせと賄賂を貯めて資産を作り権勢を求めて私腹を肥やす。金銭万能が支那の国民性の持病となっている。堂々たる政治家を自任する者にして美辞麗句とは裏腹に、振る舞いは汚れ彼らの心事が巷の守銭奴と何ら変わらないのは昔のままである。

遊民社会を構成する者たちは自ら豪侠をもって任ずるが、平生、人々を脅して金品を奪い取ったり墳墓を盗掘したり賭博に興じたりするのを職業とする。その眼中には政府も祖国も、また仁義も道徳もなく、理想とするのは、ただ自分が快適な生活さえできればそれで満足する自己中心的なものだ。

農工商社会は、支那の普通の社会で、ただ個人の利益を追い求めて生活する者たちが構成する社会である。彼らは徹頭徹尾、個人本位に物を考える。個人の生命財産が安全でさえあるなら、君主がいようがいまいがどちらでもよく、国土が異民族に乗っ取られようがどうなろうが、まったく関知しない。ゆえに、ある日突然国王が変わって英や露となり、また仏、日、独、米その他となっても、一向に構わないのである。

「井を穿って飲み、田を耕して食らう。帝力我に於いて何かあらん」この言葉ほど、支那人の性格を端的に表したものはない。

以上は、軍人の目から見た清朝末期の支那報告であり孫文の辛亥革命の為に命をかけて奔走して孫文らに裏切られたアジア主義者の警告である。ともに百年以上前の支那を述べているとは思えない。現在の中国共産党のシナも、「古来より一貫して変わらない歴代支那の不治の病」を見事に継承している。

内田良平の言う「読書社会」は、共産党政治局常務委員及びその経験者と一族・親戚・外戚連中である。なるほど立ち居振る舞いは堂々たるものだが、心事は巷の守銭奴である。次ぎに「遊民社会」は共産党中堅幹部連中である。政府も祖国も仁義も道徳もなく快適な生活を目指すのみ。従って、福島安正中尉の報告の通り、シナ・中共は、政治的にも経済的にも、ともにパートナーシップを組める相手ではない。

現在は、経済の国際的な相互依存関係は深まるばかりだからシナとの経済的パートナーシップは大丈夫だと言う意見もあるが、シナ大陸に工場を進出させた多くの会社の経験したことを国策に生かすべきである。中共の大会社および国営企業は、共産党幹部と一族連中の餌場ではないか。やはり、経済面においても、共産党（皇帝）独裁国家とのパートナーシップは無理だ。

シナという国難

現在、シナは約十三億の人民を約八千二百六十万人の共産党員が支配し、その共産党を九人の政治局常務委員が支配する国（地域）である。

このシナで、この共産党独裁体制が、一九八九年の天安門事件以降、改革開放という共産党によるマネーゲームに乗り出したのだ。その結果、拝金主義が蔓延し極端な所得格差が生まれた。人民の上位一〇％の高所得者層と下位一〇％の低所得者層の家庭の平均収入格差は約五十五倍である。また貧困ラインおよび衣食ギリギリの層が農村部に七千三百万人で都市部には二千八百万人いる。さらに二億七千万人の農工民は社会保障を受けるための戸籍を持っておらず土地を失った農民は四千万人に達する。そして国土の三分の一が荒廃し五分の一が砂漠化した。河川湖沼や海洋そして大気の汚染も凄まじい。その中で、人心の荒廃はまさに邪悪な社会を生み出している。世界の偽ブランド製品の七割が中国製で中国のＧＤＰの一割を占めている。極端な所得格差は人心を荒廃させるとともに体制に対する怨念を生み出し、平成十九年には年間約十五万件、最近は年間約二十万件の暴動が各地で発生し、とどまる気配はない。

また、共産党政治局常務委員と八千万人の共産党員の支配層であるが、これが内田良平の言う守銭奴および遊民と化して公金横領と権力闘争を繰り広げている。

共産党幹部には子女を海外に住まわせている者が多く（裸官）、千人以上が二重国籍を持ち、二〇〇八年までに二万人以上が海外に逃亡し、持ち出された公金は約十二兆円（八千億元）である。また、二〇一二年には共産党員六十六万人を腐敗の件で処分したと発表された。

何れにしても、共産党上層部から下位の貧民層まで、シナのあらゆる社会が荒廃し、暴動の頻発と工業地帯での爆発の連続など社会不安が全土を覆っている。さらに、平成二十七年、不動産バブルと上海株バブルの崩壊そして人民元切り下げを切っ掛けに、「中国経済は自壊プロセスに入った」（田村秀男産経新聞特別記者）。

加えて同年八月十二日、天津浜海新区という経済開発地区で倉庫が大爆発して多くの人々が死亡し、おびただしい有毒物質が附近一帯と大気中に拡散され爆発地点から六キロ離れた川でも、大量の魚の死骸が川面を埋めつくした。

さらにその翌日は、遼寧省でボイラー工場が爆発した。十六日には山東省青島の経済開発区でゴム倉庫が炎上し、二十二日には同省淄博市で化学工場が爆発、三十一日にも同省東営市の化学工場が爆発した。これらは、「単なる事故」であるとは考えられていない。そして、九月に入り、十数個の小包爆弾が各所に届けられて爆発している。

習近平主席は、九月三日の抗日戦勝利軍事パレード当日に、北京の空を秋の綺麗な晴天にするために八月から九千もの北京郊外の工場の操業を停止させ煤煙を排出しないようにしていた。その操業停止の同時期にこの連続爆発が起こっている。まるで、独裁者習近平氏が執着する馬鹿馬鹿しい抗日戦争勝利軍事パレード成功に向けた、北京の青空作戦による工場群の操業停止をあざ笑うかのようなタイミングである。

これら中共の経済と社会に起きている異常現象が、共産党独裁体制の断末魔で、中華人民共和国は崩壊に向かうのか、それとも、この断末魔が常態化してしばらく続くのか何れか判断できかねる。なにしろ、一億や二億の人民が死んでも平気なのがシナだからである。

しかし、一つ明確なのは、これはシナ共産党独裁体制の自壊現象であることは確かであり、このような状況に陥ったシナの独裁権力者が何を考えるかである。

それは、外部の富を取り込むことであり、さらに外部に敵（憎悪の対象）を造って人民の怨念が内に向かわないようにするとともに、愛国心を煽りながら軍事力を増強して対外膨張に打って出て中華帝国の拡大に向かうということである。このことに関しては、天安門事件以来の歴代主席は一致している。

そして、中国共産党が、その富の取り込みの対象と憎悪の対象として選んだのが、シナに最大の援助を与え続けた日本であり、中華帝国の拡大に向かう方向が我が国のシーレーンがある東シナ海と南シナ海なのだ。これこそ、我が国の国難である。

国難克服への道——日本精神の確立

この国難を克服する為には、心と体がいる。

まず我が国国民が、中国共産党が、我が国の富を取り込み我が国を人民の憎悪の対象とする為に繰り広げているプロパガンダに迎合すれば、そこで我が日本は独立自尊の日本でなくなる。従って、中国共産党は、寝ながら野望を実現できるこの対日戦略を長年仕掛けている。つまり巧妙な対日心理戦、宣伝戦である。

また、中国共産党の提唱する「東アジア共同体」は、我が国の富を取り込む戦略である。そして、既にこれに迎合した総理大臣が民主党政権下に出たことは、利益の為にはシナにすぐなびく我が国財界の危うさとともに、我が国の中国共産党の戦略に対する脆弱性を暴露したものである。

東アジア共同体とは、あのシナとの国境を無くすことである。何千万の中国人がイナゴの群れのように我が国に入れるようにすることである。現在、東京都在住の中国人は十五万人を超えている。その犯罪者数は外国人犯罪の国別分類で第一位であり犯罪者割合は日本人の十四倍である。常識のある日本人なら、このシナとの国境を無くすことを断じて認めない。従って、中共の戦略が分からずこの共同体構想に迎合した総理大臣は、やはり世界が言うとおり常識のないルーピーである。しかし、彼個人が人間として正常なのか否かはともかく、いやしくも我が国の総理大臣にそれを言わせた中共の工作を見くびってはならない。

さらに、このルーピーの次ぎに続いた総理大臣は、悪質で巧妙であった。従って、こちらの方が実害を我が国にもたらしている。彼は、平成二十二年七月一日、中国人が我が国に観光名下で入国することのできるビザ要件を大幅に緩和したのである。さらに、中国人がまず沖縄から日本に入国することを奨励する施策をとった。すると申し合わせたように、同じ日に中共が、日本にいる中国人にも中共政府の命令で中共の為に闘う義務を負わせた国防動員法を施行した。それで現在、低収入で海外観光旅行などできるはずのない中国人も「観光客」として日本に大量に入国している。この大量の「観光客」も、中共政府の指示があれば、我が国内で中共の為に闘う義務があるのだ。

この一連の二人の総理大臣の言動は、中共の意図的な動きかけ（工作）と無関係ではあるまい。そもそもあの悪夢のような民主党への政権交代も無関係ではない。さらに言う。現在の政権も中共に不自然に配慮している。

平成二十七年の安保法案の審議中、中共は、南シナ海の島嶼を埋め立てて軍港と滑走路を建設していたのである。何故、与野党はこのことを審議しなかったのか。次世代の党だけが質問したにすぎない。責任ある与党ならば、野党の中共に迎合した「戦争法案反対キャンペーン」に対して、まさに進行している中共の南シナ海侵略を具体的に掲げて反論し国民の理解を求めなければならなかったのだ。

また、マスコミは報道しないが、同安保法案審議の際に、国会前で行われた反対集会のプラカードには日本の漢字ではないシナの略字が書かれていたのである。また、沖縄の反基地集会では、日本語だけが話されているのではない。中国語が飛び交っている。そして、自民党沖縄県連の幹部であった沖縄県知事の言動の変遷には明らかに中共との関係を読み取れる。

我が国政治が、中共の我が国内における工作活動の現状を放任して危機感を持って反応しないこと自体が、シナの対日工作の成果である。シナ国内の反政府デモに日本人が入っていたら直ちに人民武装警察に拘引されるだろう。この点だけは中共に見習うべきである。少なくとも、我が国政府は、国会前と沖縄とで展開されている反対運動に如何なる外国勢力が関与しているのか把握できる手段と能力を持っていなければならない。

次ぎに、靖国神社参拝反対に象徴的に現れている中共の反日プロパガンダは、ボディーブローのように我が国の政治と教育にダメージを与えるのが目的である。これを克服するには日本の歴史と日本人の魂を取り戻すことが必要だ。同時に、国民一人一人が日本の歴史と日本人の魂を取り戻すことが、国防すなわち我が国を護り永続を確保するための不可欠な前提であることを自覚していなければならない。

軍隊と国民精神は不可分である。最強の軍隊は国民精神によってつくられる。また、軍隊がなければ国民精神はあり得ない。何故なら、侵略者と戦い己を守る手段をもたない国には服従だけがあって独立はないからである。

スイス政府は、国民総てが国防を担うために『民間防衛』という冊子を作って全スイス国民に配布している。その冒頭の国民への呼びかけは次の通りである。今まさに、我ら日本国民がこの呼びかけを受けていると思って読んでいただきたい（傍線、筆者）。

「国土の防衛は、わがスイスに昔から伝わっている伝統であり、我が連邦の存在そのものにかかわるものです。そのために武器をとり得るすべての国民によって組織され、近代戦用に装備された強力な軍のみが、侵略者の意図をくじき得るものであり、これによって、われわれにとって最も大きな財産である自由と独立が保障されるのです。

今日では、戦争は全国民と関係を持っています。国土防衛のために武装し訓練された国民一人一人には『軍人操典』が与えられますが、『民間防衛』というこの本は、わが国民全部に話しかけるためのものです。……

国民に対して、責任を持つ政府当局の義務は、最悪の事態を予測し、準備することです。軍は背後の国民の士気がぐらついていては頑張ることができません。その上、近代戦では、戦線はいたるところに生ずるものであり、空からの攻撃があるかと思えば、すぐに他のところが攻撃を受けます。軍の防衛線のはるか後方の都市や農村が侵略者の餌食になることもあります。どの家族も防衛に任ずる軍の後方に隠れていれば安全だと感じることはできなくなりました。

一方、戦争は武器だけで行われるものではなくなりました。戦争は心理的なものになりました。作戦実施のずっと以前から行われる陰険で周到な宣伝は、国民の抵抗意識をくじくことができます。精神――心がくじけたときに、腕力があったとしても何の役にたつでしょうか。反対に、全国民が、決意を固めた指導者のまわりに団結したとき、だれが彼らを屈服させることができましょうか。民間国土防衛は、まず意識に目覚めることから始まります。われわれは、生き抜くことを望むのかどうか。われわれは、財産の基本たる自由と独立を守ることを望むのかどうか。

国土の防衛は、もはや軍だけに頼るわけにはいきません。われわれすべてが新しい任務につくことを要求されています。今からすぐにその準備をせねばなりません」

戦後体制の変革

日本人の魂を取り戻すことと戦後体制の変革は、不可分である。明治維新が幕藩体制を変革して近代国家体制に移行したように、現在も戦後体制を変革して本来の国家体制に戻らねばならない。仮に百五十年前に幕藩体制を変革することができなければ、我が国は欧米列強の前で亡国に至った。同様に、現在、戦後体制を変革できなければ我が国は滅亡する。従って、明治維新も現在も、国家のサバイバルをかけた変革期である。

そこで、幕藩体制から脱却する明治維新を支えた精神的前提を再度確認しなければならない。それは、明らかに復古である。即ち、自らの歴史の回復である。これが日本史を貫く「変革の原理」である。それ故、哲学者の西田幾多郎は、昭和天皇に次の通り御進講した（松浦光修著、前掲書）。

「歴史は、いつも過去・未来を含んだ現在の意識をもったものと思います。ゆえに私は、我が国においては、肇国の精神（はじめて国をたてること、つまり、神武天皇の建国事業の精神）に還ることは、ただ古に還ることだけではなく、いつもさらに新たな時代に踏み出すことと存じます。復古ということは、いつも維新ということと存じます」

従って、戦後体制から脱却する精神的前提も復古であり歴史の回復である。その為に本書では、天皇の詔書および宸翰を重視して歴史を振り返ってきた。

まず、我らの先祖が、我らの祖国を守るために如何に勇戦奮闘してきたかを振り返り、改めて先ほど掲げたスイス国民の精神に学ばねばならない。その上で、戦後体制からの脱却とは何かを具体化しよう。

そこで、既に述べた安倍内閣が政府主催で平成二十五年四月二十八日に主権回復を祝ったことを再度振り返ろう。政府が「主権回復を祝う」ということは、我が国に「主権がない期間があった」ことを公式に確認したということである。その期間は「昭和二十年九月二日から同二十七年四月二十七日まで」である。

よって、その間に何が奪われたかを再度確認する。それは、降伏文書で明らかなように、まず「軍隊」である。次ぎに、「大日本帝国憲法」である。同時に、東京裁判とＧＨＱのＷＧＩ（ウォーギルトインフォメーション）そして検閲によって、明らかなように「歴史」と「誇り」と「言論」と「教育」が奪われた。

スイス政府発行の『民間防衛』に、「軍は、背後の国民の士気がぐらついていては頑張ることはできません」と書いてあったことを思いだして欲しい。ＧＨＱは、我が国の軍を武装解除しただけではなく、「軍の背後の国民の士気」を歴史と誇りと言論と教育を奪うことによってズタズタにした。そして、「日本を永遠に武装解除されたまま」に固定しようとした。

しかし、東日本大震災と巨大津波の惨害の中の日本人の「雄々しさ」は、日本人はことあるときには、瞬時に士気を取り戻すことを世界に見せた。従って、まず「軍隊」を取り戻せば、「背後の国民の士気」は自ずから湧き上がる。

(一) 軍隊と軍人の回復

軍隊の運用原理

実践論らしく具体的に言えば、戦後体制からの脱却とは、軍隊を運用することなのだ。国民が闘って祖国を守ることができるということなのだ。

つまり、自衛隊を「国民の軍隊(国軍)」に再編する。「国民の軍隊」とは、国民の担う任務(義務)を実践する軍隊のことである。その「国民の担う任務」とは何か。それは「国防の任務(義務)」である。すなわち、国土の防衛の為に、「武器をとり得るすべての国民によって組織され、近代戦用に装備された強力な軍」、これが我が国の「国民の軍隊」である。

この時、現在の我が国の状況からみて最も注意すべきことは、「軍隊」を運用する原理を明確に回復することだ。現行の自衛隊法は軍が解体されてから内務官僚が作ったものであり、自衛隊を、警察を動かす原理に基づき動かしている。

しかし、我々は、昭和五十二年九月から十月にかけて、バングラディッシュのダッカとアフリカのモガジシオで同時期に起こった日航機ハイジャック事件とルフトハンザ機ハイジャック事件への対処において、我が国と西ドイツの根本的な違いをまざまざと見ている。

既に述べたように、西ドイツは、国境警備隊の対テロ特殊部隊を、ルフトハンザ機が着陸したモガジシオに送って機内に突入させて犯人を制圧し人質を救出した。そして、「国境警備隊をモガジシオに送ってはならないという法律がないから送った」と明確に軍隊の運用原理を説明した。

他方、我が国政府は、超法規的措置としてダッカに着陸した日航機をハイジャックした犯人の要求を総て飲んだ。その時、自衛隊を日航機が着陸したダッカに送ってはならないという法律がないから送れる、さらに、日航機内に突入させて犯人を射殺できる、とは夢にも考えていなかったであろう。従って、我が国には、テロリストに対処する最有力の対抗手段である武力制圧という選択肢が眼中に入らず、屈服するしかなかったのである。

しかし、これでは、国際社会で、日本人はいつまでもテロの良き対象にされる。その度に、我が国政府は、平成二十五年一月のアルジェリアのイナメナスにおける十人の日本人殺害や、二十七年一月のシリアにおけるＩＳによる二人の日本人殺害と同じように、これからも国民が殺されるのを見ていることしかできないことになる。

我が国は、自衛隊を再編して国民の軍隊を創設し、アメリカやドイツが運用している原理（ネガリスト）で軍隊を運用しなければ、国民を救出できず、国土の防衛を果たすことができず、却って敵に国土を蹂躙される。

最高指揮官と参謀（STAFF）

古い革袋に新しい酒を入れるわけにはいかない。従って、この際、「国防基本法」の制定と「国軍の創設」を一体として行うべきである。

この「国防基本法」の冒頭第一条は「国家の防衛は国民の神聖な任務である」、第二条は「我が国は国家防衛のために国軍を保持する」、第三条は「内閣総理大臣は、国軍の最高指揮官（Commander in chief）である」。この冒頭の三項目があれば、あとは自ずから掌中にある。

第一条と二条は、国軍が「国民の軍隊」であることを明確にし、第三条は文民である内閣総理大臣を指揮命令系統（ライン）のトップに位置付ける。内閣総理大臣は、国民に対して最高の政治責任を負う文民であるから、このラインをシビリアンコントロールという。

しかし我が国では、戦後アメリカがもたらしたシビリアンコントロールという言葉を内務官僚が自分に有利に解釈して軍隊（自衛隊）を自分たちが監視して縛ることがシビリアンコントロールだとしている。こんなことでは現場で部隊は全滅し、国民も死ぬ。この際、きっぱりとこの戦後特有の「旧来の陋習（五箇条の御誓文）」を破り捨てなければならない。

さて、ここで言う最高指揮官の具体的な仕事は、内閣総理大臣（大統領）が、問題解決を国軍に委ねるか委ねないかを決定するということである。従って、この指揮命令系統に不可欠なものは軍人によって構成される参謀本部（the general staff office）と参謀（the general staff）である。そして、最高指揮官が国軍に問題解決を委ねる際には、参謀の専門的意見を十分に聞いた上で参謀本部に委ねることになる。

日米開戦に際して、F・ルーズベルト大統領が、待ちに待った我が国の真珠湾攻撃を知った瞬間、参謀総長を顧みて、「問題を君の領域に移す」と言ったという。これが最高指揮官の仕事である。その移された仕事を、参謀総長は各軍司令官に、軍司令官は戦闘序列に従って部隊に命令してゆく。これがラインである。

チャーチルの回顧録を読むと、彼がこのラインをよく理解し、最高指揮官に有効な意見を伝達する者が何者かよく知っていたことが分かる。彼はこのように書いている（傍線筆者）。

「一九三三年なら、あるいは一九三四年でさえも、まだイギリスにとっては、ヒトラーの野心に、必要な抑制を加えるだけの空軍、あるいは恐らく、ドイツ軍部の指導者達に、ヒトラーの暴力行為を抑止させることができるだけの空軍を造ることは可能であったろう」

これで分かることは、チャーチルは、何れの国の者であれ軍人であれば合理的な判断をすると信頼し、彼をしてヒトラーを抑制させる為にイギリスに強力な空軍を造ろうとしていたことだ。ヒトラーが暴走しようとしたとき、ヒトラーにそれは不可能です、イギリスの空軍に勝てませんとはっきり言える者は「ドイツ軍部の指導者達（Staff）」だとチャーチルは期待している。そして、これが軍事領域における世界の共通した認識である。つまり、軍人同士は、敵味方に分かれた立場にあっても軍事に関しては同じ合理的な結論を共有できるということだ。

では、ドイツの軍部指導者を信頼してヒトラーのStaffに期待したチャーチル自身は、戦時中、彼のStaffとどのように接していたのか。彼は、イギリス軍参謀総長のアランブルックとお互いに憎しみ合いながら毎日会っていたらしい。

これが戦時中の最高指揮官と参謀総長の理想的な関係である。この二人が、仲良く馴れ合っていたらイギリスは、バトル・オブ・ブリテンに勝てなかったであろう。

このようにして軍事専門家すなわち軍人は、国家の運命と密接にかかわってゆく。そして、専門家であるが故に、敵味方を超えて共通の合理的な軍事的結論に達することができる者同士の信頼関係が生まれる。従って、この観点からも、我が国が自衛隊を明確に国軍とし、自衛官を明確に軍人とすることは国益にかなうのだ。

現在においても、軍人は相手が軍人でなければ情報を受け渡ししない国際的な慣習がある。平成二十七年一月のシリアにおけるＩＳによる日本人殺害に関して、安倍内閣は身にしみてそれが分かり、中東地域における防衛駐在官を増員した。

ところが、我が国の防衛駐在官は、軍服を着ているが自衛官（軍人）ではなく外務省職員である。しかし、軍服を着用しているので各国の駐在武官は彼を軍人として扱ってくれて情報をくれる。とはいえこれは、軍人でないのに軍人であると騙して情報をもらう一種の詐欺ではないか。

官僚は、「憲法は軍隊を禁止しています」との前提を固守して、このような防衛駐在官という「レッテルの詐欺」を造り上げた。そうであれば、政治は、つまり国民は、憲法の解釈を変えればいいだけだ。正々堂々と名と実を正して国軍を創設し軍人を軍人らしく扱はなければ、国土と国民を守れない。ＩＳに邦人二人が殺されるどころではない厳しい危機が迫っているのだから。

統合情報機関

兎の戦力は、あの速い足であるか、あの大きな耳であるか？

この設問に対する正解は、「耳」である。つまり、情報収集能力が「戦力」なのだ。如何に、優秀なSTAFFがそろっていても、情報がなければ負ける。情報、これが大東亜戦争の大きな敗因である。

しかも、我が国は、この敗因から学ぶこともなく、今も「統合情報機関」を持っていない。

大東亜戦争時は、陸軍は陸軍の情報機関をもち海軍は海軍の情報機関をもっていた。しかし、それが統合されていなかったがために、情報を共有した陸海軍の協働ができなかった。それどころか、昭和十七年六月五日のミッドウェー海戦で主力空母四隻を失い敗北したことを、海軍が内閣や陸軍に知らせなかったという信じがたいことも「統合情報機関」がないから平気でできたのだ。

また昭和十九年十月十六日の台湾沖航空戦で、海軍は、敵空母十一隻撃沈・六隻撃破による敵機動部隊撃滅という大戦果を発表した。それで陸軍はこの海軍の大戦果を前提に決戦場をルソンからレイテに転換した。しかし実際は、敵空母は一隻も沈んでおらず、レイテへの決戦場転換は重大な戦略的ミスとなり、フィリピン戦線における戦死五十万という悲劇につながってゆく。何故、陸軍は、海軍の誤認した大戦果を信じたのか。「統合情報機関」があれば、それを防げたと思う。

現在も、外務省、警察、自衛隊、公安調査庁など別々に情報を収集していて統合する機関がない。これは、戦前の陸海軍と同じことが再び起こって、また敗北することを意味する。従って、早急に、上に警察や外務省や自衛隊という個別セクションの名前を付けない最強の国家統合情報機関を巨額の予算を投入して創設する必要がある。

さらに、情報の分析はできても収集ができなければ何の役にも立たない。従って、情報が漏れることや盗まれるのを防ぐスパイ防止法とともに情報収集能力を高めることが国家存続のために死活的に重要である。情報は、盗むか、買うか、交換するかの三つの手段で収集できる。これには巨額の金が必要である。この三つの手段を駆使できる機関と人材の育成と予算が急務だ。

記憶に新しいシリアのＩＳ（イスラミックステート）による二人の日本人殺害予告に関して、日本政府の発表は、常に「今、情報を収集しています」だけであった。日本政府は、これしか言えなかったのだ。「今、情報収集中です」、つまり、「今、何も分かりません」、ということだった。国際的に恥ずかしいことではないか。

また、拉致被害者救出問題に関して、外務省のミスターＸとか元総理の秘書とかが北朝鮮と接触していたことがある。しかし、外務省や警察や公安調査庁や自衛隊の情報が統合されずにばらばらであるから一部のエピソードに終わって全体像が分からない。従って、いつも同じことを繰り返す。その同じこととは、外務省が北朝鮮に騙されてもっともらしい顔をして帰ってくるだけだ。
統合情報機関の創設は、死活的に重要である。

徴兵制と志願制

徴兵制に関しては、全国民に『民間防衛』という冊子を配っているスイスは国民皆兵の徴兵制を採用している。また、先に提案した国防基本法第一条「国家の防衛は国民の神聖な任務である」との前提からすれば、スイスのように国民皆兵の徴兵制が原則であろうが、平時は自ら志願して兵士になろうとする志願制を基本にして、有事は徴兵を導入するようにすべきであろう。第一次世界大戦後においてドイツ軍を建設したゼークト将軍が実施したように、自ら志願した者を優秀な将校に鍛えてゆくことが精強な軍隊を建設する基本であると思う。

ちなみに、我が国周辺の諸国、中共、韓国、北朝鮮、台湾、タイ、ベトナムそしてロシアは総て徴兵制をとっている（ロシアは志願制を併用）。アメリカ、イギリス、ドイツ、イタリア、スウェーデン、インドなどは志願制で、イスラエル、エジプトは徴兵制である。我が国の内閣は、このような徴兵制の国々に囲まれながら、徴兵制は「その意に反する苦役」であって憲法に違反すると国会で答弁していた。

最高裁がそういう判決をしたので仕方がないというなかれ。周辺国から見て、自分の国がしていることが憲法違反になる国が日本ならば、日本とは特殊な国だと思われても仕方がない。また、アメリカやNATO諸国が志願制なのは、徴兵制が「憲法に違反する」からではない。彼らは状況によって徴兵制に切り替える。

国民の武装権が国民の軍隊の基盤

次ぎに、国民には祖国を守る神聖な任務があるとして、その任務を全うする為に、国民一人一人は武装する権利、つまり武器を携行する権利があるのか。

武士は、日常、大小の刀を差して武装していた。十六世紀の戦国時代に日本に来たスペインの宣教師は、その姿を見て、日本人は常に軍事訓練をしているので征服できる国ではないとスペイン総督に報告している。では、現在の我らにも、武装権つまり武器を携行する権利はあるのか。

アメリカ合衆国憲法修正第二条（「権利の章典」一七九一年確定）は、「規律ある民兵は、自由な国家の安全にとって必要であるから、人民が武器を保蔵しまた携帯する権利は、これを侵してはならない」と規定する。

アメリカ国民は、この憲法修正二条によって武装権を認められている。従って、アメリカの家庭にはライフル銃やピストルがある。そして、全米ライフル協会がある。

私は、日本国民にも、自由な国家の安全のために武装権はあると考える。しかし、平時、武器を携行して日常生活をすることはできない。国民には言論の自由があるが、真っ暗な満員の映画館で「火事だ」と叫ぶことはできないのと同じだ。

私は、国民の武装権を前提に、次ぎの通り考える。自由な立憲君主国である我が国の国民は、自ら武器をとって国家を守る権限を有し、その権限を「国民の軍隊」に委譲して国家を守る。従って、「国民の軍隊」の最高指揮官は、国民に対して最高の政治的責任を負う内閣総理大臣でなければならない。そして、国民は、何時でも「国民の軍隊」に入隊して自ら武器をとることができる。軍人になりうる普通の身体的要件を備えた国民が志願してくれれば、軍隊は入隊を拒否できない。

「国民の軍隊」の認識が明確になることは、実は政治の覚醒にも通じる。何故なら、内閣総理大臣が国民の軍隊の最高指揮官であるならば、指揮官にふさわしくない者は総理大臣にしてはならないと国民が思うからである。阪神淡路大震災や東日本大震災の時の総理大臣や世界からルーピーと言われた総理大臣の面々を思い出して欲しい。ああいう面々は、総理大臣にしてはならないという基準が国民の意識にはっきりと芽生えれば、我が国政治は覚醒するではないか。

また、最強の軍隊の育成は、国家が除隊した軍人を如何に処遇するかにかかっているといっても過言ではない。従って、国家は、退役した軍人によき就職先を提供しなければならず、その国民は、予備役の軍人として終生軍隊の階級に応じた待遇を受ける。

代議制は、国家の政治的課題に対して国民に選ばれた代表が取り組む制度である。同様に、国民の軍隊は、国民から国防の権限を委譲された軍隊が国防に取り組む制度である。

教育機関としての軍隊

国民と軍隊との関係を以上の通り把握した上で、軍隊の教育機関としての機能を忘れてはならない。国家が軍隊を保持することは、もちろん国防のためである。同時に、国民精神を保持するためである。軍隊で訓練を受けるということは、身の危険を顧みず守らねばならない祖国を学ぶことであり、集団生活と共同作業を学ぶことである。国家と社会の維持発展のために、これほど必要な学習があろうか。

私は、軍隊(今は自衛隊)の教育機関としての機能に注目している。息子に三年半の隊員生活をさせた。入隊の時、レンジャーだけは終了せよと伝えておくと、息子は二年目にレンジャーを終了した。実に逞しくなった。この経験から述べたい。

学校特に義務教育の小学校と中学校の先生は、児童生徒の集団を統率する。しかし、教員自身が集団生活の経験がなければ学級の維持が困難ではないのか。また、国防は国民の責務なのだから、国防の実感のない教員が子ども達に国民の持つ国防の責務を教えることはできない。従って、軍隊(今は自衛隊)での一年間の訓練終了を、教員資格の要件としたい。

また、現在、小中学校また高校において、臨海合宿や林間合宿を行っている。それに加えて、体ができつつある中学校高学年と高校においては、軍隊(今は自衛隊)への二泊三日から一週間の入隊訓練を実施するべきである。

なお、再度祭りのことも述べておきたい。祭りこそ、共同作業であり極めて大きな教育効果を参加する青少年に及ぼす行事であるからだ。祭りは地域の軍事・防災訓練と同じだ。

私の郷里である泉州には、数トンの木でできた大きな地車《だんじり》を百人単位の若者が引き回すだんじり祭りや、二トン以上のふとん太鼓を四、五十人の若者が担いで歩く太鼓祭りがある。これらの引き回しは、経験をつんだ者の統率によって行われる。数年前に、岸和田のだんじり祭りを、陸上自衛隊の連隊長と航空隊の基地司令とともに見物し、祭りに参加している若者を見てもらったことがある。

その時、彼ら二人は、直ちに若者達の組織的行動を見て取って立派なものだと言うとともに、私が、日本には徴兵制がないが、この祭りがある限り若者は軍事訓練を受けるに等しい訓練を受けていると言うと肯いていた。また、祭りを実施する地域の青年団などの組織では、先輩が後輩を指導し、後輩は立ち居振る舞いまで仕込まれて育ってゆく。

これは、薩摩藩において人材を育てる為に行われていた郷中教育と同じである。薩摩では、今の小中学生くらいを稚児、高校から大学前期生くらいを二才、大学後期大学院生くらいを長老と分けて共同生活を行い、二才が稚児を教育する。その教育内容は武芸から学問そして立ち居振る舞いまでと広範囲で、目的は根性のあるよき武士を育てることだ。西郷隆盛や大久保利通や大山巌や東郷平八郎は、この郷中教育で育った。この教育効果は計り知れない。祭りを担う青年達の教育は、この郷中教育に通じる。

（二）憲法を取り戻す

ポツダム宣言の受諾と昭和二十年九月二日の降伏文書調印から同二十七年四月二十七日のサンフラ

ンシスコ講和条約発効まで、我が国は「主権」を奪われていた。その時、天皇および日本政府の国家統治の権限は、連合国最高司令官の制限の下におかれていたのである（降伏文書）。

このことを前提にして、次の事実を指摘して結論を述べる。

昭和二十一年二月、ＧＨＱの民政局次長チャールズ・ケーディス陸軍大佐とＧＨＱの二十数名のスタッフが十日ほどで「日本国憲法草案」を書きあげた。

その三十五年後、ケーディスは、憲法九条の目的は「日本を永久に武装解除されたままにしておくことです」と述べ、さらに「ホイットニー准将が日本政府首脳にその日本国憲法草案を受け入れさせる為に、『われわれは原子力エネルギーの起こす暖を取っている』との原爆を連想させる表現で圧力をかけた」と述べた。

日本国政府はその草案を受け入れ、昭和二十一年十一月三日の明治天皇の誕生日に「日本国憲法」として公布され、翌二十二年五月三日の東京裁判審理開始一周年の日に施行された。以上、何れも我が国が主権を奪われていた期間中に行われたことであり、「日本国憲法」を書いたのはＧＨＱである。

よって、「日本国憲法」は、日本国の憲法として無効である。

以前指摘したが、西ドイツには「日本国憲法」のような出自のものはなく、「ドイツ連邦共和国基本法（ボン基本法）」があった。そのなかに「占領中に制定せられた法律は、占領解除後は無効とする」という規定がある。我が国にもこの明文があったら「日本国憲法」は無効になるが明文が無いので無効にはならない、のではない。明文がなくても無効になる。何故なら、その時、我が国に主権が無かったからである。主権が無ければ憲法は制定できない。

また、「日本国憲法」は、大日本帝国憲法の改正手続きを経て公布され施行されたものであるから有効であるという論者もあるが、その時、天皇の大権は連合国最高司令官の制限の下におかれていた。即ち、この時、天皇は大権を行使し得ない状況におかれていたのである。帝国憲法第七十五条は「憲法及皇室典範ハ摂政ヲ置クノ間之ヲ変更スルコトヲ得ス」とある。これは敵国に軍事占領された状態を想定した規定ではないが、天皇の権限行使に障害が生じている時には憲法を改正できないと定めたものであるので、この規定からも本改正は無効である。よって、何れの観点から見ても、「日本国憲法」は日本国の憲法としては無効であると確認される。

では、「日本国憲法」とは何なのか。それは、ＧＨＱが書いて国会が議決したＧＨＱと国会の合意による条約類似の「日本国憲法と題する日本占領基本法」とでも言うべきもので、効力は条約と同じだ。従って、法論理として、現在の我が国の憲法は、依然として大日本帝国憲法である。従って、憲法の改正は、大日本帝国憲法の改正規定第七十三条によって行われることになる。

しかしながら、以上は学術論で、論理的にいえばそうなる、だが現実には、六十八年間も「日本国憲法」は我が国の憲法として子ども達に教えられ国家もそのように扱ってきたから憲法なのだ、と言いたくなる気持ちは分かる。しかし、法の論理は実践的意味をもっておりこの論理を堅持しなければ国際秩序が成り立たない事態に陥ることを自覚していただきたい。

それは朝鮮半島や台湾という我が国の存立に重大な影響を与えるところで起こりうる。再度、指摘するが、将来、某人民解放軍が朝鮮半島全域や台湾全域に雪崩れ込んで占領統治して、それぞれ「憲法」を作ったらどうする。

我々は、その「憲法」を無効として、国際法が暴力に打ち勝つことを示さねばならないのではないか。しかし、その時、「日本国憲法」を有効としておれば、論理的に人民解放軍の作った「憲法」を無効とは言えないではないか。

戦後体制からの脱却が、明治維新の幕藩体制からの脱却に相当するのならば、幕府が二百六十年間も続けていたことを変えるのは無茶だと言っておれば維新などできなかった。それと同様に、戦後体制七十年のなかで「憲法」として扱っていたものを無効だとするのは無茶だと言っておれば、いつまでも戦後体制からの脱却もできない。

また、厳しい国際情勢のなかで、「日本国憲法」で我が国家を「富岳の安きに置く」ことができないのであるから、無効論は一挙に状況を好転させる実践的意義を帯びている。

そもそもGHQは、日本を、永遠に「武装解除」された状態に固定し、自らの力で自国を防衛することができない三流国家に留めおくために、「日本国憲法」を起草し、さらにその改正が困難となるように仕組んだのだ。従って、危機が迫っているのに、GHQの意図通りに、困難な改正に取り組んでいる時間などないではないか。

平成二十七年夏の安保法制に関する国会の審議状況を思い起こせば分かる。危機が迫っているのにあれを繰り返しておれば国は滅びる。そして、国会の彼らは責任をとらない。

では、如何にして迫り来る危機を克服したらよいのか。それは、無効論を堅持しておくことである。つまり、これはイザというときに、内閣総理大臣の決断一つで国を救う活路を確保しておくことである。これが、戦後体制のなかで万策尽きた時の最後の一手である。

総理大臣が「我は国家と国民を救うために、日本国憲法つまり占領基本法に囚われずに決断する」と宣言すればいいのだ。あれは憲法としては無効なのだから。

さらに、無効論を強調しておくべきもう一つの大きな動機がある。それは、憲法改正論が野放図に漂流するのを阻止するためである。

「日本国憲法」は、その歯が浮くような前文でも明らかなように、外国人が書いた歴史性も伝統もない代物であり、これをいくら改正しても歴史と伝統の裏打ちができるものではない。猫をいくら整形しても虎にならないのと同じだ。反対に、却って悪化する。

つまり、最も危険な方向に流れてゆく。その方向とは、我が国の「国体」を無視する方向、即ち、天皇を無視する日本共和国憲法の方向である。

そもそも改正論者の実態を見誤ってはならない。例えば、憲法九条を守れと叫ぶ者は護憲派つまり改正反対派ではない。彼らはＧＨＱのケーディス大佐が語った九条の目的通りに「日本を永久に武装解除されたままにしておく」ことに賛成だから九条を守れと言っているに過ぎない。

はっきり言って、彼らは九条を守ることで、日本を敗戦状態に固定し、日本がコミンテルンに支配されること、日本が日本で無くなること、即ち天皇の否定を目指しているもっとも危険な憲法改正勢力なのだ。旧社会党や共産党の面々を思い浮かべれば納得がいくではないか。彼らは、天皇が国会に行幸されて開会式が行われることを認めず、開会式に出席しない者たちである。平成二十七年夏の安保法制審議における国会の内外での反対運動は、「憲法を守れ」と叫ぶ勢力が依然としてこのような思想の持ち主であることを明確にした。この意味で、あの反対運動には意義があった。

戦後体制からの脱却に当たって、守らねばならない要点は何か。それは、明治維新と同じだ。国体、即ち、天皇である。そのために、「日本国憲法」の次元ではなく、今も存続している本来の「大日本帝国憲法」の存在を自覚するために、「日本国憲法」の無効論を強調する必要があるのだ。

平成二十七年夏の国会での安保法制に関する参考人質疑によって、「日本国憲法」を研究すると「憲法学者」の頭の中身が如何に荒唐無稽になるか国民に知れ渡った。荒唐無稽なものを「研究」するからそうなるのだ。彼らは「旧来の陋習」そのものである。我が国の国体と大日本帝国憲法を研究する真の憲法学者の輩出を切に期待する。

いよいよこれから、明るい本来の日本を取り戻す運命を決する時が迫っている。

さあ、日本を信じ、内外の敵と戦う覚悟を固めよう。

天皇の国である我が国の歴史と伝統を自覚して人生を切り開く若者に切に期待する。

あとがき

本書は、天皇の御誓文、詔書および宸翰を冒頭に掲げさせて戴いている。何故なら、これらを末尾に掲載することは礼を失することだと思うからである。

しかし、この「あとがき」を書くにあたり、はたと思うのは、いままで書き連ねてきた本書の内容、果たしてこれが、天皇の御誓文、詔書および宸翰を冒頭に掲げるに値するものであるのかということであり、恐懼にたえない。

謙虚に顧みるに、まことに畏れおおいことである。神秘をたたえる至高の清流の後に、騒がしい濁流を見るが如きではないか。

とはいえ、万世一系の天皇の大御心のもとに、我が国家と民族の歴史が動き流れてきたことは確かである。従って、我が国の戦前と戦後の連続性と、王政復古によって成った明治維新の志が途絶えることなく現在の志であることを、権威を以って示すものこそ天皇の御誓文、詔書および宸翰である。それ故、私の拙文の冒頭に、神話から連なる天皇の権威を掲げ、各所に御製を引用している非礼をお許しいただきたい。

思いの浅い無学な者ではあるが、天皇を思えば涙があふれ、天皇に忠義を尽くすことが、乃木さんや西郷さんや楠公、そして幾多の英霊に近づくことであり、「又以て爾祖先の遺風を顕彰するに足らん」と確信している者なのだから。

戦後生まれは七十歳に達し、いわゆる自虐史観を「正史」とする戦後教育が七十年続いている。従って、この「正史」によれば、戦後は戦前と断絶しており、英霊とは戦前という断絶した時代に生きた気の毒な犠牲者だということになる。

しかし、東日本大震災と巨大津波の大災害の中の日本人の姿と、伊勢神宮の式年遷宮は、日本と日本人は、戦前と戦後が連続しているどころか、太古から連続していることを顕かにしたのである。英霊は過去の日付けのところで亡くなったのではなく、現在の我々とともに、今もあるのだ。

本書は、この東日本の大災害を目の当たりに見て、さらに二年後に伊勢神宮の式年遷宮に神領民として参加させていただいたうえで書くことができた。何故なら、天皇を戴く我が国の連続性を実感できたからである。この万世一系の連続性のなかに生きるが故に、日本人は死して死なないと確信して七生報国を誓いえて、微笑んで死ねるのである。

しかし、無学な者が、この実感を得ただけでは書き得ない。本書を書くにあたり、本文の中で引用させていただいた多くの書物の著者から学ばせていただいた。この学恩に心より深く感謝する。

さらに本書は、展転社の藤本隆之社長と創業者の相澤宏明会長の、同志としての御激励と御尽力により書き上げることができた。

心より感謝して、両氏とともに、明治天皇のお誕生日である十一月三日を「明治の日」という国民の祝日に戻す運動を、戦後体制からの脱却の証であると確信して推し進める決意を、ここに表明する。

三島由紀夫、森田必勝烈士の、自決が迫る晩秋

西村眞悟（にしむら　しんご）

昭和23年大阪府堺市生まれ。京都大学法学部卒業。父は民社党第二代委員長・西村栄一。平成5年衆議院初当選。当選6回。平成9年、国会で初めて横田めぐみさんら北朝鮮による拉致問題を追及。同年尖閣諸島魚釣島に国会議員として初上陸・視察を行った。防衛政務次官、衆議院懲罰委員長・同災害対策特別委員長・同海賊テロ防止特別委員長、拉致議連幹事長などを歴任。著書に『亡国か再生か』『海洋アジアの日出づる国』『闘いはまだ続いている』『国家の再興』（以上、展転社）他多数。

国家の覚醒―天壌無窮、君民一体の祖国日本

平成二十七年十二月二十三日　第一刷発行

著　者　西村　眞悟

発行人　藤本　隆之

発　行　展　転　社

〒157-0061　東京都世田谷区北烏山4-20-10

TEL　〇三（五三一四）九四七〇

FAX　〇三（五三一四）九四八〇

振替〇〇一四〇―六―七九九九二

印刷　中央精版印刷

ISBN978-4-88656-423-8